Hetzel Hickel Wiedmann
ABC der Gewerbearten

Hetzel Hickel Wiedmann

ABC der Gewerbearten

Erläuterungen und Hinweise zur Anzeige- und Erlaubnispflicht

Günther Hetzel
Gerhard Hickel
Fritz Wiedmann

4. Auflage 2025

Carl Link Kommunalverlag 2025

Bibliografische Information der Deutschen Nationalbibliothek

Die Deutsche Nationalbibliothek verzeichnet diese Publikation in der Deutschen Nationalbibliografie; detaillierte bibliografische Daten sind im Internet über http://dnb.d-nb.de abrufbar.

ISBN 978-3-556-10018-9

www.wolterskluwer-online.de

Alle Rechte vorbehalten.

© 2025 by Wolters Kluwer Deutschland GmbH, Wolters-Kluwer-Straße 1, 50354 Hürth.

Das Werk einschließlich aller seiner Teile ist urheberrechtlich geschützt.

Jede Verwertung außerhalb der engen Grenzen des Urheberrechtsgesetzes ist ohne Zustimmung des Verlages unzulässig und strafbar. Das gilt insbesondere für Vervielfältigungen, Übersetzungen, Mikroverfilmungen und die Einspeicherung und Verarbeitung in elektronischen Systemen.

Verlag und Autoren übernehmen keine Haftung für inhaltliche oder drucktechnische Fehler.

Umschlagkonzeption: Martina Busch, Grafikdesign, Homburg Kirrberg
Satz: NewGen KnowledgeWorks (P) Ltd., Chennai
Druck und Weiterverarbeitung: Wydawnictwo Diecezjalne i Drukarnia w Sandomierzu, Sandomierz, Polen

Gedruckt auf säurefreiem, alterungsbeständigem und chlorfreiem Papier.

Vorwort

Seit der 3. Auflage (Rechtsstand 01.01.2021) mit 500 Gewerbearten sind in nicht einmal drei Jahren an die 100 neue Gewerbearten dazu gekommen. Dies ist auch den vielen Hinweisen und Anregungen der Mitarbeiterinnen und Mitarbeiter der Gewerbebehörden zu verdanken, die wir gerne auch in Zukunft entgegennehmen:

E-Mail: carsten.liebold@wolterskluwer.com

Mit nunmehr ca. 600 alphabetisch geordneten Gewerbearten wird die aktualisierte 4. Auflage (Rechtsstand 01.09.2024) weiterhin eine zuverlässige Arbeitshilfe für alle Mitarbeiter von Gewerbebehörden sein.

Bei den Bemerkungen/Hinweisen wird häufig auf Kennzahlen in der Loseblattsammlung »Gewerbe und Gaststättenrecht, Hickel/Wiedmann/Hetzel« verwiesen. In dieser Rechtssammlung werden unabhängig von dieser Broschüre neue Gewerbearten – möglichst zeitnah- aufgenommen und kommentiert. Die Rechtssammlung ist erhältlich unter https://shop.wolterskluwer-online.de/

Alle Angaben dieser Broschüre beziehen sich zur Vermeidung von Diskriminierung grundsätzlich auf alle Geschlechter.

München, im Januar 2025

Gerhard Hickel

Günther Hetzel

Fritz Wiedmann

Erlaubnispflichtige Tätigkeiten, zulassungsfreie, zulassungspflichtige und handwerksähnliche Handwerke – Alphabetische Übersicht –

Nachstehend ein Überblick (alphabetisch geordnet) über die wichtigsten erlaubnispflichtigen Tätigkeiten, zulassungsfreie, zulassungspflichtige und handwerksähnliche Handwerke. Darüber hinaus auch die eine oder andere anzeigepflichtige Tätigkeit gem. § 14 GewO, die jedoch in der Praxis immer wieder wegen der Abgrenzungsproblematik zu Erlaubnispflichten Probleme bereiten kann. Die Bemerkungen bzw. Hinweise sollen eine Hilfestellung darstellen. Eine abschließende Aufzählung kann dies natürlich **nicht** sein.

Tätigkeit A					
»Abfälle« (gewerbliche Sammlungen)	Erlaubnispflicht	Zulassungs- pflichtiges Handwerk	Anzeigepflicht gemäß § 14 GewO	Zuständige Zulassungs- oder Erlaubnisbehörde in Bayern	
	nach § 54 Abs. 1 Kreislaufwirt- schaftsgesetz (KrWG)	nein	ja	./.	
Bemerkungen/ Hinweise	Wenn Personen Altkleider, Altpapier, Schuhe, Hausrat, usw. sammeln mit dem Zweck dies auf eigene Rechnung zu verwerten, liegt ein Gewerbe vor. Über die Anzeigepflicht nach der GewO hinaus ist nach § 18 KrWG die beabsichtige Tätigkeit drei Monate vor Beginn der zuständigen Kreisverwal- tungsbehörde (KVB) mitzuteilen. Wenn vor den Häusern Körbe aufgestellt werden, mit der Aufforderung Altkleider oder andere Waren zu spenden und keine gemeinnützige Organisation als Veranstalter auftritt, ist davon auszugehen, dass es sich um eine gewerbsmäßige Tätigkeit handelt. Nachdem weder ein Ankaufen von Waren noch eine Leistung im Sinne von § 55 Abs. 1 GewO vorliegt scheidet das Reisegewerbe aus. *(siehe auch Erläuterungen unter der Kennzahl 12.055; Ziffer 4.2)*				
Abfallwirt- schaftsberater	Erlaubnispflicht	Zulassungs- pflichtiges Handwerk	Anzeigepflicht gemäß § 14 GewO	Zuständige Zulassungs- oder Erlaubnisbehörde in Bayern	
	nein	nein	nein	./.	
Bemerkungen/ Hinweise	Laut BFH (9.2.06. IV R 27/05) ist ein konstruierendes Element zur An- nahme einer ingenieurähnlichen und damit einer freiberuflichen Tätigkeit i.S. von § 18 Abs. 1 S. 1 Nr. 1 ESiG nicht erforderlich. Für diese reicht es vielmehr aus, dass sich die Tätigkeit zumindest auf einen der Kernbereiche einer vergleichbaren Ingenieurtätigkeit erstreckt und der Steuerpflichtige Kenntnisse im Kernbereich des Ingenieurstudiums nachweist. Damit kann eine ingenieurähnliche Tätigkeit auch bei einer schwerpunktmäßig be- ratenden Tätigkeit erfüllt sein, soweit die beratende Tätigkeit nicht auf bloße Absatzförderung gerichtet ist.				

Gewerbearten von A-Z

Abschlepp-unternehmen	Erlaubnispflicht	Zulassungs-pflichtiges Handwerk	Anzeigepflicht gemäß § 14 GewO	Zuständige Zulassungs- oder Erlaubnisbehörde in Bayern
	nach § 3 Güterkraftverkehrsgesetz (GüKG)	nein	ja	zuständige Kreisverwaltungsbehörde (KVB)
Bemerkungen/ Hinweise	Wer gewerbsmäßig fremde Fahrzeuge abschleppt oder verbringt benötigt, hierfür die Erlaubnis nach § 3 Güterkraftverkehrsgesetz (GüKG).			

Aerobicunterricht	Erlaubnispflicht	Zulassungs-pflichtiges Handwerk	Anzeigepflicht gemäß § 14 GewO	Zuständige Zulassungs- oder Erlaubnisbehörde in Bayern
	nein	nein	ja	./.
Bemerkungen/ Hinweise	Anzeigepflichtig, da nicht unter § 6 Abs. 1 GewO (Unterrichtswesen) fallend.			

Adressenvermittlung	Erlaubnispflicht	Zulassungs-pflichtiges Handwerk	Anzeigepflicht gemäß § 14 GewO	Zuständige Zulassungs- oder Erlaubnisbehörde in Bayern
	nein	nein	nein	./.
Bemerkungen/ Hinweise	Kann eine gewerbliche Tätigkeit sein, wenn die Tätigkeit selbstständig betrieben wird und nicht in einer Arbeitsorganisation stattfindet (siehe auch 36. Gewerbearbeitsrechtstagung /TOP 7) Keine Auskunftei nach § 29 GewO, somit keine überwachungspflichtige Tätigkeit nach § 38 GewO. Eine Adressenvermittlung, die Immobilien- und Wohnungsangebote sammelt und gegen Entgelt an einen Vermittler weiterleitet, übt ein Gewerbe nach § 34c GewO (Erlaubnispflicht) aus. (Siehe auch unter Büroservice). GAT »GewO des Bayerischen Staatsministeriums für Wirtschaft, Landesentwicklung und Energie« GAT-Protokolle können angefordert werden bei dem Staatsministerium für Wirtschaft, Landesentwicklung und Energie, Referat 33-Kammeraufsicht, Wirtschaftsprüferwesen Gewerberecht-Prinzregentenstr. 28, 80525 München, Tel: 089 21620; Fax: 089 21622760; Behörden E-Mail: poststelle@stmwi.bayern.de.			

Advertiser	Erlaubnispflicht	Zulassungs-pflichtig es Handwerk	Anzeigepflicht gemäß § 14 GewO	Zuständige Zulassungs- oder Erlaubnisbehörde in Bayern
	./.	./.	./.	./.

Gewerbearten von A-Z

Bemerkungen/ Hinweise	Siehe Affiliate Marketing			

Affiliate-Marketing	Erlaubnispflicht	Zulassungspflichtiges Handwerk	Anzeigepflicht gemäß § 14 GewO	Zuständige Zulassungs- oder Erlaubnisbehörde in Bayern
	nein	nein	ja	./.

| Bemerkungen/ Hinweise | Bei Afilliate-Marketing handelt es sich um ein Partner-Marketing, bei dem Affiliaten (engl. Partner) Werbemittel zur Verfügung stellen bzw. sie bewerben auf ihrer Webseite die Produkte und Dienstleistungen fremder Unternehmer. Affiliate (Youtuber, Blogger, Influenzer, Vlogger, Advertiser, Publisher) bewirbt die Angebote gegen Geld. Dabei gibt es unterschiedliche Vergütungsmodelle. Allen ist gemein, dass die Vergütung ausschließlich im Erfolgsfall erfolgt. Der Affiliate erhält eine Provision, die entweder nach der Klickzahl, als Prozentsatz am Verkauf oder pro Kontaktaufnahme eines Interessenten, z.B. Registrierung oder Download, errechnet wird. Grundsätzlich ist davon auszugehen, dass ein Gewerbe vorliegt, da mit Gewinnerzielungs- und Fortsetzungsabsicht am Wirtschaftsleben teilgenommen wird. In der Regel handelt es sich bei der Ausübung dieser Form von Gewerbe nicht um Dienstleistungen höherer Art oder einer künstlerischen Tätigkeit. Folglich ist die Tätigkeit gemäß § 14 GewO anzeigepflichtig. Als Gewerbeanmeldung käme z.B. bei Blogger, Vlogger, Influenzer und Follower, »Online Vermarktung von Produkten und Dienstleistungen; Produktplatzierungen und Werbung im Internet« in Betracht. Bei professionellen Computerspielen oder auch professionellen Pokerspielen könnte eine Gewerbeanmeldung lauten »Professionelle Teilnahme an Computerspielen bzw. Professioneller Pokerturnierspieler« (siehe auch unter »Spieler selbständig«). Auch die Vermarktung von Videos oder Fotos in Internetportalen kann ein anzeigepflichtiges Gewerbe darstellen. Dies wäre dann der Fall, wenn eine dauerhafte Gewinnerzielungsabsicht über den Bagatellbereich hinausgehend, damit verbunden ist. Ein Indiz für eine gewerbliche Tätigkeit kann sein, wenn für die Produktion der Videos oder Fotos ein professioneller Aufwand erfolgt. Als Influencer, Blogger usw. gilt man steuerrechtlich als Unternehmer, falls die Tätigkeit selbständig und nachhaltig zur Erzielung von Einnahmen ausgeübt wird. Dies gilt auch für minderjährige Personen. Es gelten die gleichen steuerlichen Pflichten wie für andere Unternehmer auch. Auf entsprechende Publikationen der Industrie und Handelskammern wird hingewiesen. | | | |

Airbrush (Zerstäubung von Farbe mit Druckluft)	Erlaubnispflicht	Zulassungspflichtiges Handwerk	Anzeigepflicht gemäß § 14 GewO	Zuständige Zulassungs- oder Erlaubnisbehörde in Bayern
	nein	nach HwO Anlage A, Nr. 10	ja	örtlich zuständige Handwerkskammer

Gewerbearten von A-Z

Bemerkungen/ Hinweise	Bei Aufbringen von Motiven oder Lackierungen nach Kundenwunsch auf z.b. Motorrädern, Helmen etc. liegt Handwerk vor. Seit 1970 ist Airbrush auch als Kunstrichtung anerkannt. Keine Gewerbeanmeldung, wenn »Airbrush-Künstler« tatsächlich als Künstler vom Finanzamt anerkannt sind.

Änderungsschneider	Erlaubnispflicht	Zulassungspflichtiges Handwerk	Anzeigepflicht gemäß § 14 GewO	Zuständige Zulassungs- oder Erlaubnisbehörde in Bayern
	nein	nein	ja	./.
Bemerkungen/ Hinweise	Zusätzliche Anzeigepflicht nach Handwerksordnung (HwO) Anlage B2, Nr. 37 (handwerksähnlich) bei der örtlich zuständigen Handwerkskammer.			

Akustikbau	Erlaubnispflicht	Zulassungspflichtiges Handwerk	Anzeigepflicht gemäß § 14 GewO	Zuständige Zulassungs- oder Erlaubnisbehörde in Bayern
	./.	./.	./.	./.
Bemerkungen/ Hinweise	Siehe Trockenbau			

Alarmanlagenbau	Erlaubnispflicht	Zulassungspflichtiges Handwerk	Anzeigepflicht gemäß § 14 GewO	Zuständige Zulassungs- oder Erlaubnisbehörde in Bayern
	nein	nach HwO Anlage A, Nr. 25	ja	örtlich zuständige Handwerkskammer.
Bemerkungen/ Hinweise	Wesentliche Tätigkeit des Elektrotechnikers			

Altenheime	Erlaubnispflicht	Zulassungspflichtiges Handwerk	Anzeigepflicht gemäß § 14 GewO	Zuständige Zulassungs- oder Erlaubnisbehörde in Bayern
	nein	nein	nach § 12 Heimgesetz HeimG	zuständige Kreisverwaltungsbehörde (KVB)

Gewerbearten von A-Z

Bemerkungen/ Hinweise	Die Inbetriebnahme eines Heims ist spätestens drei Monate vorher der Heimaufsichtsbehörde anzuzeigen. Bei Übernahme eines bestehenden Heims hat die Anzeige zum frühestmöglichen Zeitpunkt vor der vorgesehenen Übernahme zu erfolgen. Die einzelnen Angaben der Anzeige sind im Heimgesetz (HeimG) festgelegt.

Altenpfleger/in	Erlaubnispflicht nach § 1 Altenpflegegesetz (AltpfG)	Zulassungspflichtiges Handwerk	Anzeigepflicht gemäß § 14 GewO	Zuständige Zulassungs- oder Erlaubnisbehörde in Bayern
	nein	nein	ja/nein	./.

Bemerkungen/ Hinweise	Altenpfleger/in ist ein Heilhilfsberuf nach dem Gesetz über die Berufe in der Altenpflege (Altenpflegegesetz). Gem. § 6 GewO fallen Heilberufe nicht unter die Gewerbeordnung. Werden hauswirtschaftliche Dienstleistungen in der Pflege erbracht, liegt keine freiberufliche Tätigkeit vor. Für diesen Bereich ist demzufolge eine Gewerbeanmeldung notwendig.

Altmetallhandel	Erlaubnispflicht	Zulassungspflichtiges Handwerk	Anzeigepflicht gemäß § 14 GewO	Zuständige Zulassungs- oder Erlaubnisbehörde in Bayern
	nein	nein	ja	./.

Bemerkungen/ Hinweise	Überwachungspflichtiges Gewerbe gem. § 38 Abs. 1 Nr. 1e GewO. Führungszeugnis (FZ) zur Vorlage bei einer Behörde und ein Auszug aus dem Gewerbezentralregister (GZR) ist durch den Gewerbetreibenden anzufordern.

Aluminiumgießer	Erlaubnispflicht	Zulassungspflichtiges Handwerk	Anzeigepflicht gemäß § 14 GewO	Zuständige Zulassungs- oder Erlaubnisbehörde in Bayern
	nein	nein	ja	./.

Bemerkungen/ Hinweise	Zusätzliche Anzeigepflicht nach Handwerksordnung (HwO) Anlage B 1 Nr. 9 bei der örtlich zuständigen Handwerkskammer.

Ambulanter Pflegedienst	Erlaubnispflicht	Zulassungspflichtiges Handwerk	Anzeigepflicht gemäß § 14 GewO	Zuständige Zulassungs- oder Erlaubnisbehörde in Bayern
	nein	nein	ja	./.

Gewerbearten von A-Z

Bemerkungen/ Hinweise	Grundsätzlich handelt es sich hier um einen Heilhilfsberuf i.S. des § 6 GewO. Eine Anzeigepflicht würde entfallen. Allerdings vertritt das Bundeswirtschaftsministerium die Ansicht, dass auch die Grundpflege (z.b. Körperpflege, Hilfe bei der Ernährung) und die hauswirtschaftliche Versorgung (z.B. Kochen, Einkaufen, Wohnung aufräumen) von der »häuslichen Krankenpflege« nicht zu trennen ist. Aus diesem Grund sollten ambulante Pflegedienste nach § 14 GewO angemeldet werden, es sei denn, es werden wirklich nur ausschließlich pflegerische Tätigkeiten als Dienstleistung durchgeführt.			

Ankerwicklungen	Erlaubnispflicht	Zulassungspflichtiges Handwerk	Anzeigepflicht gemäß § 14 GewO	Zuständige Zulassungs- oder Erlaubnisbehörde in Bayern
	nein	nach HwO, Anlage A, Nr. 26	ja	örtlich zuständige Handwerkskammer
Bemerkungen/ Hinweise	Wesentliche Tätigkeit des Elektromaschinenbauers, sofern Einzelanfertigung. Bei Serienprodukten kein Handwerk (industrielle Produktion der Ankerwicklungen).			

Anlageberater	Erlaubnispflicht	Zulassungspflichtiges Handwerk	Anzeigepflicht gemäß § 14 GewO	Zuständige Zulassungs- oder Erlaubnisbehörde in Bayern
	nach § 34h GewO	nein	ja	IHK f. München und Obb. (mit Ausnahme des Kammerbezirks der IHK Aschaffenburg)
Bemerkungen/ Hinweise	Der freie unabhängige Finanzberater berät seine Kunden zu finanziellen Themen wie Altersvorsorge, Vermögensverwaltung und optimaler Geldanlage.			

Anlagevermittlung	Erlaubnispflicht	Zulassungspflichtiges Handwerk	Anzeigepflicht gemäß § 14 GewO	Zuständige Zulassungs- oder Erlaubnisbehörde in Bayern
	./.	./.	./.	./.
Bemerkungen/ Hinweise	Siehe Finanzdienstleistungen			

Gewerbearten von A-Z

Antennenbau	Erlaubnispflicht	Zulassungspflichtiges Handwerk	Anzeigepflicht gemäß § 14 GewO	Zuständige Zulassungs- oder Erlaubnisbehörde in Bayern
	nein	nach HwO Anlage A, Nr. 19 und Nr. 25	ja	örtlich zuständige Handwerkskammer
Bemerkungen/ Hinweise	Wesentliche Tätigkeit des Informationstechnikers und des Elektrotechnikers. Allerdings ist der Einbau von SAT-Antennen bei einfacher Montage ohne qualifizierte Kenntnisse und Einarbeitungszeit möglich (s. Bundesverfassungsgericht; BVerfG, Beschl. v. 31.03.2000; Az. 608/99).			

Apotheke	Erlaubnispflicht	Zulassungspflichtiges Handwerk	Anzeigepflicht gemäß § 14 GewO	Zuständige Zulassungs- oder Erlaubnisbehörde in Bayern
	nach § 1 und § 2 Apothekengesetz (ApoG)	nein	ja	zuständige Kreisverwaltungsbehörde (KVB)
Bemerkungen/ Hinweise	Apotheken sind Einrichtungen, denen vom Staat auf dem Gebiet der Versorgung der Bevölkerung mit Arzneimitteln bestimmte Aufgaben übertragen sind und die der Erlaubnispflicht unterliegen. Zwischenzeitlich dürfen von einem Apotheker auch bis zu drei Filialapotheken betrieben werden. Eine juristische Person (z. B. GmbH) dagegen kann keine Apotheke führen.			

Appreteure, Dekateure	Erlaubnispflicht	Zulassungspflichtiges Handwerk	Anzeigepflicht gemäß § 14 GewO	Zuständige Zulassungs- oder Erlaubnisbehörde in Bayern
	nein	nein	ja	./.
Bemerkungen/ Hinweise	Zusätzliche Anzeigepflicht nach Handwerksordnung (HwO) Anlage B2, Nr. 44 (handwerksähnlich) bei der örtlich zuständigen Handwerkskammer.			

Arbeitnehmerüberlassung	Erlaubnispflicht	Zulassungspflichtiges Handwerk	Anzeigepflicht gemäß § 14 GewO	Zuständige Zulassungs- oder Erlaubnisbehörde in Bayern
	nach § 1 Abs. 1 Arbeitnehmerüberlassungsgesetz (AÜG)	nein	ja	Agentur f. Arbeit Nürnberg, 90300 Nürnberg Tel. 09115294343, Filialen Düsseldorf, Kiel entsprechend Bundesland

Gewerbearten von A-Z

Bemerkungen/ Hinweise	Die gewerbsmäßige Überlassung eigener Arbeitnehmer zur Arbeitsleistung an Dritte ist erlaubnispflichtig. Bei Unternehmen bis 50 Mitarbeiter zur Vermeidung von Kurzarbeit oder Entlassungen bis zur Dauer von 12 Monaten nur Anzeigepflicht nach § 1a AÜG. Auf die Erteilung der Erlaubnis besteht ein Anspruch, wenn kein Grund für die Versagung vorliegt (§ 3 AÜG). Antragstellung Online über die Bundesagentur für Arbeit.

Arbeitsvermittlung (gewerbsmäßig)	Erlaubnispflicht	Zulassungspflichtiges Handwerk	Anzeigepflicht gemäß § 14 GewO	Zuständige Zulassungs- oder Erlaubnisbehörde in Bayern
	nein	nein	ja	./.

Bemerkungen/ Hinweise	Seit dem 23.03.2002 ist die private (gewerbsmäßige) Arbeitsvermittlung nicht mehr erlaubnispflichtig. Werden aber Arbeitnehmer auf Zeit vermittelt, ist hierfür eine Erlaubnis der Agentur für Arbeit erforderlich.

Architekten	Erlaubnispflicht	Zulassungspflichtiges Handwerk	Anzeigepflicht gemäß § 14 GewO	Zuständige Zulassungs- oder Erlaubnisbehörde in Bayern
	nein	nein	nein	./.

Bemerkungen/ Hinweise	Architekten üben einen freien Beruf aus, soweit sich ihre Tätigkeit auf berufstypische Aufgaben beschränkt. Betätigt sich ein Architekt z.B. als Bauträger, so ist er insoweit Gewerbetreibender. Nach einer Entscheidung des Finanzgerichts Köln vom 21.04.2021 Az. 9 K 2291/17 sind Architekten die ausschließlich »Rendering-Leistungen« (Visualisierung Dienstleistung für fremde Architektenentwürfe – Rendering –) freiberuflich und nicht gewerblich tätig. Laut Urteil des Bundesverfassungsgerichts vom 24.3.2010 Az. 1 BvR 2130/09 ist jedoch eine Architekten GmbH als Kapitalgesellschaft Gewerbesteuer- und nach § 14 GewO anzeigepflichtig.

Armierungsarbeiten (Baustahl)	Erlaubnispflicht	Zulassungspflichtiges Handwerk	Anzeigepflicht gemäß § 14 GewO	Zuständige Zulassungs- oder Erlaubnisbehörde in Bayern
	nein	nein	ja	./.

Bemerkungen/ Hinweise	Zusätzliche Anzeigepflicht nach Handwerksordnung (HwO) Anlage B 2, Nr. 1 (handwerksähnlich) bei der örtlich zuständigen Handwerkskammer (Eisenflechter).

Gewerbearten von A-Z

Arzneimittel, frei verkäufliche (Einzelhandel)	Erlaubnispflicht	Zulassungspflichtiges Handwerk	Anzeigepflicht gemäß § 14 GewO	Zuständige Zulassungs- oder Erlaubnisbehörde in Bayern
	nein	nein	ja	Gemeinde
Bemerkungen/ Hinweise	Außerhalb von Apotheken; zusätzliche Anzeigepflicht gem. § 67 Arzneimittelgesetz (AMG) bei der Gemeinde. Sachkundenachweis ist nicht erforderlich, beispielsweise bei freiverkäuflichen Fertigarzneimitteln wie Heilwässer und deren Salze, Desinfektionsmittel, Sauerstoff usw. Falls Sachkundenachweis notwendig, muss für jede Betriebsstätte die erforderliche Sachkenntnis einer Person nachgewiesen werden. Überwachung in Bayern durch die Kreisverwaltungsbehörde.			

Arzneimittelherstellung	Erlaubnispflicht	Zulassungspflichtiges Handwerk	Anzeigepflicht gemäß § 14 GewO	Zuständige Zulassungs- oder Erlaubnisbehörde in Bayern
	nach § 13 ff. Arzneimittelgesetz (AMG)	nein	ja	örtlich zuständige Regierung
Bemerkungen/ Hinweise	Auch für Apotheken notwendig, wenn über den üblichen Apothekenbetrieb hinaus Arzneimittel hergestellt werden.			

Arzneimittelhandel (Großhandel)	Erlaubnispflicht	Zulassungspflichtiges Handwerk	Anzeigepflicht gemäß § 14 GewO	Zuständige Zulassungs- oder Erlaubnisbehörde in Bayern
	nach § 52a Arzneimittelgesetz (AMG)	nein	ja	örtlich zuständige Regierung
Bemerkungen/ Hinweise	Großhändler dürfen Arzneimittel, deren Abgabe den Apotheken vorbehalten ist, außer an Apotheken nur an die in § 47 AMG festgelegten Einrichtungen, Personen etc. abgeben.			

Arzt	Erlaubnispflicht	Zulassungspflichtiges Handwerk	Anzeigepflicht gemäß § 14 GewO	Zuständige Zulassungs- oder Erlaubnisbehörde in Bayern
	nein	nein	nein	./.

Gewerbearten von A–Z

Bemerkungen/ Hinweise	Es handelt sich um die Ausübung eines ärztlichen Heilberufs und unterliegt gem. § 6 Abs. 1 GewO nicht der Gewerbeordnung. Ärzte, die sich mit ihrer Approbation niederlassen und eine eigene Praxis eröffnen, gelten gem. § 18 Einkommensteuergesetz (EStG) als Freiberufler. Das Bundessozialgericht hat mit Urteil vom 19.10.2021 Az. B 12 KR 29/19 R; B 12 R 9/20 und B 12 R 10/20 festgestellt, dass Notärzte und Notärztinnen die im Nebenjob im Rettungsdienst tätig sind sozialversicherungspflichtig beschäftigt werden. Es fehlt hier am unternehmerischen Handeln, da die Betreffenden im öffentlichen Rettungsdienst eingegliedert sind und damit nicht im wesentlichen Umfang eigene Mittel einsetzen.

Asphaltierer (ohne Straßenbau)	Erlaubnispflicht	Zulassungspflichtiges Handwerk	Anzeigepflicht gemäß § 14 GewO	Zuständige Zulassungs- oder Erlaubnisbehörde in Bayern
	nein	nein	ja	./.
Bemerkungen/ Hinweise	Zusätzliche Anzeigepflicht nach Handwerksordnung (HwO) Anlage B2, Nr. 4 (handwerksähnlich) bei der örtlich zuständigen Handwerkskammer.			

Astrologie	Erlaubnispflicht	Zulassungspflichtiges Handwerk	Anzeigepflicht gemäß § 14 GewO	Zuständige Zulassungs- oder Erlaubnisbehörde in Bayern
	nein	nein	ja	./.
Bemerkungen/ Hinweise	Astrologie, Wahrsagen und Hellsehen gehören zu sozial anerkannten gewerblichen Tätigkeiten und müssen angezeigt werden. Siehe auch Finanzgericht Düsseldorf, Urteil vom 20.01.1967, VII 425/66G.			

Asylbewerberheim	Erlaubnispflicht	Zulassungspflichtiges Handwerk	Anzeigepflicht gemäß § 14 GewO	Zuständige Zulassungs- oder Erlaubnisbehörde in Bayern
	nein	nein	ja	./.
Bemerkungen/ Hinweise	Der Betrieb eines Asylbewerberheimes durch eine natürliche Person oder eine juristische Person ist eine anzeigepflichtige gewerbliche Betätigung (Beschluss des Hessischen FG vom 13.03.1997 – 8 V 5252/96). Wird allerdings eine Gemeinde im Rahmen des § 5 Abs. 3 der Verordnung zur Durchführung des Asylgesetzes (DVAsyl) tätig, handelt es sich insoweit um den Betrieb einer kommunalen Einrichtung der Daseinsvorsorge und damit für die Gemeinde um keine anzeigepflichtige gewerbliche Tätigkeit. Die Vermietung von eigenen Räumlichkeiten für ein Asylbewerberwohnheim an öffentliche oder private Betreiber ist Nutzung und Verwaltung eigenen Vermögens und kein Gewerbe.			

Gewerbearten von A-Z

Atelier	Erlaubnispflicht	Zulassungs-pflichtiges Handwerk	Anzeigepflicht gemäß § 14 GewO	Zuständige Zulassungs- oder Erlaubnisbehörde in Bayern
	nein	nein	nein	./.
Bemerkungen/ Hinweise	Verkauf eigener Bilder im eigenen Atelier ist dem Kunstbegriff zuzuordnen und daher kein Gewerbe. Wer Werke anderer Künstler ausstellt und verkauft, betreibt eine gem. § 14 GewO anzeigepflichtige Galerie.			

Aufbacken von Crêpes	Erlaubnispflicht	Zulassungs-pflichtiges Handwerk	Anzeigepflicht gemäß § 14 GewO	Zuständige Zulassungs- oder Erlaubnisbehörde in Bayern
	nein	nein	ja	./.
Bemerkungen/ Hinweise	Unterliegt nicht dem Bäckerhandwerk.			

Aufbacken von Rohlingen	Erlaubnispflicht	Zulassungs-pflichtiges Handwerk	Anzeigepflicht gemäß § 14 GewO	Zuständige Zulassungs- oder Erlaubnisbehörde in Bayern
	nein	nein	ja	./.
Bemerkungen/ Hinweise	Unterliegt nicht dem Bäckerhandwerk.			

Aufstellen von Draht- und Jägerzäunen	Erlaubnispflicht	Zulassungs-pflichtiges Handwerk	Anzeigepflicht gemäß § 14 GewO	Zuständige Zulassungs- oder Erlaubnisbehörde in Bayern
	nein	nein	ja	./.
Bemerkungen/ Hinweise	Kein Handwerk nach HwO Anlage A, Nr. 13 bzw. 27.			

Aufstellen von Fertigküchen	Erlaubnispflicht	Zulassungs-pflichtiges Handwerk	Anzeigepflicht gemäß § 14 GewO	Zuständige Zulassungs- oder Erlaubnisbehörde in Bayern
	nein	nein	ja	./.
Bemerkungen/ Hinweise	Kein Handwerk nach Handwerksordnung (HwO) Anlage A, Nr. 27; auch kein handwerksähnliches Gewerbe; allerdings ohne Elektro-, Gas-, Wasseranschlüsse.			

Gewerbearten von A-Z

Aufzugbauer	Erlaubnispflicht	Zulassungspflichtiges Handwerk	Anzeigepflicht gemäß § 14 GewO	Zuständige Zulassungs- oder Erlaubnisbehörde in Bayern
	nein	nach HwO Anlage A, Nr. 13, 16 und 25	ja	örtlich zuständige Handwerkskammer
Bemerkungen/ Hinweise	Können wesentliche Tätigkeiten des Metallbauers, des Feinwerkmechanikers oder des Elektrotechnikers sein.			

Augenoptiker	Erlaubnispflicht	Zulassungspflichtiges Handwerk	Anzeigepflicht gemäß § 14 GewO	Zuständige Zulassungs- oder Erlaubnisbehörde in Bayern
	nein	nach HwO Anlage A, Nr. 33	ja	örtlich zuständige Handwerkskammer
Bemerkungen/ Hinweise	./.			

Auktionator	Erlaubnispflicht	Zulassungspflichtiges Handwerk	Anzeigepflicht gemäß § 14 GewO	Zuständige Zulassungs- oder Erlaubnisbehörde in Bayern
	nach § 34b Abs. 1 GewO	./.	ja	zuständige Kreisverwaltungsbehörde (KVB)
Bemerkungen/ Hinweise	Wer gewerbsmäßig fremde bewegliche Sachen, fremde Grundstücke oder fremde Rechte versteigern will, braucht eine Erlaubnis. Antragsberechtigt sind natürliche und jur. Personen. Voraussetzung für die Erteilung der Erlaubnis ist ausschließlich die Zuverlässigkeit. Der Nachweis einer Sachkunde ist nicht erforderlich. Der Versteigerer ist verpflichtet, sich mit geltendem Recht vertraut zu machen und fachspezifische Kenntnisse (z.B. die Versteigererverordnung) zu besitzen. Siehe auch öffentliche Bestellung eines Versteigerers.			

Ausbeiner	Erlaubnispflicht	Zulassungspflichtiges Handwerk	Anzeigepflicht gemäß § 14 GewO	Zuständige Zulassungs- oder Erlaubnisbehörde in Bayern
	nein	nein	ja	./.

Gewerbearten von A-Z

Bemerkungen/ Hinweise	Zusätzliche Anzeigepflicht nach Handwerksordnung (HwO) Anlage B 2, Nr. 43 (handwerksähnlich) bei der örtlich zuständigen Handwerkskammer (Fleischzerleger).

Auskunftei	Erlaubnispflicht	Zulassungspflichtiges Handwerk	Anzeigepflicht gemäß § 14 GewO	Zuständige Zulassungs- oder Erlaubnisbehörde in Bayern
	nein	nein	ja	./.
Bemerkungen/ Hinweise	Überwachungspflichtiges Gewerbe gem. § 38 Abs. 1 Nr. 2 GewO. Führungszeugnis (FZ) zur Vorlage bei einer Behörde und eine Auskunft aus dem Gewerbezentralregister (GZR), ist durch den Gewerbetreibenden anzufordern.			

Außenbord-motor-Reparatur	Erlaubnispflicht	Zulassungspflichtiges Handwerk	Anzeigepflicht gemäß § 14 GewO	Zuständige Zulassungs- oder Erlaubnisbehörde in Bayern
	nein	nach HwO Anlage A, Nr. 16 oder Nr. 20	ja	örtlich zuständige Handwerkskammer
Bemerkungen/ Hinweise	Wesentliche Tätigkeit des Feinwerkmechanikerhandwerkes oder des Kfz-Technikerhandwerkes			

Autolackierer	Erlaubnispflicht	Zulassungspflichtiges Handwerk	Anzeigepflicht gemäß § 14 GewO	Zuständige Zulassungs- oder Erlaubnisbehörde in Bayern
	./.	./.	./.	./.
Bemerkungen/ Hinweise	Siehe Maler- und Lackierer			

Automatenaufsteller (Unterhaltungs-Waren und Leistungsautomaten)	Erlaubnispflicht	Zulassungspflichtiges Handwerk	Anzeigepflicht gemäß § 14 GewO	Zuständige Zulassungs- oder Erlaubnisbehörde in Bayern
	nein	nein	nur für die Hauptniederlassung	./.
Bemerkungen/ Hinweise	Es handelt sich um Unterhaltungsautomaten ohne Geld oder Warengewinn. Leistungsautomaten sind z.B. Visitenkartenautomaten, Fotoautomaten. Warenautomaten sind Lebensmittelautomaten.			

Gewerbearten von A-Z

Automatenaufsteller (Geldspielgeräte)	Erlaubnispflicht	Zulassungspflichtiges Handwerk	Anzeigepflicht gemäß § 14 GewO	Zuständige Zulassungs- oder Erlaubnisbehörde in Bayern
	nach § 33c Abs. 1 GewO	nein	nur für die Hauptniederlassung	Gemeinde
Bemerkungen/ Hinweise				

Bemerkungen/ Hinweise	Wer Spielgeräte aufstellt, die mit einer den Spielausgang beeinflussenden technischen Vorrichtung ausgestattet sind und die Möglichkeit eines Gewinns (Geld oder Waren) bieten, benötigt eine Erlaubnis. Voraussetzung für die Erteilung der Aufstellererlaubnis ist seit dem 01.09.2013 neben der erforderlichen persönlichen Zuverlässigkeit der Nachweis einer IHK-Unterrichtung und der Nachweis über ein Sozialkonzept einer öffentlich anerkannten Institution. Die Aufstellung der Geräte ist erst nach Erteilung der Geeignetheitsbestätigung gem. § 33c Abs. 3 GewO zulässig. Für diese Spielgeräte muss die Bauartzulassung der Physikalisch-Technischen Bundesanstalt (PTB) in Berlin vorliegen.

Automatenkioske, Automatisierte Minisupermärkte	Erlaubnispflicht	Zulassungspflichtiges Handwerk	Anzeigepflicht gemäß § 14 GewO	Zuständige Zulassungs- oder Erlaubnisbehörde in Bayern
	nein	nein	§ 14 Abs. 3 GewO	./.

Bemerkungen/ Hinweise	Der Vertrieb von Waren in Automaten unterliegt neuen Entwicklungen. Automatenkioske sind Geschäftsräume, in denen mehrere Automaten, die ein mit einem Kiosk vergleichbares Warensortiment enthalten, aufgestellt werden. »Automaten-Minimärkte« sind Automaten mit einem Supermarkt-ähnlichen Warensortiment, die nur vom Personal zum Auffüllen betreten werden. Die Kunden kaufen die Waren vor dem Minimarkt stehend ein, indem sie im Display die Waren auswählen, die von außen sichtbar in Haltevorrichtungen abgelegt sind und nach Abschluss des Bezahlvorgangs einem Ausgabefach entnommen werden können. Automatenkioske und Automaten Minimärkte sind als Automaten im Sinne von § 14 Abs. 3 GewO zu bewerten. Die Einordnung als Automaten im Sinne des § 14 Abs. 3 GewO hat Auswirkungen auf die Anwendbarkeit des Ladenschlussgesetzes, der Sonn- und Feiertagsgesetze und des Jugendschutzgesetzes (Vertriebsverbot von Alkohol in Automaten) (133. BLA-Sitzung vom 18/19.04.2023 TOP 6c).

Automaten (Marke Regiomaten) Landwirtschafts Betriebe	Erlaubnispflicht	Zulassungspflichtiges Handwerk	Anzeigepflicht gemäß § 14 GewO	Zuständige Zulassungs- oder Erlaubnisbehörde in Bayern
	nein	nein	§ 14 Abs. 3 GewO	./.

Gewerbearten von A-Z

Bemerkungen/ Hinweise	Im Bereich der Direktvermarktung (Abgabe landwirtschaftlicher Produkte durch den Erzeuger-Urproduzent) werden ergänzend zu den herkömmlichen Vertriebsmethoden (Verkauf ab Hof und/oder dem Verkauf auf Wochenmärkten) verstärkt Automaten, z.b. der Marke »Regiomat«, aufgestellt und mit den im landwirtschaftlichen Betrieb unmittelbar selbst gewonnenen Erzeugnisse gefüllt. Wird die Aufstellung der Automaten als selbständiges Gewerbe betrieben, was anzunehmen ist, wenn der Inhaber des landwirtschaftlichen Betriebes z.b. in einem Supermarkt, auf einer Tankstelle, auf Parkplätzen oder an anderen Standorten im Gebiet einer Kommune aufstellt (133. BLA-Sitzung vom 18/19.02.3023 TOP 6d).

Autosattler	Erlaubnispflicht	Zulassungspflichtiges Handwerk	Anzeigepflicht gemäß § 14 GewO	Zuständige Zulassungs- oder Erlaubnisbehörde in Bayern
	./.	./.	./.	./.
Bemerkungen/ Hinweise	Siehe Sattler – und Feintäschner			

B

Backen von Fladenbrot	Erlaubnispflicht	Zulassungspflichtiges Handwerk	Anzeigepflicht gemäß § 14 GewO	Zuständige Zulassungs- oder Erlaubnisbehörde in Bayern
	nein	nach HwO Anlage A, Nr. 30	ja	örtlich zuständige Handwerkskammer
Bemerkungen/ Hinweise	Wesentliche Teiltätigkeit des Bäckerhandwerks. Dies hat z.b. das VG Saarland am 04.11.2004 (Az. 1 K 40/03; GewArch. 2005; 157) entschieden.			

Backshop	Erlaubnispflicht	Zulassungspflichtiges Handwerk	Anzeigepflicht gemäß § 14 GewO	Zuständige Zulassungs- oder Erlaubnisbehörde in Bayern
	nein	nein	nein	./.
Bemerkungen/ Hinweise	Die Backshops backen Rohlinge auf. Dies unterliegt nicht dem Bäckerhandwerk. Um Irritationen mit dem Handwerk zu vermeiden, soll als Tätigkeit das Aufbacken von Rohlingen (Backshops) angemeldet werden.			

Bademeister	Erlaubnispflicht	Zulassungspflichtiges Handwerk	Anzeigepflicht gemäß § 14 GewO	Zuständige Zulassungs- oder Erlaubnisbehörde in Bayern
	nein	nein	nein	./.

Gewerbearten von A-Z

Bemerkungen/ Hinweise	Die Berufsbezeichnung des Bademeisters ist Fachangestellter für Badebetriebe. Es handelt sich um einen Heilhilfsberuf gemäß § 6 Abs. 1 GewO. Die Gewerbeordnung findet keine Anwendung. Zum Einsatz von Bademeistern gibt die Richtlinie (BGfdB) R 9405 der Gesellschaft für Badewesen die rechtliche Hilfestellung. Wer die Berufsbezeichnung »med. Bademeisterin« oder »med. Bademeister« führen will, bedarf der Erlaubnis nach § 1 des Masseur- und Physiotherapeutengesetzes (MPhG). Siehe weitere Ausführungen bei »Masseur«.

Badewannenbeschichtung	Erlaubnispflicht	Zulassungspflichtiges Handwerk	Anzeigepflicht gemäß § 14 GewO	Zuständige Zulassungs- oder Erlaubnisbehörde in Bayern
	nein	nein	ja	./.
Bemerkungen/ Hinweise	Unterliegt weder den zulassungspflichtigen noch den zulassungsfreien Handwerken. Es handelt sich hierbei auch um kein handwerksähnliches Handwerk.			

Badewanneneinsätze (Montage)	Erlaubnispflicht	Zulassungspflichtiges Handwerk	Anzeigepflicht gemäß § 14 GewO	Zuständige Zulassungs- oder Erlaubnisbehörde in Bayern
	nein	nein	ja	./.
Bemerkungen/ Hinweise	Fällt nur unter das Installateur- und Heizungsbauerhandwerk (HwO Anlage A, Nr. 24), wenn Anschlüsse vorgenommen oder erneuert werden.			

Bäcker	Erlaubnispflicht	Zulassungspflichtiges Handwerk	Anzeigepflicht gemäß § 14 GewO	Zuständige Zulassungs- oder Erlaubnisbehörde in Bayern
	nein	nach HwO Anlage A, Nr. 30	ja	örtlich zuständige Handwerkskammer
Bemerkungen/ Hinweise	./.			

Ballettschule	Erlaubnispflicht	Zulassungspflichtiges Handwerk	Anzeigepflicht gemäß § 14 GewO	Zuständige Zulassungs- oder Erlaubnisbehörde in Bayern
	nein	nein	ja/nein	./.

Gewerbearten von A-Z

Bemerkungen/ Hinweise	Ballettschulen fallen in Bayern nicht unter das Gesetz über das Erziehungs- und Unterrichtswesen (BayEUG) und auch nicht unter § 6 GewO. Folglich wird man in Bayern die Ballettschule grundsätzlich als anzeigepflichtiges Gewerbe ansehen müssen. In Rechtsprechung und Literatur ist nicht eindeutig geklärt, ob Ballettunterricht eine Tätigkeit ist die besondere schöpferische Begabung erfordert oder aufgrund Vorliegens eines Hochschul- oder Fachschulstudiums als künstlerische Tätigkeit höherer Art zu beurteilen ist. Recherchen bei der Hochschule für Musik und Theater in München haben ergeben, dass dort ein Studienzweig »Ballett« mit entsprechendem Diplom eingerichtet ist. Sofern der Inhaber einen Hochschulabschluss für »Ballett« nachweist, kann dies als höhere Dienstleistung angesehen werden und die Ballettschule ist nicht anzeigepflichtig. Liegt z.b. für eine Primaballerina kein Nachweis eines Hochschulstudiums vor kann trotzdem nach einer Aussage der Regierung von Oberbayern von einem Unterricht der höheren Art ausgegangen werden, wenn die Primaballerina an der Staatsoper engagiert war. Die Primaballerina muss dann ihre Ballettschule nach § 14 GewO nicht anzeigen. Der Kommentar Landmann-Rohmer sieht generell Ballettunterricht als eine Dienstleistung höherer Art, die zum künstlerischen Bereich zählt und nicht anzeigepflichtig ist.

Bankgeschäft	Erlaubnispflicht	Zulassungspflichtiges Handwerk	Anzeigepflicht gemäß § 14 GewO	Zuständige Zulassungs- oder Erlaubnisbehörde in Bayern
	nach § 32 Kreditwesengesetz (KWG)	nein	ja	./.
Bemerkungen/ Hinweise	Wer im Inland gewerbsmäßig oder in einem Umfang, der einen in kaufmännischer Weise eingerichteten Gewerbebetrieb erfordert, Bankgeschäfte betreiben will, bedarf der Erlaubnis. Zuständige Erlaubnisbehörde ist die Bundesanstalt für Finanzdienstleistungsaufsicht (BAFin), Graurheindorfer Str. 108, 53117 Bonn, Tel. 0228/4108–0, www.bafin.de Eine Bank-Filiale ist eine Betriebsstätte im Sinne von § 4 Abs. 3 GewO, da hier auf unbestimmte Zeit mittels einer festen Einrichtung die gewerbliche Tätigkeit betrieben wird. Alle Bankfilialen sind in der Regel Zweigniederlassungen und müssen separat in ihrem Zuständigkeitsbereich, unabhängig von der Hauptniederlassung, angemeldet werden			

Barkeeper mobil	Erlaubnispflicht	Zulassungspflichtiges Handwerk	Anzeigepflicht gemäß § 14 GewO	Zuständige Zulassungs- oder Erlaubnisbehörde in Bayern
	nein	nein	ja	./.

Gewerbearten von A-Z

Bemerkungen/ Hinweise	Bei der Tätigkeit als mobile/r Barkeeper/in ist die Art des »Ausschanks alkoholischer Getränke bei geschlossenen Gesellschaften« entscheidend, dass er diese Tätigkeit auch selbstständig ausübt. Das Reisegewerbe scheidet aus, weil der Barkeeper auf vorhergehende Bestellung außerhalb einer Betriebsstätte eine Leistung anbietet und durchführt. Folglich handelt es sich um stehendes Gewerbe. Falls der Barkeeper keinen eigenen Betriebssitz hat, muss er die Tätigkeit unter seinem Wohnsitz anmelden. Ein Gaststättengewerbe im Sinne des § 2 Gaststättengesetz (GastG) liegt nicht vor, da es sich nicht um einen Ausschank an jedermann handelt. In die Gewerbeanzeige sollte man bei der Tätigkeit nicht »Barkeeper« sondern stattdessen »Ausschank von alkoholischen Getränken in Räumlichkeiten des Auftraggebers« aufnehmen. Ergänzend siehe auch grundsätzliche Ausführungen zu »Koch/Mietkoch« und »Scheinselbständigkeit«.

Baubetreuung,	Erlaubnispflicht	Zulassungspflichtiges Handwerk	Anzeigepflicht gemäß § 14 GewO	Zuständige Zulassungs- oder Erlaubnisbehörde in Bayern
	nach § 34c Abs. 1 Nr. 3b GewO	nein	ja	IHK f. München und Obb. (mit Ausnahme des Kammerbezirks der IHK Aschaffenburg)
Bemerkungen/ Hinweise	Bauvorhaben im fremden Namen für fremde Rechnung wirtschaftlich vorbereiten oder durchführen.			

Baufertigteile, Einbau von genormten Baufertigteilen (z.B. Fenster, Türen, Zargen, Regale)	Erlaubnispflicht	Zulassungspflichtiges Handwerk	Anzeigepflicht gemäß § 14 GewO	Zuständige Zulassungs- oder Erlaubnisbehörde in Bayern
	nein	nein	ja	./.
Bemerkungen/ Hinweise	Zusätzliche Anzeigepflicht nach Handwerksordnung (HwO) Anlage B2, Nr. 24 (handwerksähnlich) bei der örtlich zuständigen Handwerkskammer.			

Bauherr (Bauträger)	Erlaubnispflicht	Zulassungspflichtiges Handwerk	Anzeigepflicht gemäß § 14 GewO	Zuständige Zulassungs- oder Erlaubnisbehörde in Bayern
	nach § 34c Abs. 1 Nr. 3a GewO	nein	ja	IHK f. München und Obb. (mit Ausnahme des Kammerbezirks der IHK Aschaffenburg)

Gewerbearten von A-Z

Bemerkungen/ Hinweise	Bauherr (Bauträger) i.S.v. § 34c Abs. 1 Nr. 3a GewO ist, wer im eigenen Namen und für eigene oder fremde Rechnung Bauvorhaben vorbereitet oder durchführt und dazu bereits im Stadium der Vorbereitung und/oder Durchführung Vermögenswerte von späteren Nutzungsberechtigten (z.B. Erwerbern, Mietern, Pächtern) verwendet. Der Bauträger ist Herr des gesamten Bauvorhabens. Er übt bestimmenden Einfluss auf die Planung und den Ablauf des gesamten Bauvorhabens aus. Er ist in der Regel Eigentümer des Baugrundstücks, stellt den Bauantrag im eigenen Namen und ist Vertragspartner der an der Herstellung des Bauwerks beteiligten Unternehmen und Personen.

Bauschlussreinigung	Erlaubnispflicht	Zulassungspflichtiges Handwerk	Anzeigepflicht gemäß § 14 GewO	Zuständige Zulassungs- oder Erlaubnisbehörde in Bayern
	nein	nein	ja	./.
Bemerkungen/ Hinweise	Zusätzliche Anzeigepflicht nach Handwerksordnung (HwO) Anlage B1, Nr. 33 bei der örtlich zuständigen Handwerkskammer.			

Bautentrocknungsgewerbe	Erlaubnispflicht	Zulassungspflichtiges Handwerk	Anzeigepflicht gemäß § 14 GewO	Zuständige Zulassungs- oder Erlaubnisbehörde in Bayern
	nein	nein	ja	./.
Bemerkungen/ Hinweise	Zusätzliche Anzeigepflicht nach Handwerksordnung (HwO) Anlage B2, Nr. 2 (handwerksähnlich) bei der örtlich zuständigen Handwerkskammer. Die Tätigkeit dieses Gewerbe umfasst die Trocknung/Trockenlegung von Gebäuden und Gebäudeteilen unter Zuhilfenahme von speziellen Trocknungsgeräten (z.B. Jetbrenner) oder mobilen Kälteanlagen wie auch Chemikalien, die Feuchtigkeit aufnehmen. Das Gewerbe umfasst ebenfalls die Trockenlegung von Gebäudeteilen nach Wasserschäden oder nach Hochwasser.			

Begrünung von Dächern	Erlaubnispflicht	Zulassungspflichtiges Handwerk	Anzeigepflicht gemäß § 14 GewO	Zuständige Zulassungs- oder Erlaubnisbehörde in Bayern
	nein	nein	ja	./.
Bemerkungen/ Hinweise	Kein Gewerbe der Handwerksordnung.			

Gewerbearten von A-Z

Behälter- und Apparatebauer	Erlaubnispflicht	Zulassungspflichtiges Handwerk	Anzeigepflicht gemäß § 14 GewO	Zuständige Zulassungs- oder Erlaubnisbehörde in Bayern
	nein	nach HwO Anlage A, Nr. 45	ja	örtlich zuständige Handwerkskammer
Bemerkungen/ Hinweise	./.			

Beherbergungsbetrieb	Erlaubnispflicht	Zulassungspflichtiges Handwerk	Anzeigepflicht gemäß § 14 GewO	Zuständige Zulassungs- oder Erlaubnisbehörde in Bayern
	nein	nein	ja	./.
Bemerkungen/ Hinweise	Ist ein Betrieb, in dem Gäste mit und ohne Verpflegung beherbergt werden. Keine Erlaubnispflicht seit geändertem Gaststättengesetz (GastG) mit Wirkung vom 01.07.2005.			

Beherbergungsbetrieb bis zu 8 Betten	Erlaubnispflicht	Zulassungspflichtiges Handwerk	Anzeigepflicht gemäß § 14 GewO	Zuständige Zulassungs- oder Erlaubnisbehörde in Bayern
	nein	nein	ja	./.
Bemerkungen/ Hinweise	Nachdem die Erlaubnispflicht im Jahr 2005 für Beherbergungsbetriebe entfallen ist, macht es keinen Sinn mehr, diese Formulierung zu wählen. War lediglich im alten Gaststättengesetz erforderlich, da es bei weniger als 8 Betten keine Erlaubnispflicht gab. Tipp: Bestehende Gewerbeanmeldungen berichtigen in Beherbergungsbetrieb			

Benutzung von Schaufenstern, Vitrinen oder Regalen in anderen Geschäftsräumen	Erlaubnispflicht	Zulassungspflichtiges Handwerk	Anzeigepflicht gemäß § 14 GewO	Zuständige Zulassungs- oder Erlaubnisbehörde in Bayern
	nein	nein	ja	./.
Bemerkungen/ Hinweise	Dabei handelt es sich meistens um einen provisionsweisen Verkauf von Handelsware. Die Person, die ihre Geschäftseinrichtung zur Verfügung stellt, muss ihre Gewerbeanmeldung erweitern »Auf provisionsweiser Verkauf von …«. Derjenige der die Waren zur Verfügung stellt, dort platziert und verkaufen lässt, muss, wenn dies fortdauernd geschieht unter seiner Wohnanschrift eine Gewerbeanmeldung tätigen.			

Gewerbearten von A-Z

Bergführer	Erlaubnispflicht	Zulassungs-pflichtiges Handwerk	Anzeigepflicht gemäß § 14 GewO	Zuständige Zulassungs- oder Erlaubnisbehörde in Bayern
	nein	nein	nein	./.
Bemerkungen/ Hinweise	Da nach Landesrecht durch die Verordnung über die Ausübung des Unterrichts als Berg- und Skiführer geregelt, unterliegt die Tätigkeit § 6 Satz 1 GewO (Unterrichtswesen), somit finden die Vorschriften der GewO keine Anwendung. *(siehe auch Erläuterungen unter Kennzahl 12.014)*			

Berufsaus-übungsgesell-schaften	Erlaubnispflicht	Zulassungs-pflichtiges Handwerk	Anzeigepflicht gemäß § 14 GewO	Zuständige Zulassungs- oder Erlaubnisbehörde in Bayern
	nein	nein	nein	./.
Bemerkungen/ Hinweise	Durch die Neuregelung und Modernisierung des Rechts der anwaltlichen und steuerberatenden Berufsausübungsgesellschaften in der Bundesrechtsanwaltsordnung, der Patentanwaltsordnung und dem Steuerberatungsgesetz, sind Rechtsanwälte und Steuerberater zwischenzeitlich überwiegend in Berufsausübungsgesellschaften tätig. Bestehende Beschränkungen der den Berufsausübungsgesellschaften offenstehenden Rechtsformen werden aufgehoben. Darüber hinaus soll die interprofessionelle Zusammenarbeit von Rechtsanwälten, Patentanwälten und Steuerberatern erleichtert und über die bisherigen sozietätsfähigen Berufe (Rechtsanwalt, Patentanwalt, Steuerberater, Wirtschaftsprüfer) auf Angehörige aller freien Berufe erstreckt werden. Dadurch werden neue und innovative Beratungsmodelle ermöglicht, z.B. die interprofessionelle Zusammenarbeit von Rechtsanwälten mit Ärzten, Architekten oder Unternehmensberatern. Die bisherigen Mehrheitserfordernisse auf Gesellschafter- und Geschäftsführerebene entfallen. Dies erforderte eine Änderung von § 6 Abs. 1 Satz 1 GewO. Die Begriffe »Rechtsanwaltsgesellschaft«, »Patentanwaltsgesellschaft« und »Steuerberatungsgesellschaft«, bei denen es sich zukünftig nur noch um einen Unterfall der Berufsausübungsgesellschaften nach dem jeweiligen Berufsrechts handelt, werden durch den übergeordneten Begriff der Berufsausübungsgesellschaft ersetzt. Bedeutet daher keine Anzeigepflicht gem. § 14 GewO für die Berufsausübungsgesellschaften.			

Berufsmäßi-ge Betreuer (Rechtsanwälte)	Erlaubnispflicht	Zulassungs-pflichtiges Handwerk	Anzeigepflicht gemäß § 14 GewO	Zuständige Zulassungs- oder Erlaubnisbehörde in Bayern
	nein	nein	ja	./.

Gewerbearten von A-Z

Bemerkungen/ Hinweise	Aufgrund der Entscheidung des Bundesverwaltungsgerichts vom 27.02.2013 (Az. 8 C 8.12) kann die bisherige Auffassung, dass für Rechtsanwälte die als berufsmäßige Betreuer tätig sind, keine Gewerbeanmeldung notwendig ist, nicht mehr vertreten werden. Rechtsanwälte, die neben Ihrer Anwaltstätigkeit auch als berufsmäßiger Betreuer tätig werden, sind verpflichtet; die Betreuertätigkeit als Gewerbe gem. § 14 GewO anzumelden.

Beschäftigungs- und Arbeitstherapeuten	Erlaubnispflicht	Zulassungspflichtiges Handwerk	Anzeigepflicht gemäß § 14 GewO	Zuständige Zulassungs- oder Erlaubnisbehörde in Bayern
	nein	nein	nein	./.
Bemerkungen/ Hinweise	Es handelt sich um einen Heilhilfsberuf gemäß § 6 Satz 2 GewO, auf den die Gewerbeordnung keine Anwendung findet. Bezüglich einer Anzeigepflicht ist Art. 12 des bayerischen Gesundheitsdienst- und Verbraucherschutzgesetz (GDVG) zu beachten.			

Bestattungsgewerbe	Erlaubnispflicht	Zulassungspflichtiges Handwerk	Anzeigepflicht gemäß § 14 GewO	Zuständige Zulassungs- oder Erlaubnisbehörde in Bayern
	nein	nein	ja	./.
Bemerkungen/ Hinweise	Zusätzliche Anzeigepflicht nach Handwerksordnung (HwO) Anlage B1, Nr. 55, bei der örtlich zuständigen Handwerkskammer.			

Betonbauer	Erlaubnispflicht	Zulassungspflichtiges Handwerk	Anzeigepflicht gemäß § 14 GewO	Zuständige Zulassungs- oder Erlaubnisbehörde in Bayern
	./.	./.	./.	./.
Bemerkungen/ Hinweise	Siehe Maurer und Betonbauer			

Betonbohrer und -schneider	Erlaubnispflicht	Zulassungspflichtiges Handwerk	Anzeigepflicht gemäß § 14 GewO	Zuständige Zulassungs- oder Erlaubnisbehörde in Bayern
	nein	nein	ja	./.
Bemerkungen/ Hinweise	Zusätzliche Anzeigepflicht nach Handwerksordnung (HwO) Anlage B2, Nr. 8, (handwerkähnlich) bei der örtlich zuständigen Handwerkskammer			

Gewerbearten von A-Z

Betonstein- und Terrazzohersteller	Erlaubnispflicht	Zulassungspflichtiges Handwerk	Anzeigepflicht gemäß § 14 GewO	Zuständige Zulassungs- oder Erlaubnisbehörde in Bayern
	nein	nach HwO Anlage A, Nr. 43	ja	örtlich zustänigen Handwerkskammer
Bemerkungen/ Hinweise	./.			

Bewachungsgewerbe	Erlaubnispflicht	Zulassungspflichtiges Handwerk	Anzeigepflicht gemäß § 14 GewO	Zuständige Zulassungs- oder Erlaubnisbehörde in Bayern
	nach § 34a GewO	nein	ja	zuständige Kreisverwaltungsbehörde (KVB)
Bemerkungen/ Hinweise	Gewerbsmäßiges Bewachen des Lebens oder Eigentums fremder Personen. Keine Bewachungserlaubnis und keine Anwendung der Bewachungsverordnung wenn Personen bei dem Gewerbebetrieb selbst angestellt sind, z.B. Türsteher angestellt bei der Gastwirtschaft oder Kaufhausdetektiv angestellt beim Kaufhaus. Siehe auch Erläuterungen unter Kennzahl 12.034a; Ziffern 3.1 und 3.2)			

Bewachungsunternehmen auf Seeschiffen	Erlaubnispflicht	Zulassungspflichtiges Handwerk	Anzeigepflicht gemäß § 14 GewO	Zuständige Zulassungs- oder Erlaubnisbehörde in Bayern
	nach § 31 GewO	nein	ja	./.
Bemerkungen/ Hinweise	Ab 01.12.2013 ist für die gewerbsmäßige Bewachung auf See eine Erlaubnis nach der Gewerbeordnung erforderlich. Private Sicherheitsfirmen werden inzwischen von vielen Reedereien auf Ihren Schiffen zur Abwehr von Piratenangriffen in gefährdeten Gebieten eingesetzt. Die Voraussetzungen, vor allem an die Qualifikation, sind höher. Der Vollzug wurde einer Bundesbehörde übertragen. Zuständig für die Erlaubnis ist das Bundesamt f. Wirtschaft und Ausfuhrkontrolle (BAFA) Frankfurter Str. 29–35, 65760 Eschborn Tel. 061969082779.			

Bierdruckanlagen installieren	Erlaubnispflicht	Zulassungspflichtiges Handwerk	Anzeigepflicht gemäß § 14 GewO	Zuständige Zulassungs- oder Erlaubnisbehörde in Bayern
	./.	nach HwO Anlage A, Nr. 18 und 24	ja	örtlich zuständige Handwerkskammer

Gewerbearten von A-Z

Bemerkungen/ Hinweise	Wesentliche Tätigkeiten des Kälteanlagenbauers sowie des Installateurs und Heizungsbauerhandwerks.			
Bildereinrahmungen	Erlaubnispflicht	Zulassungspflichtiges Handwerk	Anzeigepflicht gemäß § 14 GewO	Zuständige Zulassungs- oder Erlaubnisbehörde in Bayern
	nein	nein	ja	./.
Bemerkungen/ Hinweise	./.			

Billardcafé	Erlaubnispflicht	Zulassungspflichtiges Handwerk	Anzeigepflicht gemäß § 14 GewO	Zuständige Zulassungs- oder Erlaubnisbehörde in Bayern
	nach § 1 Abs. 1 in Verb. mit § 2 Gaststättengesetz (GastG) falls mit Alkoholausschank	nein	ja	zuständige Kreisverwaltungsbehörde (KVB)
Bemerkungen/ Hinweise	Ein Gaststättenbetrieb in dem überwiegend Billardtische und nicht mehr als drei Unterhaltungsspielgeräte und maximal zwei Geldspielgeräte § 3 Spielverordnung (SpielV) aufgestellt sind.			

Biogasanlagen	Erlaubnispflicht	Zulassungspflichtiges Handwerk	Anzeigepflicht gemäß § 14 GewO	Zuständige Zulassungs- oder Erlaubnisbehörde in Bayern
	nein	nein	nein	./.
Bemerkungen/ Hinweise	Die Erzeugung von Biogas ist Teil der land- und forstwirtschaftlichen Urproduktion, wenn die Biomasse als solche überwiegend im eigenen Betrieb verwendet wird. Bei der Beurteilung der Frage, wann von einer überwiegenden Erzeugung im eigenen Betrieb auszugehen ist, kommt es nicht auf das Kubikmeterverhältnis von eigener Biomasse an, sondern auf das Nährstoffverhältnis und den daraus resultierenden Biogaserträgen. Wird der aus dem Biogas erzeugte Strom überwiegend, also zu mehr als 50 %, im eigenen Betrieb eingesetzt und nur ein geringer Teil ins Stromnetz eingespeist, gehört das Betreiben der Biogasanlage noch zum Teil des landwirtschaftlichen Hauptbetriebes. Im Gegensatz zur Erzeugung von Energie, zum Beispiel durch Wind-, Solar- oder Wasserkraft, handelt es sich bei der Verwertung der Biomasse und der Erzeugung von Biogas oder Strom nicht um gewerbliche Energieerzeugung, sondern die Verwertung von Biomasse wird als landwirtschaftliches Produkt der ersten Verarbeitungsstufe angesehen. *(siehe auch Erläuterungen unter der Kennzahl 12.014)*			

Gewerbearten von A-Z

Bioladen	Erlaubnispflicht	Zulassungspflichtiges Handwerk	Anzeigepflicht gemäß § 14 GewO	Zuständige Zulassungs- oder Erlaubnisbehörde in Bayern
	nein	nein	ja	./.
Bemerkungen/ Hinweise	Bioladen sind als Gewerbebetriebe im Sinne der Gewerbeordnung anzusehen, wenn der Verkauf nicht unmittelbar an der Urproduktionsstätte stattfindet bzw. die »Bio-Lebensmittel« in bearbeiteter Form verkauft werden.			

Biologe	Erlaubnispflicht	Zulassungspflichtiges Handwerk	Anzeigepflicht gemäß § 14 GewO	Zuständige Zulassungs- oder Erlaubnisbehörde in Bayern
	nein	./.	nein	./.
Bemerkungen/ Hinweise	Aufgrund ihrer besonderen fachlichen Qualifikation, ob in der Lehre oder in der freien Wirtschaft, können Biologen auf freiberuflicher Basis als Fachexperten in lehrender oder auch beratender Hinsicht tätig sein.			

Bitcoin-Mining	Erlaubnispflicht	Zulassungspflichtiges Handwerk	Anzeigepflicht gemäß § 14 GewO	Zuständige Zulassungs- oder Erlaubnisbehörde in Bayern
	nein	nein	nein	./.
Bemerkungen/ Hinweise	Bei »Bitcoin Mining« oder »Handel mit Bitcoins« handelt es sich in der Regel um kein Gewerbe. Soweit eine Person lediglich ihr Vermögen nutzt oder verwaltet, liegt keine Gewerbeausübung vor. Dies ändert sich erst, wenn etwa ein gesteigerter Aufwand von Nöten ist, der auch einen berufsmäßigen Geschäftsbetrieb erfordert (GAT v. 23.10.2018). Protokolle der GAT »Gewerbearbeitsrechtstagung des Bayerischen Staatsministeriums für Wirtschaft, Landesentwicklung und Energie« können angefordert werden bei dem Staatsministerium für Wirtschaft, Landesentwicklung und Energie, Referat 33-Kammeraufsicht, Wirtschaftsprüferwesen Gewerberecht, Prinzregentenstr. 28, 80525 München, Tel: 089 21620, Fax: 089 21622760. Behörden-E-Mail: poststelle@stmwi.bayern.de. Siehe auch Krypto-Währungen			

Blitzschutzanlagen, bauen und montieren	Erlaubnispflicht	Zulassungspflichtiges Handwerk	Anzeigepflicht gemäß § 14 GewO	Zuständige Zulassungs- oder Erlaubnisbehörde in Bayern
	nein	nach HwO, Anlage A, Nr. 25	ja	örtlich zuständige Handwerkskammer

Gewerbearten von A-Z

Bemerkungen/ Hinweise	Wesentliche Tätigkeit des Elektrotechnikers (OVG Niedersachsen, Urt. v. 18.5.1992, GewArch 1993 S. 382).			
Blockhausherstellung	Erlaubnispflicht	Zulassungspflichtiges Handwerk	Anzeigepflicht gemäß § 14 GewO	Zuständige Zulassungs- oder Erlaubnisbehörde in Bayern
	nein	nach HwO Anlage A, Nr. 3	ja/nein	örtlich zuständige Handwerkskammer
Bemerkungen/ Hinweise	Wesentliche Tätigkeit des Zimmerers. Kein Handwerk bei industrieller Betriebsweise.			
Blockheizkraftwerk (BHKW)	Erlaubnispflicht	Zulassungspflichtiges Handwerk	Anzeigepflicht gemäß § 14 GewO	Zuständige Zulassungs- oder Erlaubnisbehörde in Bayern
	nein	nein	nein	./.
Bemerkungen/ Hinweise	Das Bundesministerium für Finanzen hat mit Schreiben vom 02.06.2021 (GZ IV C 6-S 2240/19/10006:006) die obersten Finanzbehörden der Länder angewiesen, dass für Blockheizkraftwerke (BHKW) mit einer installierten Leistung von bis zu 2,5 kW, die nach dem 31.12.2003 für eigene Wohnzwecke genutzten oder unentgeltlich überlassenen Ein- und Zweitfamilienhausgrundstücken und nach dem 31.12.2003 in Betrieb genommen wurden, eine fehlende Gewinnerzielungsabsicht gegeben ist. Der Betreiber der Anlage muss gegenüber dem Finanzamt lediglich erklären, dass diese nicht mit Gewinnerzielungsabsicht betrieben wird. Somit liegt aus steuerlicher Sicht eine Liebhaberei vor. Die Erklärung wirkt auch für die Folgejahre.			
Blogger	Erlaubnispflicht	Zulassungspflichtiges Handwerk	Anzeigepflicht gemäß § 14 GewO	Zuständige Zulassungs- oder Erlaubnisbehörde in Bayern
	./.	./.	./.	./.
Bemerkungen/ Hinweise	Siehe Affiliate-Marketing			

Gewerbearten von A-Z

Blumenläden bei Gärtnereien	Erlaubnispflicht	Zulassungspflichtiges Handwerk	Anzeigepflicht gemäß § 14 GewO	Zuständige Zulassungs- oder Erlaubnisbehörde in Bayern
	nein	nein	ja	./.
Bemerkungen/ Hinweise	Blumenläden von Gärtnereien sind als Gewerbebetriebe im Sinne der Gewerbeordnung anzusehen, wenn der Verkauf nicht unmittelbar an der Urproduktionsstätte stattfindet.			

Bodenleger	Erlaubnispflicht	Zulassungspflichtiges Handwerk	Anzeigepflicht gemäß § 14 GewO	Zuständige Zulassungs- oder Erlaubnisbehörde in Bayern
	nein	nein	ja	./.
Bemerkungen/ Hinweise	Zusätzliche Anzeigepflicht nach Handwerksordnung (HwO) Anlage B2, Nr. 3 (handwerksähnlich) bei der örtlich zuständigen Handwerkskammer.			

Bodybuilding-Studio	Erlaubnispflicht	Zulassungspflichtiges Handwerk	Anzeigepflicht gemäß § 14 GewO	Zuständige Zulassungs- oder Erlaubnisbehörde in Bayern
	nein	nein	ja	./.
Bemerkungen/ Hinweise	Nach dem BFH Urteil v. 18.04.1996 – IV R. 35/95 stellt ein Bodybuilding-Studio einen Gewerbebetrieb dar, wenn die unterrichtende Tätigkeit lediglich die Anfangsphase der angebotenen Kurse prägt und im übrigen den Kunden die Trainingsmaschinen und Trainingsgeräte zur freien Verfügung stehen (Fortführung des BFH-Urteil v. 13.01.1994, BStBl. II 362). Der Senat führt hierzu aus, dass bei der Überprüfung, ob der Betrieb eines Sport- und Fitness-Studios freiberuflich oder gewerblich erfolgt, auf das Gesamtbild der Verhältnisse abzustellen sei. Die Annahme einer unterrichtenden somit freiberuflichen Tätigkeit setzt voraus, dass der Studioinhaber für jeden Kursteilnehmer ein individuelles Trainingsprogramm entwirft, dieses mit dem Teilnehmer bespricht, die zu trainierenden Muskeln und Bewegungsabläufe erklärt und die Kunden während des Trainings fortlaufend persönlich betreut.			

Böttcher	Erlaubnispflicht	Zulassungspflichtiges Handwerk	Anzeigepflicht gemäß § 14 GewO	Zuständige Zulassungs- oder Erlaubnisbehörde in Bayern
	nein	nach HwO Anlage A, Nr. 49	ja	örtlich zuständige Handwerkskammer
Bemerkungen/ Hinweise	./.			

Gewerbearten von A-Z

Bogenmacher	Erlaubnispflicht	Zulassungspflichtiges Handwerk	Anzeigepflicht gemäß § 14 GewO	Zuständige Zulassungs- oder Erlaubnisbehörde in Bayern
	nein	nein	ja	./.
Bemerkungen/ Hinweise	Zusätzliche Anzeigepflicht nach Handwerksordnung (HwO) Anlage B1, Nr. 48 bei der örtlich zuständigen Handwerkskammer.			

Boots- und Schiffbauer	Erlaubnispflicht	Zulassungspflichtiges Handwerk	Anzeigepflicht gemäß § 14 GewO	Zuständige Zulassungs- oder Erlaubnisbehörde in Bayern
	nein	nach HwO Anlage A, Nr. 28	ja	örtlich zuständige Handwerkskammer
Bemerkungen/ Hinweise	./.			

Bordell (Club)	Erlaubnispflicht	Zulassungspflichtiges Handwerk	Anzeigepflicht gemäß § 14 GewO	Zuständige Zulassungs- oder Erlaubnisbehörde in Bayern
	nach § 12 Prostituiertenschutzgesetz (ProstSchG)	nein	ja	zuständige Kreisverwaltungsbehörde (KVB)
Bemerkungen/ Hinweise	Seit dem 01.07.2017 ist das Betreiben von Prostitutionsstätten nur dann zulässig, wenn hierfür eine Erlaubnis nach dem ProstSchG vorliegt. Die Erlaubnispflicht und die daran anknüpfenden Voraussetzungen und Rechtsfolgen sind wie andere gewerberechtliche Erlaubnispflichten ausgestattet. *(siehe auch Erläuterungen unter der Kennzahl 52b.14).*			

Brauer und Mälzer	Erlaubnispflicht	Zulassungspflichtiges Handwerk	Anzeigepflicht gemäß § 14 GewO	Zuständige Zulassungs- oder Erlaubnisbehörde in Bayern
	nein	nein	ja	./.
Bemerkungen/ Hinweise	Zusätzliche Anzeigepflicht nach Handwerksordnung (HwO) Anlage B1, Nr. 29 bei der örtlichen zuständigen Handwerkskammer.			

Gewerbearten von A-Z

Bremsbeläge auswechseln	Erlaubnispflicht	Zulassungspflichtiges Handwerk	Anzeigepflicht gemäß § 14 GewO	Zuständige Zulassungs- oder Erlaubnisbehörde in Bayern
	nein	nach HwO Anlage A, Nr. 20	ja	örtlich zuständige Handwerkskammer
Bemerkungen/ Hinweise	Wesentliche Tätigkeit des Kraftfahrzeugtechnikers.			

Brennereinstellung Heizkessel	Erlaubnispflicht	Zulassungspflichtiges Handwerk	Anzeigepflicht gemäß § 14 GewO	Zuständige Zulassungs- oder Erlaubnisbehörde in Bayern
	nein	nach HwO Anlage A, Nr. 24	ja	örtlich zuständige Handwerkskammer
Bemerkungen/ Hinweise	Es handelt sich um eine wesentliche Tätigkeit des Installateurs und Heizungsbauers.			

Brillenanpassung	Erlaubnispflicht	Zulassungspflichtiges Handwerk	Anzeigepflicht gemäß § 14 GewO	Zuständige Zulassungs- oder Erlaubnisbehörde in Bayern
	nein	nach HwO Anlage A, Nr. 33	ja	örtlich zuständige Handwerkskammer
Bemerkungen/ Hinweise	Wesentliche Tätigkeit des Augenoptikers.			

Brunnenbauer	Erlaubnispflicht	Zulassungspflichtiges Handwerk	Anzeigepflicht gemäß § 14 GewO	Zuständige Zulassungs- oder Erlaubnisbehörde in Bayern
	nein	nach HwO Anlage A, Nr. 7	ja	örtlich zuständige Handwerkskammer
Bemerkungen/ Hinweise	./.			

Gewerbearten von A-Z

Buchbinder	Erlaubnispflicht	Zulassungs-pflichtiges Handwerk	Anzeigepflicht gemäß § 14 GewO	Zuständige Zulassungs- oder Erlaubnisbehörde in Bayern
	nein	nein	ja	./.
Bemerkungen/ Hinweise	Zusätzliche Anzeigepflicht nach Handwerksordnung (HwO) Anlage B1, Nr. 39 bei der örtlich zuständigen Handwerkskammer.			

Buchmacher	Erlaubnispflicht	Zulassungs-pflichtiges Handwerk	Anzeigepflicht gemäß § 14 GewO	Zuständige Zulassungs- oder Erlaubnisbehörde in Bayern
	nach § 2 Rennwett- und Lotteriegesetz (RennwLottG)	nein	ja	jeweilige Regierung
Bemerkungen/ Hinweise	Das gewerbsmäßige Abschließen oder Vermitteln von Wetten bei öffentlichen Leistungsprüfungen für Pferde (Buchmacher/in) ist erlaubnispflichtig. Rechtsgrundlage für die Zulassung als Buchmacher/in oder als Totalisator ist das Rennwett- und Lotteriegesetz vom 8. April 1922 (BGBl. III 611–614). Nach § 52a Abs. 2 BayZustV sind für die Erteilung der Erlaubnisse in Bayern die Bezirksregierungen zuständig. Veranstaltung von Pferdewetten im Internet siehe unter Pferdewettenvermittlung im Internet.			

Buchdrucker, Schriftsetzer, Drucker (Print- und Medientechnologen)	Erlaubnispflicht	Zulassungs-pflichtiges Handwerk	Anzeigepflicht gemäß § 14 GewO	Zuständige Zulassungs- oder Erlaubnisbehörde in Bayern
	nein	nein	ja	./.
Bemerkungen/ Hinweise	Zusätzliche Anzeigepflicht nach Handwerksordnung (HwO) Anlage B1, Nr. 40 bei der örtlich zuständigen Handwerkskammer.			

Buchprüfer, vereidigt	Erlaubnispflicht	Zulassungs-pflichtiges Handwerk	Anzeigepflicht gemäß § 14 GewO	Zuständige Zulassungs- oder Erlaubnisbehörde in Bayern
	nein	nein	nein	./.
Bemerkungen/ Hinweise	Die Tätigkeit als vereidigter Buchprüfer ist kraft Verweises auf § 1 Abs. 2 und 3 Wirtschaftsprüferverordnung (WPO) in § 130 Abs. 1 Satz 1 WPO ein freier Beruf. Die GewO gemäß § 6 Abs. 1 nicht anwendbar.			

Gewerbearten von A-Z

Bücherrevisor	Erlaubnispflicht	Zulassungspflichtiges Handwerk	Anzeigepflicht gemäß § 14 GewO	Zuständige Zulassungs- oder Erlaubnisbehörde in Bayern
	nein	nein	nein	./.
Bemerkungen/ Hinweise	\multicolumn{4}{l}{Auch ein vereidigter Bücherrevisor ist ein freier Beruf nach § 18 Einkommensteuergesetz (EStG) und die GewO ist gemäß § 6 Abs. 1 GewO nicht anwendbar.}			

Büchsenmacher	Erlaubnispflicht	Zulassungspflichtiges Handwerk	Anzeigepflicht gemäß § 14 GewO	Zuständige Zulassungs- oder Erlaubnisbehörde in Bayern
	nein	nach HwO Anlage A, Nr. 22	ja	örtlich zuständige Handwerkskammer
Bemerkungen/ Hinweise	./.			

Bügelanstalten für Herren-Oberbekleidung	Erlaubnispflicht	Zulassungspflichtiges Handwerk	Anzeigepflicht gemäß § 14 GewO	Zuständige Zulassungs- oder Erlaubnisbehörde in Bayern
	nein	nein	ja	./.
Bemerkungen/ Hinweise	Zusätzliche Anzeigepflicht nach Handwerksordnung (HwO) Anlage B2, Nr. 26 (handwerksähnlich) bei der örtlich zuständigen Handwerkskammer.			

Büroservices	Erlaubnispflicht	Zulassungspflichtiges Handwerk	Anzeigepflicht gemäß § 14 GewO	Zuständige Zulassungs- oder Erlaubnisbehörde in Bayern
	nein	nein	ja/nein	./.
Bemerkungen/ Hinweise	Immer mehr Unternehmen stellen andere »Firmen« ihre Anschrift zur Verfügung unter der auch die Gewerbeanzeige nach § 14 Abs. 1 GewO erstattet wird, obwohl die Unternehmen an dem Ort des Büroservices keine gewerblichen Tätigkeiten ausüben. Von den Büroservice-Unternehmen werden in der Regel lediglich Post- oder Telefondienste angeboten, teilweise auch stundenweise Schreibtische zur Verfügung gestellt. Es können keine Schriftstücke, wie Gewerbeuntersagungen etc. zugestellt werden; es wird niemand angetroffen. Gem. § 4 Abs. 3 GewO besteht eine Niederlassung (Betriebssitz) nur wenn eine selbstständige gewerbsmäßige Tätigkeit auf unbestimmte Zeit und mittels einer festen Einrichtung von dieser aus tatsächlich ausgeübt wird. Daher kann eine Gewerbeanzeige nach § 14 Abs. 1 GewO zurückgewiesen werden, wenn unter der angegebenen Anschrift nur ein »Büroservice« besteht und keine tatsächliche gewerbliche Tätigkeit ausgeübt wird (133. BLA-Sitzung vom 18/19.02.3023 TOP 6e).			

Gewerbearten von A-Z

Bürsten- und Pinselmacher	Erlaubnispflicht	Zulassungspflichtiges Handwerk	Anzeigepflicht gemäß § 14 GewO	Zuständige Zulassungs- oder Erlaubnisbehörde in Bayern
	nein	nein	ja	./.
Bemerkungen/ Hinweise		Zusätzliche Anzeigepflicht nach Handwerksordnung (HwO) Anlage B2, Nr. 25 (handwerksähnlich) bei der örtlich zuständigen Handwerkskammer.		

Business Coach Personalcoach	Erlaubnispflicht	Zulassungspflichtiges Handwerk	Anzeigepflicht gemäß § 14 GewO	Zuständige Zulassungs- oder Erlaubnisbehörde in Bayer
	nein	nein	ja/nein	./.
Bemerkungen/ Hinweise	Das Halten von Vorträgen kann als sog. unterrichtende Tätigkeit freiberuflich sein. Die abschließende Entscheidung (Freier Beruf)) obliegt allein dem zuständigen Finanzamt. Ob es sich bei der geplanten Tätigkeit als »Coach« um einen Freien Beruf handelt, hängt maßgeblich davon ab, ob es sich um eine »unterrichtende Tätigkeit« i.S.d. § 18 Abs. 1 Nr. 1 EStG handelt. »Unterricht im Sinne des Einkommensteuergesetzes ist die Vermittlung von Wissen, Fähigkeiten, Fertigkeiten, Handlungsweisen und Einstellungen in organisierter und institutionalisierter Form« (vgl. BFH-Urteil vom 13.01.1994 IV R 79/92). Die organisierte und institutionalisierte Form des Unterrichts erfordert u.a. ein auf ein bestimmtes Fachgebiet bezogenes schulmäßiges Programm zur Vermittlung von Kenntnissen. Zwar kann der Unterricht auch individuell in Form von Einzelunterricht erteilt werden, eine Lehrtätigkeit liegt allerdings dann nicht mehr vor, wenn sie die Erarbeitung und Entwicklung eines auf die speziellen Bedürfnisse einer Person abgestellten, nicht auf einen Fachbereich beschränkten Programmes erfordert. In diesem Fall handelt es sich um eine beratende Tätigkeit, für die ein Gewerbe anzumelden ist. Bei der Tätigkeit als »Personaltrainer« kann grundsätzlich eine unterrichtende freiberufliche Tätigkeit angenommen werden. Anders verhält es sich jedoch auch hier, wenn für einzelne Kunden ein spezielles, auf ihre Bedürfnisse zugeschnittenes Lehrprogramm erstellt und erarbeitet und somit eine beratende Tätigkeit ausgeführt wird. In der Regel gehen die Finanzämter dann nicht von einer freiberuflichen sondern gewerblichen Tätigkeit aus. In der Juristensprache »Unterricht niedriger Art«, da keine besondere Qualifikation erforderlich ist und somit die Erbringung einer höherwertigen Leistung, welche für die Freiberuflichkeit charakteristisch ist, nicht vorliegt.			

C

Camgirl	Erlaubnispflicht	Zulassungspflichtiges Handwerk	Anzeigepflicht gemäß § 14 GewO	Zuständige Zulassungs- oder Erlaubnisbehörde in Bayern
	nein	nein	ja	./.
Bemerkungen/ Hinweise	Stellt keine Prostitution dar und ist somit ein Gewerbe im Sinne der Gewerbeordnung (vgl. Telefonsex).			

Cannabishandel	Erlaubnispflicht	Zulassungspflichtiges Handwerk	Anzeigepflicht gemäß § 14 GewO	Zuständige Zulassungs- oder Erlaubnisbehörde in Bayern
	nein	nein	nein	./.
Bemerkungen/ Hinweise	Der gewerbsmäßige Verkauf von Cannabis ist weiterhin eine verbotene nicht erlaubte Tätigkeit. Ein gewerblicher Handel wird derzeit vom Cannabisgesetz nicht erfasst. Entsprechende Gewerbeanmeldungen sind aktuell zurückzuweisen (135. BLA v. 23.04.2024 TOP 6)			

Cannabissamen (Onlinehandel)	Erlaubnispflicht	Zulassungspflichtiges Handwerk	Anzeigepflicht gemäß § 14 GewO	Zuständige Zulassungs- oder Erlaubnisbehörde in Bayern
	nein	nein	nein	./.
Bemerkungen/ Hinweise	§ 4 Cannabisgesetz (CanG) lässt Interpretationsspielraum zu, dass der Umgang mit Cannabissamen erlaubt sei, sofern die Cannabissamen nicht zum unerlaubten Anbau bestimmt sind. Bis zur endgültigen Klärung durch das Bundeswirtschaftsministerium sollen Gewerbeanmeldungen nicht entgegengenommen und bestätigt werden (135. BLA v. 23.04.2024 TOP 6). Begründung: Derzeit wird die Rechtsauffassung vertreten, dass ein Onlinehandel mit Cannabissamen eine verbotene Tätigkeit darstellt.			

Carports montieren/aufstellen	Erlaubnispflicht	Zulassungspflichtiges Handwerk	Anzeigepflicht gemäß § 14 GewO	Zuständige Zulassungs- oder Erlaubnisbehörde in Bayern
	nein	nach HwO Anlage A, Nr. 3	ja	örtlich zuständige Handwerkskammer
Bemerkungen/ Hinweise	Wesentliche Tätigkeit des Zimmerers.			

Gewerbearten von A-Z

Catering	Erlaubnispflicht	Zulassungs-pflichtiges Handwerk	Anzeigepflicht gemäß § 14 GewO	Zuständige Zulassungs- oder Erlaubnisbehörde in Bayern
	nein	nein	ja	./.
Bemerkungen/ Hinweise	Kein erlaubnispflichtiges Gaststättengewerbe, wenn nur individuelle Personenkreise in deren Privaträumen bewirtet werden. Erfolgt die Bewirtung in eignen Räumen des Gewerbetreibenden dann ggf. Erlaubnispflicht nach dem GastG (siehe auch Erläuterungen unter der Kennzahlen 30.01 Ziffer 11 und 30.12; Ziffer 4 und »Zubereitung von Speisen in den Räumen des Auftraggebers«).			

Cembalobauer	Erlaubnispflicht	Zulassungs-pflichtiges Handwerk	Anzeigepflicht gemäß § 14 GewO	Zuständige Zulassungs- oder Erlaubnisbehörde in Bayern
	./.	./.	./.	./.
Bemerkungen/ Hinweise	Siehe Klavier und Cembalobauer			

Chemikalien-handel	Erlaubnispflicht	Zulassungs-pflichtiges Handwerk	Anzeigepflicht gemäß § 14 GewO	Zuständige Zulassungs- oder Erlaubnisbehörde in Bayern
	nach der Chemikalien-Verbotsverordnung (ChemVerbotsV)	nein	ja	Gewerbeaufsichtsamt (Dienststelle der jeweiligen Regierungen)
Bemerkungen/ Hinweise	Produkte, die bestimmte gefährliche Chemikalien enthalten, dürfen im Einzelhandel nur verkauft werden, wenn die Sachkunde gem. § 5 Abs. 2 der Chemikalien-Verbotsverordnung (ChemVerbotsV) nachgewiesen wurde. Für die Abgabe von giftigen und sehr giftigen Stoffen an private Verbraucher ist eine Erlaubnis notwendig. In manchen Fällen muss die Tätigkeit der zuständigen Behörde lediglich gemäß § 7 Chemikalien-Verbotsverordnung (ChemVerbotsV) mitgeteilt werden.			

Chirurgiemecha-niker	Erlaubnispflicht	Zulassungs-pflichtiges Handwerk	Anzeigepflicht gemäß § 14 GewO	Zuständige Zulassungs- oder Erlaubnisbehörde in Bayern
	nein	nach HwO Anlage A, Nr. 14	ja	örtlich zuständige Handwerkskammer

Gewerbearten von A-Z

Bemerkungen/ Hinweise	./.			

Conferencier	Erlaubnispflicht	Zulassungspflichtiges Handwerk	Anzeigepflicht gemäß § 14 GewO	Zuständige Zulassungs- oder Erlaubnisbehörde in Bayern
	nein	nein	nein	./.

Bemerkungen/ Hinweise	Ein Conferencier ist im Wesentlichen eigenschöpferisch und mit einem nicht unerheblichen Gestaltungsumfang tätig. Dabei muss das Künstlerische sowohl vom Inhalt als auch der Form nach verwirklicht sein (Bundesfinanzhof – Urteil vom 29. Juli 1981, IR 183/79, BStBl. II 1982, 22–24). Er gehört zu den Freiberuflern nach § 18 EStG und er muss die Aufnahme seiner freiberuflichen Tätigkeit zeitnah dem Finanzamt mitteilen. Gewerbesteuer fällt nicht an.

Content-Creator	Erlaubnispflicht	Zulassungspflichtiges Handwerk	Anzeigepflicht gemäß § 14 GewO	Zuständige Zulassungs- oder Erlaubnisbehörde in Bayern
	nein	nein	ja	./.

Bemerkungen/ Hinweise	Content-Creator ist eine Person, die sekundenlange, kreative, farbenfrohe Videos (Content) dreht, die dann auf einer Social-Media-Plattform wie Tiktok zu sehen sind. Man unterscheidet zwischen Text-, Audio- und Video Content Creators. An der Produktion sind mehrere Personen (Fotograf, Videograf) beteiligt. Zu versteuerndes Einkommen wird durch Kooperationsvereinbarungen mit Firmen (Produktwerbung) erzielt.

Content-Manager	Erlaubnispflicht	Zulassungspflichtiges Handwerk	Anzeigepflicht gemäß § 14 GewO	Zuständige Zulassungs- oder Erlaubnisbehörde in Bayern
	nein	nein	ja/nein	./.

Bemerkungen/ Hinweise	Die Aufgaben eines Content-Managers umfassen das strategische Planen und Erstellen von digitalen Inhalten sowie das Einpflegen von Content in ein Content-Management-System (CMS), einfach ausgedrückt EDV-Programm. Ein selbstständiger Content-Manager muss das eigene Risiko tragen (Betriebsraum etc.), auf eigene Rechnung, unternehmerisch am Markt tätig sein (Werbung machen), weisungsungebunden und freie Arbeitszeit einteilen können und nicht in einer Arbeitsorganisation eingebunden sein. Zu prüfen ist, ob es sich um eine freiberufliche Tätigkeit handelt. Eine freiberufliche nicht anzeigepflichtige Tätigkeit liegt in der Regel dann vor, wenn sie eine schöpferische Begabung die persönliche, eigenverantwortliche und fachlich unabhängige Erbringung von Dienstleistungen höherer Art im Interesse der Auftraggeber und der Allgemeinheit zum Inhalt hat. Entscheidend ist, ob das Finanzamt die ausgeübte Tätigkeit in Form einer verbindlichen Auskunft als freiberuflich nach § 18 Abs. 1 Nr. 1 Einkommensteuergesetz einschätzt.

Gewerbearten von A-Z

Crowd-Click-worker	Erlaubnispflicht	Zulassungspflichtiges Handwerk	Anzeigepflicht gemäß § 14 GewO	Zuständige Zulassungs- oder Erlaubnisbehörde in Bayern
	nein	nein	ja/nein	./.
Bemerkungen/ Hinweise				

Bemerkungen/ Hinweise	Crowdworker sind Personen, die Arbeitsaufträge von einer Internetplattform (sog. Crowdsourcingplattform) annehmen und die einer Masse (Crowd) zur Verfügung gestellt werden. Der Clickworker ist eine Person, die ähnlich wie ein Crowdworker Tätigkeiten übernimmt, wobei es sich in der Regel um kleinteilige Tätigkeiten handelt (z.B. Etikettenvergleiche, Kurztexte verfassen). Bei externen Crowd- und Clicksourcing handelt es sich in der Regel um eine selbständige Tätigkeit, bei der es für jeden Auftrag einige Cent oder Euro zu verdienen gibt. Sofern der Crowdworker oder Clickworker von einem Unternehmer gezielt und immer wieder beauftragt wird, fehlt es aber an der Selbständigkeit und es ist grundsätzlich von einem Arbeitnehmerverhältnis auszugehen. Mit Urteil vom 01.12.2020 Az. 9 AZR 102/20 hat das Bundesarbeitsgericht einen Crowdworker als Arbeitnehmer eingestuft, da er über zwei Jahre für eine Plattform in arbeitnehmertypischer Weise, weisungsgebundene und fremdbestimmte Arbeit in persönlicher Abhängigkeit geleistet hatte. Siehe auch weitere Ausführungen bei »**Scheinselbständigkeit**«.

D

Dachdecker	Erlaubnispflicht	Zulassungspflichtiges Handwerk	Anzeigepflicht gemäß § 14 GewO	Zuständige Zulassungs- oder Erlaubnisbehörde in Bayern
	nein	nach HwO Anlage A, Nr. 4	ja	örtlich zuständige Handwerkskammer
Bemerkungen/ Hinweise	./.			

Dachrinnenreinigung	Erlaubnispflicht	Zulassungspflichtiges Handwerk	Anzeigepflicht gemäß § 14 GewO	Zuständige Zulassungs- oder Erlaubnisbehörde in Bayern
	nein	nein	ja	./.
Bemerkungen/ Hinweise	Unterliegt weder den zulassungspflichtigen noch den zulassungsfreien Handwerken. Es handelt sich hierbei auch um kein handwerksähnliches Handwerk.			

Damen- und Herrenschneider	Erlaubnispflicht	Zulassungspflichtiges Handwerk	Anzeigepflicht gemäß § 14 GewO	Zuständige Zulassungs- oder Erlaubnisbehörde in Bayern
	nein	nein	ja	./.

Gewerbearten von A-Z

Bemerkungen/ Hinweise	Zusätzliche Anzeigepflicht nach Handwerksordnung (HwO) Anlage B1, Nr. 19 bei der örtlich zuständigen Handwerkskammer.

Darlehensvermittler	Erlaubnispflicht	Zulassungspflichtiges Handwerk	Anzeigepflicht gemäß § 14 GewO	Zuständige Zulassungs- oder Erlaubnisbehörde in Bayern
	nach § 34c Abs. 1 Nr. 2 GewO	nein	ja	IHK f. München und Obb. (mit Ausnahme des Kammerbezirks der IHK Aschaffenburg)
Bemerkungen/ Hinweise	Darlehen an Verbraucher ohne grundbuchdingliche Absicherung z.B. für die Sanierung des Daches eines Einfamilienhauses, für eine PKW-Finanzierung oder als sonstigen Konsumentenkredit. Fällt nach wie vor unter § 34c Abs. 1 Satz 1 Nr. 2 GewO. Keine Erlaubnispflicht für Gewerbetreibende die lediglich zur Finanzierung ihrer Warenverkäufe (z.B. Autohändler) Darlehen vermitteln (siehe § 34c Abs. 5 GewO).			

Datenschutzbeauftragter	Erlaubnispflicht	Zulassungspflichtiges Handwerk	Anzeigepflicht gemäß § 14 GewO	Zuständige Zulassungs- oder Erlaubnisbehörde in Bayern
	nein	nein	ja	./.
Bemerkungen/ Hinweise	In einem Urteil (Aktenzeichen 5 K 1403/06) hat das Finanzgericht München den Datenschutzbeauftragten als eigenständigen Beruf in Abgrenzung zum Rechtsanwalt beschrieben. Diesem wegweisenden Urteil zufolge handelt es sich bei den meisten Datenschutztätigkeiten um eine gewerbliche Tätigkeit, die anzeigepflichtig ist. Auch Rechtsanwälte, die eigentlich einem freien Beruf gemäß § 18 Einkommenssteuergesetz nachgehen, müssen für eine solche Tätigkeit ein Gewerbe anmelden. Das Gericht argumentiert, dass aufgrund der interdiszipliären Fachkompetenzen eine Zuordnung zur Rechtswissenschaft und somit zu den freien Berufen nicht zulässig ist. Insofern ist für dieses neues Berufsbild ein Studium allein keine formale Grundlage, um eine freiberufliche Tätigkeit zu rechtfertigen. Siehe auch Entscheidung der BFH vom 05.06.2003, IV/R 34/01			

Daubenhauer	Erlaubnispflicht	Zulassungspflichtiges Handwerk	Anzeigepflicht gemäß § 14 GewO	Zuständige Zulassungs- oder Erlaubnisbehörde in Bayern
	nein	nein	ja	./.
Bemerkungen/ Hinweise	Zusätzliche Anzeigepflicht nach Handwerksordnung (HwO) Anlage B2, Nr. 19, (handwerksähnlich) bei der örtlich zuständigen Handwerkskammer.			

Gewerbearten von A-Z

Dekateur	Erlaubnispflicht	Zulassungspflichtiges Handwerk	Anzeigepflicht gemäß § 14 GewO	Zuständige Zulassungs- oder Erlaubnisbehörde in Bayern
	./.	./.	./.	./.
Bemerkungen/ Hinweise	Siehe Appreteure			

Dekorationsnäher (ohne Schaufensterdekoration)	Erlaubnispflicht	Zulassungspflichtiges Handwerk	Anzeigepflicht gemäß § 14 GewO	Zuständige Zulassungs- oder Erlaubnisbehörde in Bayern
	nein	nein	ja	./.
Bemerkungen/ Hinweise	Zusätzliche Anzeigepflicht nach Handwerksordnung (HwO) Anlage B2, Nr. 27, (handwerksähnlich) bei der örtlich zuständigen Handwerkskammer.			

Detektei/- Detektiv	Erlaubnispflicht	Zulassungspflichtiges Handwerk	Anzeigepflicht gemäß § 14 GewO	Zuständige Zulassungs- oder Erlaubnisbehörde in Bayern
	nein	nein	ja	./.
Bemerkungen/ Hinweise	Detektei grundsätzlich nur überwachungsbedürftig gem. § 38 Abs. 1 Nr. 2 GewO; Führungszeugnis zur Vorlage bei einer Behörde (FZ) und Auskunft aus dem Gewerbezentralregister (GZR) sind durch den Gewerbetreibenden anzufordern und vorzulegen. Allerdings Kaufhaus-/Warenhausdetektiv erlaubnispflichtig (siehe hierzu Bewachungsgewerbe). Personen, die als Detektive von einer Detektei nach Stunden bezahlt sowie in deren Namen tätig werden tragen kein Unternehmensrisiko, da sie keine eigenen Betriebsmittel oder Betriebsräume haben. Sie sind bei dieser Firma abhängig beschäftigt und sozialversicherungspflichtig auch wenn der Unternehmer angibt, er habe die Detektive lediglich an Geschäfte durchgereicht. Es handelt sich nicht um eine selbständige Tätigkeit, wenn der Detektiv dann in einem vermittelten Betrieb arbeitet (Hessisches Landessozialgericht, Beschluss vom 12.05.2020 Az. L 1 BA 27/18).			

Diätassistent	Erlaubnispflicht	Zulassungspflichtiges Handwerk	Anzeigepflicht gemäß § 14 GewO	Zuständige Zulassungs- oder Erlaubnisbehörde in Bayern
	nein	nein	nein	./.

Bemerkungen/ Hinweise	Diätassistenten werden als Heilhilfsberufe eingestuft und unterliegen gem. § 6 Abs. 1 GewO nicht der Gewerbeordnung. Sie gehören zu den Freiberuflern nach § 18 Einkommensteuergesetz (EStG). Sie müssen die Aufnahme ihrer freiberuflichen Tätigkeit zeitnah dem Finanzamt und der Gesundheitsbehörde mitteilen. Gewerbesteuer wird nicht fällig. Wer die Bezeichnung Diätassistent führen will, bedarf einer Erlaubnis nach § 1 Diätassistentengesetz (DiätAssG).

Digitaldruck	Erlaubnispflicht	Zulassungspflichtiges Handwerk	Anzeigepflicht gemäß § 14 GewO	Zuständige Zulassungs- oder Erlaubnisbehörde in Bayern
	nein	nein	ja	./.
Bemerkungen/ Hinweise	Kein Gewerbe der Handwerksordnung.			

Digitale Bildbe- und verarbeitung	Erlaubnispflicht	Zulassungspflichtiges Handwerk	Anzeigepflicht gemäß § 14 GewO	Zuständige Zulassungs- oder Erlaubnisbehörde in Bayern
	nein	nein	ja	./.
Bemerkungen/ Hinweise	Kein Gewerbe der Handwerksordnung.			

DJ	Erlaubnispflicht	Zulassungspflichtiges Handwerk	Anzeigepflicht gemäß § 14 GewO	Zuständige Zulassungs- oder Erlaubnisbehörde in Bayern
	nein	nein	ja	./.
Bemerkungen/ Hinweise	Das Finanzgericht Düsseldorf hat mit Urteil vom 12.08.2021 Az. 11 K 2430/18 G festgestellt, dass ein DJ ein selbstständiger Künstler sein kann. Eine eigenschöpferische künstlerische Leistung liegt vor, wenn sich die Leistung nicht im Abspielen von Tonträgern und damit »Hörbarmachen« von Liedern anderer Interpreten erschöpft. Entscheidend ist vielmehr, dass er Plattenteller, Mischpult, CD-Player und Computer als »Instrumente« verwendet, um durch das Mischen und Bearbeiten von Musikstücken sowie Hinzufügen von Tönen und Geräuschen neue Musik darzubieten. Er verleiht den Musikstücken auch durch Vermischung und Bearbeitung einen neuen Charakter. Für die Beurteilung als künstlerische Tätigkeit spielt es keine Rolle, auf welcher Art von Veranstaltung der Kläger (DJ) auftritt. Denn es existiert kein Erfahrungssatz des Inhalts, dass DJs auf Hochzeiten, Betriebsfeiern und Geburtstagen andere Musik spielen als in Clubs und Diskotheken. Nicht maßgebend ist zudem, ob und inwieweit er den Mittelpunkt des Geschehens bildet. Entscheidend ist vielmehr, dass er – ähnlich einer Live-Band – mit Hilfe von »Instrumenten« Tanzmusik unterschiedlicher Genres aufführt. **Ergänzend wird auf die Ausführungen zu Scheinselbstständigkeit hingewiesen.**			

Gewerbearten von A-Z

Dolmetscher	Erlaubnispflicht	Zulassungspflichtiges Handwerk	Anzeigepflicht gemäß § 14 GewO	Zuständige Zulassungs- oder Erlaubnisbehörde in Bayern
	nein	nein	nein	./.
Bemerkungen/ Hinweise	Es handelt sich hier um eine persönliche Dienstleistung höherer Art. Es ist ein »freier Beruf« und kein Gewerbe, da ohne Hochschul- oder Fachhochschulstudium diese Tätigkeit, insbesondere auch im wissenschaftlichen Bereich, nicht möglich ist.			

Drahtbürstenmacher	Erlaubnispflicht	Zulassungspflichtiges Handwerk	Anzeigepflicht gemäß § 14 GewO	Zuständige Zulassungs- oder Erlaubnisbehörde in Bayern
	./.	./.	./.	./.
Bemerkungen/ Hinweise	Siehe Bürsten und Pinselmacher			

Drechsler (Elfenbeinschnitzer und Holzspielzeugmacher)	Erlaubnispflicht	Zulassungspflichtiges Handwerk	Anzeigepflicht gemäß § 14 GewO	Zuständige Zulassungs- oder Erlaubnisbehörde in Bayern
	nein	nach HwO Anlage A, Nr. 48	ja	örtlich zuständige Handwerkskammer
Bemerkungen/ Hinweise	./.			

Dreher	Erlaubnispflicht	Zulassungspflichtiges Handwerk	Anzeigepflicht gemäß § 14 GewO	Zuständige Zulassungs- oder Erlaubnisbehörde in Bayern
	./.	nach HwO Anlage A, Nr. 16	./.	örtlich zuständige Handwerkskammer.
Bemerkungen/ Hinweise	Wesentliche Tätigkeit des Feinwerkmechaniker.			

Gewerbearten von A-Z

Drogerie	Erlaubnispflicht	Zulassungspflichtiges Handwerk	Anzeigepflicht gemäß § 14 GewO	Zuständige Zulassungs- oder Erlaubnisbehörde in Bayern
	nein	nein	ja	./.
Bemerkungen/ Hinweise	Drogerie ist ein Fachgeschäft oder auch ein größerer Unternehmensmarkt (Drogerie). Das Sortiment lässt sich aufteilen in Heilmittel (Tees, Essenzen und Tinkturen), Schönheitspflege und Wellness (Parfüms, ätherische Öle, Kosmetik) Biologische Reformprodukte und vollwertige Nahrungsmittel, Artikel für Sachpflege in Haus und Garten und elektronische Hilfsmittel (Einwegkameras, Batterien, USB-Kabel). Die Gewerbeart »Drogerie« kann verwendet werden und angemeldet werden, da inzwischen der Begriff verständlich und klar ist. Kein Verkauf allerdings von Arzneimittel (nur Apotheke). Siehe aber freiverkäufliche Arzneimittel.			

E

Edelsteingraveur	Erlaubnispflicht	Zulassungspflichtiges Handwerk	Anzeigepflicht gemäß § 14 GewO	Zuständige Zulassungs- oder Erlaubnisbehörde in Bayern
	./.	./.	./.	./.
Bemerkungen/ Hinweise	Siehe Edelsteinschleifer und Graveure			

Edelsteinschleifer und -graveure	Erlaubnispflicht	Zulassungspflichtiges Handwerk	Anzeigepflicht gemäß § 14 GewO	Zuständige Zulassungs- oder Erlaubnisbehörde in Bayern
	nein	nein	ja	./.
Bemerkungen/ Hinweise	Zusätzliche Anzeigepflicht nach Handwerksordnung (HwO) Anlage B1, Nr. 37 bei der örtlich zuständigen Handwerkskammer.			

EDV-Berater	Erlaubnispflicht	Zulassungspflichtiges Handwerk	Anzeigepflicht gemäß § 14 GewO	Zuständige Zulassungs- oder Erlaubnisbehörde in Bayern
	nein	nein	ja/nein	./.

Gewerbearten von A-Z

Bemerkungen/ Hinweise	Die Tätigkeit von EDV-Beratern, die Programme entwickeln oder gekaufte Programme an die besonderen betrieblichen Verhältnisse des Auftraggebers anpassen, wird als sogenannte Dienstleistungen höherer Art angesehen. Nachdem die Entwicklung im EDV-Bereich noch immer nicht abgeschlossen ist und in der Regel fast immer Tätigkeiten mit angeboten werden, die eine gewerbliche Tätigkeit darstellen, sollte in der Praxis grundsätzlich von einer Anzeigepflicht ausgegangen werden (vgl. 37, GAT, TOP 2.4). GAT »Gewerbearbeitsrechtstagung des Bayerischen Staatsministeriums für Wirtschaft, Landesentwicklung und Energie« GAT-Protokolle können angefordert werden bei dem Staatsministerium für Wirtschaft, Landesentwicklung und Energie, Referat 33-Kammeraufsicht, Wirtschaftsprüferwesen Gewerberecht-Prinzregentenstr. 28, 80525 München, Tel: 089 21620; Fax: 089 21622760; Behörden E-Mail: poststelle@stmwi.bayern.de.

Ehevermittler	Erlaubnispflicht	Zulassungspflichtiges Handwerk	Anzeigepflicht gemäß § 14 GewO	Zuständige Zulassungs- oder Erlaubnisbehörde in Bayern
	nein	nein	ja	./.
Bemerkungen/ Hinweise	Überwachungspflichtiges Gewerbe gem. § 38 Abs. 1 Nr. 3 GewO. Führungszeugnis zur Vorlage bei einer Behörde (FZ) und Auskunft aus dem Gewerbezentralregister (GZR), sind durch den Gewerbetreibenden anzufordern.			

Einbau und Reparatur von Auspuffanlagen, Katalysatoren	Erlaubnispflicht	Zulassungspflichtiges Handwerk	Anzeigepflicht gemäß § 14 GewO	Zuständige Zulassungs- oder Erlaubnisbehörde in Bayern
	nein	nach HwO Anlage A, Nr. 20	ja	örtlich zuständige Handwerkskammer
Bemerkungen/ Hinweise	Wesentliche Tätigkeit des Kraftfahrzeugtechnikers.			

Einbau von Dachfenstern	Erlaubnispflicht	Zulassungspflichtiges Handwerk	Anzeigepflicht gemäß § 14 GewO	Zuständige Zulassungs- oder Erlaubnisbehörde in Bayern
	nein	nach HwO Anlage A, Nr. 4	ja	örtlich zuständige Handwerkskammer
Bemerkungen/ Hinweise	Sofern Dachfenster derselben Größe lediglich ausgetauscht werden und kein Eingriff in die Konstruktion erforderlich ist, unterliegt diese Tätigkeit dem Einbau von genormten Baufertigteilen (Anzeigepflicht nach HwO Anlage B2, Nr. 24).			

Gewerbearten von A-Z

Einstellen von Ölbrennern/-Heizkessel	Erlaubnispflicht	Zulassungspflichtiges Handwerk	Anzeigepflicht gemäß § 14 GewO	Zuständige Zulassungs- oder Erlaubnisbehörde in Bayern
	nein	nach HwO Anlage A, Nr. 24	ja	örtlich zuständige Handwerkskammer
Bemerkungen/ Hinweise	Wesentliche Tätigkeit des Installateurs und Heizungsbauers.			

Einzelhandel	Erlaubnispflicht	Zulassungspflichtiges Handwerk	Anzeigepflicht gemäß § 14 GewO	Zuständige Zulassungs- oder Erlaubnisbehörde in Bayern
	nein	nein	ja	./.
Bemerkungen/ Hinweise	Unter Einzelhandel werden Unternehmen des Handels verstanden, die Waren verschiedener Hersteller beschaffen, zu einem Sortiment zusammenfügen und an »nicht-gewerbliche Kunden«, das heißt Verbraucher bzw. Letztverwender, verkaufen.			

Eisenbahnunternehmen	Erlaubnispflicht	Zulassungspflichtiges Handwerk	Anzeigepflicht gemäß § 14 GewO	Zuständige Zulassungs- oder Erlaubnisbehörde in Bayern
	./.	./.	./.	./.
Bemerkungen/ Hinweise	Siehe Lokführer			

Eisengießer	Erlaubnispflicht	Zulassungspflichtiges Handwerk	Anzeigepflicht gemäß § 14 GewO	Zuständige Zulassungs- oder Erlaubnisbehörde in Bayern
	./.	./.	./.	./.
Bemerkungen/ Hinweise	Siehe Metall- und Glockengießer			

Eisenflechter	Erlaubnispflicht	Zulassungspflichtiges Handwerk	Anzeigepflicht gemäß § 14 GewO	Zuständige Zulassungs- oder Erlaubnisbehörde in Bayern
	nein	nein	ja	./.

Gewerbearten von A-Z

Bemerkungen/ Hinweise	Zusätzliche Anzeigepflicht nach Handwerksordnung (HwO) Anlage B2, Nr. 1(handwerksähnlich) bei der örtlich zuständigen Handwerkskammer.			

Elektromaschinenbauer	Erlaubnispflicht	Zulassungspflichtiges Handwerk	Anzeigepflicht gemäß § 14 GewO	Zuständige Zulassungs- oder Erlaubnisbehörde in Bayern
	nein	nach HwO Anlage A, Nr. 26	ja	örtlich zuständige Handwerkskammer
Bemerkungen/ Hinweise	./.			

Elektrotechniker	Erlaubnispflicht	Zulassungspflichtiges Handwerk	Anzeigepflicht gemäß § 14 GewO	Zuständige Zulassungs- oder Erlaubnisbehörde in Bayern
	nein	nach HwO Anlage A, Nr. 25	ja	örtlich zuständige Handwerkskammer
Bemerkungen/ Hinweise	./.			

Elfenbeinschnitzer	Erlaubnispflicht	Zulassungspflichtiges Handwerk	Anzeigepflicht gemäß § 14 GewO	Zuständige Zulassungs- oder Erlaubnisbehörde in Bayern
	./.	./.	./.	./.
Bemerkungen/ Hinweise	Siehe Drechsler			

Energieberater	Erlaubnispflicht	Zulassungspflichtiges Handwerk	Anzeigepflicht gemäß § 14 GewO	Zuständige Zulassungs- oder Erlaubnisbehörde in Bayern
	nein	nein	nein	./.
Bemerkungen/ Hinweise	Die Tätigkeit eines Energieberaters ist nur dann freiberuflich und kein Gewerbe, wenn die Tätigkeit nicht erfolgsabhängig vergütet wird und von einem Ingenieur durchgeführt wird. Siehe auch Urteil des BFH vom 28.06.2001, IV B 20/01.			

Gewerbearten von A-Z

Entfernung von Tätowierungen und Fettgewebereduktion	Erlaubnispflicht	Zulassungspflichtiges Handwerk	Anzeigepflicht Gemäß § 14 GewO	Zuständige Zulassungs- oder Erlaubnisbehörde in Bayern
	nach § 1 Abs. 1 Heilpraktikergesetz (HeilprG)	nein	nein	zuständige Kreisverwaltungsbehörde (KVB)
Bemerkungen/ Hinweise	Seit 01.01.2021 dürfen nur noch approbierte Ärzte mit einer entsprechenden ärztlichen Weiterbildung oder Fortbildung diese Tätigkeit durchführen (siehe § 5 Abs. 2 der Verordnung zum Schutz vor schädlichen Wirkungen nichtionisierender Strahlungen bei der Anwendung am Menschen (NiSV). Mit Beschluss vom 11.03.2021 Az. 7 L 2665/20 hat auch das Verwaltungsgericht Düsseldorf festgestellt, dass seit dem 31.12.2020 aufgrund der geltenden Vorschrift des § 5 Abs. 2 der Verordnung zum Schutz vor schädlichen Wirkungen nichtionisierender Strahlung bei der Anwendung am Menschen (NiSV) die Entfernung von Tätowierungen oder Permanent-Make-up nur noch von approbierten Ärzten mit entsprechender ärztlicher Weiterbildung oder Fortbildung vorgenommen werden darf.			

Entkalken von Durchlauferhitzern	Erlaubnispflicht	Zulassungspflichtiges Handwerk	Anzeigepflicht gemäß § 14 GewO	Zuständige Zulassungs- oder Erlaubnisbehörde in Bayern
	nein	nein	ja	./.
Bemerkungen/ Hinweise	Keine wesentliche Tätigkeit des Elektrotechnikerhandwerkes (HwO, Anlage A, Nr. 25). Fällt nur unter das Elektrotechnikerhandwerk, wenn Reparaturarbeiten anfallen, da durch den Entkalkungsvorgang Schäden entstehen können.			

Ergotherapeut	Erlaubnispflicht	Zulassungspflichtiges Handwerk	Anzeigepflicht gemäß § 14 GewO	Zuständige Zulassungs- oder Erlaubnisbehörde in Bayern
	nein	nein	nein	./.
Bemerkungen/ Hinweise	Ergotherapeuten und -therapeutinnen beraten, behandeln und fördern Patienten jeden Alters, die durch eine physische oder psychische Erkrankung, durch eine Behinderung oder durch eine Entwicklungsverzögerung in ihrer Selbstständigkeit und Handlungsfähigkeit beeinträchtigt bzw. von Einschränkungen bedroht sind. Sie erarbeiten individuelle Behandlungspläne und führen Therapien sowie Maßnahmen der Prävention durch. Ergotherapeut/in ist eine bundesweit einheitlich geregelte schulische Ausbildung an Berufsfachschulen für Ergotherapie. Sie dauert 3 Jahre und führt zu einer staatlichen Abschlussprüfung. Daneben besteht die Möglichkeit, Ergotherapie an Hochschulen zu studieren.			

Gewerbearten von A-Z

Ernährungsberatung	Erlaubnispflicht	Zulassungspflichtiges Handwerk	Anzeigepflicht gemäß § 14 GewO	Zuständige Zulassungs- oder Erlaubnisbehörde in Bayern
	nein	nein	nein	./.
Bemerkungen/ Hinweise	Die Ernährungsberatung (Diättherapie) erfüllt die Voraussetzungen einer Heilbehandlung und dient nicht nur der Befriedigung alltäglicher Lebensbedürfnisse, soweit der Bereich der Krankenbehandlung betroffen ist (vgl. Bundessozialgericht, Urteil vom 28. Juni 2000 B 6 KA 26/99 R, BSGE 86, 223). Die Steuerbefreiung kommt deshalb nur für Ernährungsberatungen in Betracht, welche der Kläger aufgrund ärztlicher Anordnung oder im Rahmen einer Vorsorge- oder Rehabilitationsmaßnahme durchgeführt hat. Siehe auch Urteil des BFH vom 10.3.2005, V R 54/04.			

Erntehelfer (selbständig)	Erlaubnispflicht	Zulassungspflichtiges Handwerk	Anzeigepflicht gemäß § 14 GewO	Zuständige Zulassungs- oder Erlaubnisbehörde in Bayern
	nein	nein	nein	./.
Bemerkungen/ Hinweise	Hierbei handelt es sich um unselbständige Saisonarbeiter. Selbständigkeit liegt nicht vor. Eine Gewerbeanmeldung ist nicht zu bestätigen. Es handelt sich eindeutig um eine arbeitnehmerähnliche Tätigkeit. *(siehe auch Erläuterungen unter der Kennzahl 12.014)*			

Errichten und Vermieten von Gebäuden	Erlaubnispflicht	Zulassungspflichtiges Handwerk	Anzeigepflicht gemäß § 14 GewO	Zuständige Zulassungs- oder Erlaubnisbehörde in Bayern
	nein	nein	ja	./.
Bemerkungen/ Hinweise	Die Errichtung von Gebäuden und der anschließende Verkauf bzw. die Vermietung ist in den meisten Fällen ein Gewerbe, sofern es sich nicht um Verwertung eigenen Vermögens handelt. *(siehe auch Erläuterungen unter der Kennzahl 12.014)*			

Erstellen von Bilanzen	Erlaubnispflicht	Zulassungspflichtiges Handwerk	Anzeigepflicht gemäß § 14 GewO	Zuständige Zulassungs- oder Erlaubnisbehörde in Bayern
	nein	nein	nein	./.

Gewerbearten von A-Z

Bemerkungen/ Hinweise	Nur die in § 3 Steuerberatungsgesetz (StBerG) genannten Personen und Personenvereinigungen dürfen unbeschränkt Hilfe in Steuersachen leisten. Darunter fällt auch die Erstellung von Bilanzen. Nur ein kleiner Teilbereich innerhalb der Steuerberatung ist auch den Buchhaltungshelfern freigegeben. Bilanzen dürfen nicht erstellt werden. Eine derartige Gewerbeanmeldung würde wegen irreführender Werbung gegen das Gesetz gegen unlauteren Wettbewerb (UWG) verstoßen. Abgedruckt unter Kennzahl 58.10.			

Erstellen von Medieninhalten, Werbung und Produktplatzierungen	Erlaubnispflicht	Zulassungspflichtiges Handwerk	Anzeigepflicht gemäß § 14 GewO	Zuständige Zulassungs- oder Erlaubnisbehörde in Bayern
	./.	./.	./.	./.
Bemerkungen/ Hinweise	Siehe Affiliate-Marketing			

Estrichleger	Erlaubnispflicht	Zulassungspflichtiges Handwerk	Anzeigepflicht gemäß § 14 GewO	Zuständige Zulassung- oder Erlaubnisbehörde in Bayern
	nein	nach HwO Anlage A, Nr. 44	ja	örtlich zuständige Handwerkskammer
Bemerkungen/ Hinweise	./.			

Explosionsgefährliche Stoffe und Fundmunition im Rahmen der Kampfmittelbeseitigung sowie Verkehr und Vertrieb von pyrotechnischen Gegenständen	Erlaubnispflicht	Zulassungspflichtiges Handwerk	Anzeigepflicht gemäß § 14 GewO	Zuständige Zulassungs- oder Erlaubnisbehörde in Bayern
	nach § 7 Sprengstoffgesetz (SprengG)	nein	ja	Gewerbeaufsichtsämter (Dienststellen der jeweiligen Regierungen)

Gewerbearten von A-Z

Bemerkungen/ Hinweise	In Deutschland unterliegen Sprengstoffe und pyrotechnische Gegenstände dem Sprengstoffgesetz. Unternehmen, die mit explosionsgefährlichen Stoffen umgehen oder den Verkehr damit betreiben wollen, benötigen eine entsprechende Erlaubnis gem. § 7 SprengG.			
Export	Erlaubnispflicht	Zulassungspflichtiges Handwerk	Anzeigepflicht gemäß § 14 GewO	Zuständige Zulassungs- oder Erlaubnisbehörde in Bayern
	nein	nein	ja	./.
Bemerkungen/ Hinweise	Ist im Außenhandel der grenzüberschreitende Verkauf von Gütern oder Dienstleistungen aus dem Inland in das Ausland. Gegensatz ist der Import.			
E-Zigarette	Erlaubnispflicht	Zulassungspflichtiges Handwerk	Anzeigepflicht gemäß § 14 GewO	Zuständige Zulassungs- oder Erlaubnisbehörde in Bayern
	nein	nein	ja	./.
Bemerkungen/ Hinweise	Laut Urteil des Bundesverwaltungsgerichts vom 20.11.2014 – BVerwG 3 C 25.13, BVerwG 3 C 26.13 und BVerwG 3 C 27.13 handelt es sich bei der E-Zigarette weder um ein Arzneimittel noch um ein Medizinprodukt. Die E-Zigarette kann deshalb uneingeschränkt im Einzelhandel ohne zusätzliche Anforderungen verkauft werden. Jedoch sind die Verbote gemäß § 10 Abs. 4 Jugendschutzgesetz (JuSchG) in Bezug auf Kinder und Jugendliche zu beachten. Abgedruckt unter Kennzahl 47.10.			
F				
Facility Manager	Erlaubnispflicht	Zulassungspflichtiges Handwerk	Anzeigepflicht gemäß § 14 GewO	Zuständige Zulassungs- oder Erlaubnisbehörde in Bayern
	nein	nein	ja	./.
Bemerkungen/ Hinweise	Das Aufgabengebiet eines Facility Managers ist ziemlich umfangreich. Es beinhaltet nicht nur technische, sondern auch administrative Aufgaben der Gebäudetechnik und des Gebäudemanagements. Das betroffene Gelände wird vom Facility Manager geplant, überwacht und bewirtschaftet. Allerdings dürfen keine zulassungspflichtigen Handwerke ausgeübt werden. In der Regel werden jedoch überwiegend Hausmeistertätigkeiten durchgeführt (Siehe auch unter Hausmeistertätigkeiten).			

Gewerbearten von A-Z

Färber	Erlaubnispflicht	Zulassungspflichtiges Handwerk	Anzeigepflicht gemäß § 14 GewO	Zuständige Zulassungs- oder Erlaubnisbehörde in Bayern
	nein	nein	ja	./.
Bemerkungen/ Hinweise	Zusätzliche Anzeigepflicht nach Handwerksordnung (HwO) Anlage B1, Nr. 31 (Textilreiniger) bei der örtlich zuständigen Handwerkskammer			

Fahrradservice/ reparatur	Erlaubnispflicht	Zulassungspflichtiges Handwerk	Anzeigepflicht gemäß § 14 GewO	Zuständige Zulassungs- oder Erlaubnisbehörde in Bayern
	nein	nach HwO Anlage A, Nr. 17	ja	örtlich zuständige Handwerkskammer
Bemerkungen/ Hinweise	In der Regel wesentliche Tätigkeit des Zweiradmechaniker. Bei einfachen Tätigkeiten könnte auch § 1 Abs. 2 Ziff. 1 HwO zutreffend sein (erlernbar innerhalb von 3 Monaten).			

Fahrschule	Erlaubnispflicht	Zulassungspflichtiges Handwerk	Anzeigepflicht gemäß § 14 GewO	Zuständige Zulassungs- oder Erlaubnisbehörde in Bayern
	nach §§ 10, 11,17 Fahrlehrergesetz (FahrlG)	nein	ja	zuständige Kreisverwaltungsbehörde (KVB)
Bemerkungen/ Hinweise	Wer selbstständig gewerblich Fahrschüler ausbildet benötigt hierzu die entsprechende Fahrschulerlaubnis. Das VG-Cottbus (Beschluss v. 31.05.2018, Az 3 L 700/17) hat entschieden, dass die Gewerbeordnung keine Anwendung findet für den Widerruf einer Fahrschulerlaubnis. Nach Auffassung des Gerichts seien hier spezialgesetzliche Regelungen einschlägig (§ 21 Abs. 2 FahrlG).			

Fahrzeugverwerter	Erlaubnispflicht	Zulassungspflichtiges Handwerk	Anzeigepflicht gemäß § 14 GewO	Zuständige Zulassungs- oder Erlaubnisbehörde in Bayern
	nein	nein	ja	zuständige Kreisverwaltungsbehörde (KVB) gemäß § 1 der Abfallzuständigkeitsverordnung (AbfZustV)

Gewerbearten von A-Z

Bemerkungen/ Hinweise	Ist ein Gewerbe und unterliegt der Anzeigepflicht gemäß § 53 nach dem Kreislaufwirtschaftsgesetz (KrWG). Der Gewerbetreibende hat die Altfahrzeug-Verordnung (AltfahrzeugV), vormals Altauto-Verordnung, zu beachten. Hier wird geregelt, ob Kraftfahrzeuge als Abfall einer anerkannten Annahmestelle oder einem Verwerterbetrieb überlassen werden kann. Die Verordnung beruht in Deutschland auf dem KrWG. Zusätzliche Anzeigepflicht nach Handwerksordnung HwO Anlage B2 Nr. 14 (handwerksähnlich) bei der örtlich zuständigen Handwerkskammer.

Familienhelferin	Erlaubnispflicht	Zulassungspflichtiges Handwerk	Anzeigepflicht gemäß § 14 GewO	Zuständige Zulassungs- oder Erlaubnisbehörde in Bayern
	nein	nein	ja/nein	./.
Bemerkungen/ Hinweise	Ob der Erziehungs- und Familienhelfer nichtselbständig oder selbständig tätig ist, richtet sich nach den von der Rechtsprechung aufgestellten zusammengestellten Grundsätzen (Siehe auch Scheinselbständigkeit). Liegt der Tätigkeit des Erziehungs- und Familienhelfers kein Dienstverhältnis zu Grunde, gilt sie als selbständige gewerbliche Tätigkeit mit entsprechender Gewerbeanmeldung. Familienhelferinnen sind in der Regel für die Caritas oder andere Stellen im Angestelltenverhältnis tätig und somit nicht selbständig.			

Fechtunterricht	Erlaubnispflicht	Zulassungspflichtiges Handwerk	Anzeigepflicht gemäß § 14 GewO	Zuständige Zulassungs- oder Erlaubnisbehörde in Bayern
	nein	nein	ja	./.
Bemerkungen/ Hinweise	Anzeigepflichtig da nicht unter § 6 Abs. 1 GewO (Unterrichtswesen) fallend.			

Feinbackwarenhersteller	Erlaubnispflicht	Zulassungspflichtiges Handwerk	Anzeigepflicht gemäß § 14 GewO	Zuständige Zulassungs- oder Erlaubnisbehörde in Bayern
	nein	nach HwO Anlage A, Nr. 30	ja	örtlich zuständige Handwerkskammer
Bemerkungen/ Hinweise	Unterliegt dem Bäckerhandwerk.			

Gewerbearten von A-Z

Feinoptiker	Erlaubnispflicht	Zulassungspflichtiges Handwerk	Anzeigepflicht gemäß § 14 GewO	Zuständige Zulassungs- oder Erlaubnisbehörde in Bayern
	nein	nein	ja	./.
Bemerkungen/ Hinweise	Zusätzliche Anzeigepflicht nach Handwerksordnung (HwO) Anlage B1, Nr. 35 bei der örtlich Handwerkskammer			

Feintäschner	Erlaubnispflicht	Zulassungspflichtiges Handwerk	Anzeigepflicht gemäß § 14 GewO	Zuständige Zulassungs- oder Erlaubnisbehörde in Bayern
	./.	./.	./.	./.
Bemerkungen/ Hinweise	Siehe Sattler			

Feinwerkmechaniker	Erlaubnispflicht	Zulassungspflichtiges Handwerk	Anzeigepflicht gemäß § 14 GewO	Zuständige Zulassungs- oder Erlaubnisbehörde in Bayern
	nein	nach HwO Anlage A, Nr. 16	ja	örtlich zuständige Handwerkskammer
Bemerkungen/ Hinweise	./.			

Fermacellplatten verlegen	Erlaubnispflicht	Zulassungspflichtiges Handwerk	Anzeigepflicht gemäß § 14 GewO	Zuständige Zulassungs- oder Erlaubnisbehörde in Bayern
	./.	./.	./.	./.
Bemerkungen/ Hinweise	Siehe Trockenbau			

Fernmeldeanlagenbau	Erlaubnispflicht	Zulassungspflichtiges Handwerk	Anzeigepflicht gemäß § 14 GewO	Zuständige Zulassungs- oder Erlaubnisbehörde in Bayern
	nein	nach HwO Anlage A, Nr. 25	ja	örtlich zuständiger Handwerkskammer

Gewerbearten von A-Z

Bemerkungen/ Hinweise	Wesentliche Tätigkeit des Elektrotechnikerhandwerks.			

Fernunterricht	Erlaubnispflicht	Zulassungspflichtiges Handwerk	Anzeigepflicht gemäß § 14 GewO	Zuständige Zulassungs- oder Erlaubnisbehörde in Bayern
	./.	./.	./.	./.
Bemerkungen/ Hinweise	Siehe Hausaufgabenbetreuung			

Fertighäuser aufstellen	Erlaubnispflicht	Zulassungspflichtiges Handwerk	Anzeigepflicht gemäß § 14 GewO	Zuständige Zulassungs- oder Erlaubnisbehörde in Bayern
	nein	nach HwO Anlage A, Nr. 3	ja	örtlich zuständige Handwerkskammer
Bemerkungen/ Hinweise	Evtl. auch Tätigkeit des Maurers und Betonbauers (HwO Anlage A, Nr. 1).			

Fertigküchen aufstellen und einbauen	Erlaubnispflicht	Zulassungspflichtiges Handwerk	Anzeigepflicht gemäß § 14 GewO	Zuständige Zulassungs- oder Erlaubnisbehörde in Bayern
	./.	./.	./.	./.
Bemerkungen/ Hinweise	Siehe Aufstellen von Fertigküchen			

Feuerwerkskörper (Vertrieb)	Erlaubnispflicht	Zulassungspflichtiges Handwerk	Anzeigepflicht gemäß § 14 GewO	Zuständige Zulassungs- oder Erlaubnisbehörde in Bayern
	./.	./.	./.	./.
Bemerkungen/ Hinweise	Siehe pyrotechnische Artikel			

Gewerbearten von A-Z

Filmausstatter/ Requisiteur	Erlaubnispflicht	Zulassungspflichtiges Handwerk	Anzeigepflicht gemäß § 14 GewO	Zuständige Zulassungs- oder Erlaubnisbehörde in Bayern
	nein	nein	ja	./.
Bemerkungen/ Hinweise	Keine abhängige Beschäftigung (lt. LSG Berlin-Brandenburg Urteil v. 09.05.2014). In Absprache mit Regisseur, Szenenbildner und Autor erfolgt die Suche und Bereitstellung von stil- und epochengerechten Ausstattungsgegenständen für Filme. Zusätzliche Anzeigepflicht nach Handwerksordnung (HwO) Anlage B2. Nr. 54. bei der örtlich zuständigen Handwerkskammer.			

Finanzanlagenvermittlungen	Erlaubnispflicht	Zulassungspflichtiges Handwerk	Anzeigepflicht gemäß § 14 GewO	Zuständige Zulassungs- oder Erlaubnisbehörde in Bayern
	nach § 34f GewO	nein	ja	IHK f. München und Obb. (mit Ausnahme des Kammerbezirks der IHK Aschaffenburg)
Bemerkungen/ Hinweise	Finanzanlagenvermittler sind Dienstleister für die Beratung und Vermittlung von Finanzanlagen. Dazu zählen Investmentfondsanteile, an geschlossenen Investmentvermögen und Vermögensanlagen i.S.d. § 2 Abs. Vermögensanlagengesetz (VermAnlG). Finanzanlagenvermittler sind entweder selbständig tätig, arbeiten in Vertriebskooperationen oder innerhalb von großen Strukturvertrieben. Wie bei vielen anderen Finanzberatern außer bei der Honorarberatung verdienen sie ausschließlich durch Provisionen an erfolgreich vermittelten Produkten, und nicht durch ein Honorar. Die gesetzlichen Regelungen zur Finanzanlagenvermittlung beschreibt die Finanzanlagenvermittlungsverordnung (FinVermV). Sobald der Finanzanlagenvermittler gewerblich tätig ist benötigt er eine Erlaubnis mach § 34f GewO. Zusätzlich müssen Finanzanlagenvermittler in das Vermittlerregister bei der Industrie- und Handelskammer eingetragen werden *(siehe auch Erläuterungen unter der Kennzahl 12.034f).*			

Finanzdienstleistungen	Erlaubnispflicht	Zulassungspflichtiges Handwerk	Anzeigepflicht gemäß § 14 GewO	Zuständige Zulassungs- oder Erlaubnisbehörde in Bayern
	nach § 32 Kreditwesengesetz (KWG)	nein	ja	./.

Gewerbearten von A-Z

Bemerkungen/ Hinweise	Erlaubnispflicht besteht für Tätigkeiten der gewerblichen Finanzdienstleistung. Finanzdienstleistungen sind: – Vermittlung von Geschäften über die Anschaffung und die Veräußerung von Finanzinstrumenten oder deren Nachweis (Anlagevermittlung) – Anschaffung und Veräußerung von Finanzinstrumenten im fremden Namen für fremde Rechnung (Abschlussvermittlung) – Verwaltung einzelner in Finanzinstrumenten angelegter Vermögen für andere mit Entscheidungsspielraum (Finanzportfolioverwaltung) – Anschaffung und Veräußerung von Finanzinstrumenten im Wege des Eigenhandels für andere (Eigenhandel) – Vermittlung von Einlagegeschäften mit Unternehmen mit Sitz außerhalb der EU – Besorgung von Zahlungsaufträgen (Finanztransfergeschäft) – Handel mit Sorten (Sortengeschäft). Zuständig für die Erlaubnis ist Bundesanstalt für Finanzdienstleistungsaufsicht (BAFin), Graurheindorfer Str. 108, 53117 Bonn, Tel. 0228/4108–0, www.bafin.de.			
Finanztransfergeschäfte als Agent für ein im EU-Ausland ansässiges und dort zugelassenes Zahlungsinstitut im Sinne der EU-Zahlungsdienstrichtlinie	Erlaubnispflicht	Zulassungspflichtiges Handwerk	Anzeigepflicht gemäß § 14 GewO	Zuständige Zulassungs- oder Erlaubnisbehörde in Bayern
	Mitteilungspflicht	nein	ja	s. Bemerkungen und Hinweise
Bemerkungen/ Hinweise	Grundsätzlich kann ein Zahlungsinstitut mit Sitz in einem Mitgliedstaat der EU diese Tätigkeit mit sog. Agenten durchführen. Die zuständige Behörde des Herkunftsstaates setzt dann die zuständige Behörde des Aufnahmemitgliedsstaates (BaFin) in Kenntnis, damit die Agenten in das Zahlungsinstitutsregister eingetragen werden können. Nach Eintragung im Zahlungsinstitutsregister darf der Agent die entsprechenden Zahlungsdienste im Namen des Zahlungsinstituts durchführen. Der Agent selbst benötigt keine besondere Erlaubnis. Zuständig für die Erlaubnis ist Bundesanstalt für Finanzdienstleistungsaufsicht (BAFin), Graurheindorfer Str. 108, 53117 Bonn, Tel. 0228/4108–0, www.bafin.de			
Fitnessstudio	Erlaubnispflicht	Zulassungspflichtiges Handwerk	Anzeigepflicht gemäß § 14 GewO	Zuständige Zulassungs- oder Erlaubnisbehörde in Bayern
	nein	nein	ja	./.

Bemerkungen/ Hinweise	Kein Unterricht »höherer Art« wenn die persönliche Betreuung des Kunden im Wesentlichen auf die Einweisung in die Handhabung der Geräte und die Überwachung des Trainings im Einzelfall beschränkt ist.			

Fitnesstrainer	Erlaubnispflicht	Zulassungspflichtiges Handwerk	Anzeigepflicht gemäß § 14 GewO	Zuständige Zulassungs- oder Erlaubnisbehörde in Bayern
	nein	nein	ja/nein	./.
Bemerkungen/ Hinweise	Ein Fitnesstrainer, der für ein Studio arbeitet, ist in der Regel unselbstständig tätig. Mit Beschluss vom 18.8.2023, Az. L 7 BA 72/23 B ER hat das Bayerische Landessozialgericht festgestellt, dass ein Fitnesstrainer der in die betriebliche Organisation des Studios integriert ist der Sozialversicherungspflicht unterliegt. Auch wenn der Fitnesstrainer als sogenannter freier Mitarbeiter beschäftigt wird und dem Studio Rechnungen nach vereinbarten Stunden- und Minuteneinsätzen erstellt, handelt es sich bei diesen Vertragsverhältnissen um eine abhängige und damit sozialversicherungspflichtige Beschäftigung. Die Rechnungsstellung allein ist nicht ausreichend, um selbstständig tätig zu sein. Sollten tatsächlich ein Raum selbst angemietet sein, die Organisation der Kurse durchgeführt werden, Werbung für die Tätigkeit betrieben werden und mehr als drei Auftraggeber vorhanden sein, dann könnte die Tätigkeit als selbstständig eingestuft werden. Kein Unterricht »höherer Art«, wenn die persönliche Betreuung des Kunden im Wesentlichen auf die Einweisung in die Handhabung der Geräte und die Überwachung des Trainings im Einzelfall beschränkt ist.			

Flachdruck	Erlaubnispflicht	Zulassungspflichtiges Handwerk	Anzeigepflicht gemäß § 14 GewO	Zuständige Zulassungs- oder Erlaubnisbehörde in Bayern
	./.	./.	./.	./.
Bemerkungen/ Hinweise	Siehe Offsetdruckerei			

Flechtwerkgestalter	Erlaubnispflicht	Zulassungspflichtiges Handwerk	Anzeigepflicht gemäß § 14 GewO	Zuständige Zulassungs- oder Erlaubnisbehörde in Bayern
	./.	./.	./.	./.
Bemerkungen/ Hinweise	Siehe Korbmacher			

Gewerbearten von A-Z

Fleckteppichhersteller	Erlaubnispflicht	Zulassungspflichtiges Handwerk	Anzeigepflicht gemäß § 14 GewO	Zuständige Zulassungs- oder Erlaubnisbehörde in Bayern
	nein	nein	ja	./.
Bemerkungen/ Hinweise		Zusätzliche Anzeigepflicht nach Handwerksordnung (HwO) Anlage B2, Nr. 28 (handwerksähnlich) bei der örtlich zuständigen Handwerkskammer.		

Fleischer (Metzger)	Erlaubnispflicht	Zulassungspflichtiges Handwerk	Anzeigepflicht gemäß § 14 GewO	Zuständige Zulassungs- oder Erlaubnisbehörde in Bayern
	nein	nach HwO Anlage A, Nr. 32	ja	örtlich zuständige Handwerkskammer
Bemerkungen/ Hinweise	./.			

Fleischzerleger, Ausbeiner	Erlaubnispflicht	Zulassungspflichtiges Handwerk	Anzeigepflicht gemäß § 14 GewO	Zuständige Zulassungs- oder Erlaubnisbehörde in Bayern
	nein	nein	ja	./.
Bemerkungen/ Hinweise	Zusätzliche Anzeigepflicht nach Handwerksordnung (HwO) Anlage B2, Nr. 43, (handwerksähnlich) bei der örtlich zuständigen Handwerkskammer.			

Flexografen	Erlaubnispflicht	Zulassungspflichtiges Handwerk	Anzeigepflicht gemäß § 14 GewO	Zuständige Zulassungs- oder Erlaubnisbehörde in Bayern
	./.	./.	./.	./.
Bemerkungen/ Hinweise	Siehe Print- und Medientechnologen (Drucker, Siebdrucker, Flexografen)			

Flickschneider	Erlaubnispflicht	Zulassungspflichtiges Handwerk	Anzeigepflicht gemäß § 14 GewO	Zuständige Zulassungs- oder Erlaubnisbehörde in Bayern
	./.	./.	./.	./.

Gewerbearten von A-Z

Bemerkungen/ Hinweise	Siehe Änderungsschneiderei			

Fliesen-, Platten- und Mosaikleger	Erlaubnispflicht	Bemerkungen/ Hinweise	Siehe Änderungsschneiderei	Zuständige Zulassungs- oder Erlaubnisbehörde in Bayern
	nein	nach HwO Anlage A, Nr. 42	ja	örtlich zuständige Handwerkskammer
Bemerkungen/ Hinweise	./.			

Fluglehrerausbildung	Erlaubnispflicht	Zulassungspflichtiges Handwerk	Anzeigepflicht gemäß § 14 GewO	Zuständige Zulassungs- oder Erlaubnisbehörde in Bayern
	nach § 5 Abs. 1 Luftverkehrsgesetz (LuftVG)	nein	ja	Regierungen von Mittel- und Oberfranken
Bemerkungen/ Hinweise	Unterliegt nicht dem § 6 GewO.			

Folienbeschriftung	Erlaubnispflicht	Zulassungspflichtiges Handwerk	Anzeigepflicht gemäß § 14 GewO	Zuständige Zulassungs- oder Erlaubnisbehörde in Bayern
	nein	nach HwO Anlage A, Nr. 51	ja	örtlich zuständige Handwerkskammer
Bemerkungen/ Hinweise	Wesentliche Tätigkeiten des Schilder- und Lichtreklameherstellers.			

Fotografen	Erlaubnispflicht	Zulassungspflichtiges Handwerk	Anzeigepflicht gemäß § 14 GewO	Zuständige Zulassungs- oder Erlaubnisbehörde in Bayern
	nein	nein	ja/nein	./.

Gewerbearten von A-Z

Bemerkungen/ Hinweise	Zusätzliche Anzeigepflicht nach Handwerksordnung (HwO) Anlage B1, Nr. 38 bei der örtlich zuständigen Handwerkskammer. Laut Urteil des VG-Mainz vom 9.12.2021 Az. 1 K 952/20. MZ ist in jedem Einzelfall zu prüfen, ob ein (Werbe-) Fotograf künstlerisch tätig ist oder ein (zulassungsfreies) Handwerk betreibt. Das VG entschied, dass Werbefotografen unter Berücksichtigung der in der Rechtsprechung entwickelten Kriterien künstlerisch tätig seien und kein zulassungsfreies Handwerk im Sinn der Vorschriften der Handwerksordnung betreiben. Im Auftrag von Geschäftskunden erstellte fotografische Arbeiten können Kunst darstellen, wenn es sich dabei um ein eigenschöpferisches gestalterisches Schaffen handele, das eine gewisse künstlerische Gestaltungshöhe erreiche. Das VG kam deshalb zu dem Ergebnis, dass die Eintragung des klagenden (Werbe-) Fotografen in das Handwerksverzeichnis der Inhaber zulassungsfreier Betriebe aufzuheben ist. Das OVG Koblenz stellt mit Beschluss vom 16.11.2021 Az. 6 A 10114/21 jedoch fest: »dass ein Fotograf der neben anderen Auftragsarbeiten (Reportagen, Porträts, Gruppenaufnahmen, Festaufnahmen) auch oder hauptsächlich Werbefotografie anbietet, ist auch nach den technischen Veränderungen, die die Fotografie durch die Digitalisierung erfahren hat, noch immer handwerklich und nicht freiberuflich oder künstlerisch tätig, weil Werbefotografie nicht per se als künstlerische Tätigkeit zu qualifizieren ist. Aus den beiden Entscheidungen kann abgeleitet werden, dass ein Fotograf schon »Künstler« sein kann, wenn sein Schaffen eine frei schöpferische Gestaltung der individuellen Persönlichkeit des Künstlers darstellt.

Fotolabor	Erlaubnispflicht	Zulassungspflichtiges Handwerk	Anzeigepflicht gemäß § 14 GewO	Zuständige Zulassungs- oder Erlaubnisbehörde in Bayern
	nein	nein	ja	./.
Bemerkungen/ Hinweise	Kein Handwerk.			

Fotomodell	Erlaubnispflicht	Zulassungspflichtiges Handwerk	Anzeigepflicht gemäß § 14 GewO	Zuständige Zulassungs- oder Erlaubnisbehörde in Bayern
	nein	nein	ja/nein	./.
Bemerkungen/ Hinweise	Fotomodelle sind in der Regel nicht mehr bei einer Agentur angestellt (mit Lohnsteuerkarte), sondern »frei« tätig. In den meisten Fällen werden sie jedoch nicht als Künstler anerkannt. Somit ist § 6 GewO für sie nicht anwendbar. Selbstständig tätig sind sie jedoch nur, wenn sie mehrere Auftraggeber haben und unternehmerisch am Markt tätig sind, das heißt selbst Inserate aufgeben und Angebote einholen. In diesen Fällen ist eine Gewerbeanmeldung nach § 14 GewO notwendig.			

Gewerbearten von A-Z

Fotosatz herstellen	Erlaubnispflicht	Zulassungspflichtiges Handwerk	Anzeigepflicht gemäß § 14 GewO	Zuständige Zulassungs- oder Erlaubnisbehörde in Bayern
	nein	nein	ja	./.
Bemerkungen/ Hinweise	Kein Handwerk.			

Franchise	Erlaubnispflicht	Zulassungspflichtiges Handwerk	Anzeigepflicht gemäß § 14 GewO	Zuständige Zulassungs- oder Erlaubnisbehörde an Bayern
	nein	nein	ja	./.
Bemerkungen/ Hinweise	Bei Franchising handelt es sich um ein vertraglich festgelegtes Geschäftsmodell zur Kooperation verschiedener Partner. Der Franchisegeber gibt einem dann rechtlich und finanziell selbständigen Franchisenehmer ein Geschäftskonzept nach seinen Vorgaben zur entgeltlichen Nutzung. Der Franchisenehmer nimmt dann als selbständiger Gewerbetreibender am Wirtschaftsleben teil.			

Freie Berufe	Erlaubnispflicht	Zulassungspflichtiges Handwerk	Anzeigepflicht gemäß § 14 GewO	Zuständige Zulassungs- oder Erlaubnisbehörde in Bayern
	nein	nein	nein	./.
Bemerkungen/ Hinweise	Ein freier Beruf oder eine freiberuflich ausgeübte Tätigkeit ist ein selbständig ausgeübter wissenschaftlicher, künstlerischer, schriftstellerischer, unterrichtender oder erzieherischer Beruf. Eine freiberufliche Tätigkeit ist nach deutschem Recht kein Gewerbe und unterliegt daher weder der Gewerbeordnung noch der Gewerbesteuer. Legaldefinitionen finden sich im Einkommensteuergesetz und im Partnerschaftsgesellschaftsgesetz, die ungefähr gleichlautend folgende Berufe als freie Berufe definieren: Arzt, Zahnarzt, Tierarzt, Rechtsanwalt, Notar, Patentanwalt, Ingenieur, Architekt, Handelschemiker, Wirtschaftsprüfer, vereidigter Buchprüfer, Steuerberater, beratender Volks- und Betriebswirt, Hebamme, Heilmasseur, Krankengymnast (Physiotherapeut), Heilpraktiker, Journalist, Bildberichterstatter, Dolmetscher, Übersetzer, Lotse, Wissenschaftler, Künstler, Schriftsteller, Lehrer und Erzieher. Dies ist jedoch keine abschließende Aufzählung. Menschen, die freie Berufe ausüben, werden als Freiberufler bezeichnet. Die freien Berufe haben im Allgemeinen auf der Grundlage besonderer beruflicher Qualifikation oder schöpferischer Begabung die persönliche, eigenverantwortliche und fachlich unabhängige Erbringung von Dienstleistungen höherer Art im Interesse der Auftraggeber und der Allgemeinheit zum Inhalt.			

Gewerbearten von A-Z

Freelancer	Erlaubnispflicht	Zulassungspflichtiges Handwerk	Anzeigepflicht gemäß § 14 GewO	Zuständige Zulassungs- oder Erlaubnisbehörde in Bayern
	nein	nein	ja	./.
Bemerkungen/ Hinweise	Freelancer übernehmen Aufträge von verschiedenen fremden Unternehmen. Sie sind grundsätzlich selbständig tätig. Der Freelancer ist bei einem Unternehmen auch nicht fest angestellt. In der Regel werden Freelancer als Gewerbetreibende angesehen. Ob der jeweilige Freelancer als Freiberufler tätig ist oder eine Gewebeanzeige tätigen muss, ist mit dem Finanzamt abzuklären.			

Friseur	Erlaubnispflicht	Zulassungspflichtiges Handwerk	Anzeigepflicht gemäß § 14 GewO	Zuständige Zulassungs- oder Erlaubnisbehörde in Bayern
	nein	nach HwO Anlage A, Nr. 38	ja	örtlich zuständige Handwerkskammer
Bemerkungen/ Hinweise	Unterliegen nicht mehr dem Ladenschlussgesetz (LadSchlG). Zu beachten ist allerdings das Sonn- und Feiertagsgesetz (FTG). Abgedruckt unter Kennzahl 43.10. VG Koblenz, 01.07.2021, 5 1475/21. Werden Brautfrisuren angeboten handelt es sich um ein zulassungspflichtiges, dem Friseurhandwerk zuzuordnendes Handwerk. Dies entschied das VG Koblenz am 1.7.2021, Az. 5 L 475/21 im Rahmen eines Eilverfahrens.			

Friseur (mobil)	Erlaubnispflicht	Zulassungspflichtiges Handwerk	Anzeigepflicht gemäß § 14 GewO	Zuständige Zulassungs- oder Erlaubnisbehörde in Bayern
	nach § 55 Abs. 2 GewO Reisegewerbekarte	nein	nein	zuständige Kreisverwaltungsbehörde (KVB)
Bemerkungen/ Hinweise	Soweit die Tätigkeit als Reisegewerbe ausgeübt wird, findet das Handwerksrecht im Hinblick auf § 1 Handwerksordnung (HwO) keine Anwendung. *(siehe auch Erläuterungen unter der Kennzahl 12.055, Ziffer 4.3.)* Angesichts der denkbar vielfältigen Fallgestaltung ist die rechtliche Beurteilung-Reisegewerbe oder stehendes Gewerbe- von der Ausgestaltung des Einzelfalls abhängig. Keine Gewerbeanmeldung bestätigen mit dem Text »mobiler Friseur«.			

Fuger (im Hochbau)	Erlaubnispflicht	Zulassungspflichtiges Handwerk	Anzeigepflicht gemäß § 14 GewO	Zuständige Zulassungs- oder Erlaubnisbehörde in Bayern
	nein	nein	ja	./.

Gewerbearten von A-Z

Bemerkungen/ Hinweise	Zusätzliche Anzeigepflicht nach Handwerksordnung (HwO) Anlage B2, Nr. 5 (handwerksähnlich) bei der örtlich zuständigen Handwerkskammer.			
Funkanlagen reparieren	Erlaubnispflicht	Zulassungspflichtiges Handwerk	Anzeigepflicht gemäß § 14 GewO	Zuständige Zulassungs- oder Erlaubnisbehörde in Bayern
	nein	nach HwO, Anlage A, Nr. 19	ja	örtlich zuständige Handwerkskammer
Bemerkungen/ Hinweise	Kein Handwerk, wenn Reparatur nur durch Kundendienstwerkstätten der Spezialindustrie erfolgt.			
Fußpfleger	Erlaubnispflicht	Zulassungspflichtiges Handwerk	Anzeigepflicht gemäß § 14 GewO	Zuständige Zulassungs- oder Erlaubnisbehörde in Bayern
	nein	nein	ja	./.
Bemerkungen/ Hinweise	Die kosmetische Fußpflege, d.h. die Ausübung von pflegerischen und dekorativen Maßnahmen am gesunden Fuß, ist nach § 14 GewO anzeigepflichtig. Vergleiche jedoch medizinische Fußpflege. Zusätzliche Anzeigepflicht (Kosmetiker/in) nach Handwerksordnung (HwO) Anlage B2, Nr. 48 (handwerksähnlich) bei der örtlich zuständigen Handwerkskammer.			

G

Gärtnerei	Erlaubnispflicht	Zulassungspflichtiges Handwerk	Anzeigepflicht gemäß § 14 GewO	Zuständige Zulassungs- oder Erlaubnisbehörde in Bayern
	nein	nein	nein	./.
Bemerkungen/ Hinweise	Urproduktion der Land- und Fortwirtschaft. Neben der Eigenerzeugung ist noch ein Ankauf bis zu 10 % möglich. Im Einzelfall steuerliche Festlegung durch das Finanzamt entscheidend *(siehe auch Erläuterungen unter der Kennzahl 12.014)*.			
Galvaniseur	Erlaubnispflicht	Zulassungspflichtiges Handwerk	Anzeigepflicht gemäß § 14 GewO	Zuständige Zulassungs- oder Erlaubnisbehörde in Bayern
	nein	nein	ja	./.
Bemerkungen/ Hinweise	Zusätzliche Anzeigepflicht nach Handwerksordnung (HwO) Anlage B1, Nr. 8 bei der örtlich zuständigen Handwerkskammer.			

Gewerbearten von A-Z

Garten-Therapeut	Erlaubnispflicht	Zulassungspflichtiges Handwerk	Anzeigepflicht gemäß § 14 GewO	Zuständige Zulassungs- oder Erlaubnisbehörde in Bayern
	nein	nein	ja	nein
Bemerkungen/ Hinweise	Bei der Gartentherapie geht es um den zielgerichteten Einsatz der Natur zur Steigerung des psychischen und physischen Wohlbefindens der Menschen. Es gibt keine gesetzliche Regelung für Gartentherapeut/in. Es gibt hierfür kein Hochschul- oder Fachhochschulstudium, und somit scheidet eine Dienstleistung höherer Art aus. Keine Tätigkeit im Sinne von § 6 GewO (133. BLA-Sitzung vom 18/19.04.2023 TOP 6b).			

Garten- und Landschaftsbau	Erlaubnispflicht	Zulassungspflichtiges Handwerk	Anzeigepflicht gemäß § 14 GewO	Zuständige Zulassungs- oder Erlaubnisbehörde in Bayern
	nein	nein	ja	./.
Bemerkungen/ Hinweise	Solange das »landschaftsgärtnerische« überwiegt, keine Eintragungspflicht in die Handwerksrolle erforderlich, auch wenn Pflaster- oder Maurerarbeiten anfallen.			

Gasbetonelemente montieren	Erlaubnispflicht	Zulassungspflichtiges Handwerk	Anzeigepflicht gemäß § 14 GewO	Zuständige Zulassungs- oder Erlaubnisbehörde in Bayern
	nein	nach HwO Anlage A, Nr. 1	ja	örtlich zuständige Handwerkskammer
Bemerkungen/ Hinweise	Wesentliche Tätigkeit des Maurers und Betonbauers.			

Gaststättenbetrieb mit Alkoholausschank	Erlaubnispflicht	Zulassungspflichtiges Handwerk	Anzeigepflicht gemäß § 14 GewO	Zuständige Zulassungs- oder Erlaubnisbehörde in Bayern
	nach § 1 i. Verb. mit § 2 Gaststättengesetz (GastG)	nein	ja	zuständige Kreisverwaltungsbehörde (KVB)

Gewerbearten von A-Z

Bemerkungen/ Hinweise	Gaststättenerlaubnis gem. § 2 GastG wird nur für bestimmte Personen, bestimmte Räume und für eine bestimmte Betriebsart erteilt. Verlegung des Betriebs und wesentliche Veränderungen in den Betriebsräumen oder des Betriebszuschnitts sind erlaubnispflichtig. Erlaubnisfrei sind in Verbindung mit einem Beherbergungsbetrieb alkoholische Getränke und zubereitete Speisen an Hausgäste zu verabreichen. *(siehe auch Erläuterungen unter der Kennzahl 30.01 und 30.02)*

Gaststättenbetrieb ohne Alkoholausschank	Erlaubnispflicht	Zulassungspflichtiges Handwerk	Anzeigepflicht gemäß § 14 GewO	Zuständige Zulassungs- oder Erlaubnisbehörde in Bayern
	nein	nein	ja	./.
Bemerkungen/ Hinweise	Seit 1. Juli 2005 sind der Ausschank von alkoholfreien Getränken und die Abgabe von Speisen an Ort und Stelle erlaubnisfrei (§ 2 Abs. 2 Nr. 1 GastG). Der Ausschank kann bei jeglichem Gewerbe erfolgen. Sitzmöglichkeiten sind möglich und auch das Ladenschlussgesetz (LadSchlG; Kennzahl 49.10.) findet keine Anwendung auf den gastronomischen Betrieb. Baurecht ist zu beachten.			

Gebäudereiniger	Erlaubnispflicht	Zulassungspflichtiges Handwerk	Anzeigepflicht gemäß § 14 GewO	Zuständige Zulassungs- oder Erlaubnisbehörde in Bayern
	nein	nein	ja	./.
Bemerkungen/ Hinweise	Zusätzliche Anzeigepflicht nach Handwerksordnung (HwO) Anlage B1, Nr. 33 bei der örtlich zuständigen Handwerkskammer.			

Gebäudesicherungseinrichtungen einschließlich Schlüsseldienste Vertrieb- und Einbau	Erlaubnispflicht	Zulassungspflichtiges Handwerk	Anzeigepflicht gemäß § 14 GewO	Zuständige Zulassungs- oder Erlaubnisbehörde in Bayern
	nein	nein	ja	./.
Bemerkungen/ Hinweise	Diese Tätigkeiten unterliegen der behördlichen Überwachung Überwachungspflichtiges Gewerbe gem. § 38 Abs. 1 Nr. 5 GewO). Führungszeugnis (FZ) zur Vorlage bei einer Behörde und Auskunft aus dem Gewerbezentralregister (GZR) sind durch den Gewerbetreibenden anzufordern.			

Gewerbearten von A-Z

Gebraucht-wagenreparatur	Erlaubnispflicht	Zulassungs-pflichtiges Handwerk	Anzeigepflicht gemäß § 14 GewO	Zuständige Zulassungs- oder Erlaubnisbehörde in Bayern
	nein	nach HwO, Anlage A, Nr. 20	ja	örtlich zuständige Handwerkskammer
Bemerkungen/ Hinweise	Kfz-Reparaturen sind grundsätzlich wesentliche Tätigkeiten des zulassungspflichtigen Handwerks des Kfz-Technikers/in. Es sei denn, sie werden im Rahmen eines handwerksrollenfreien Hilfsbetriebes oder unerheblichen Nebenbetriebes u.a. zu einem als Hauptbetrieb geführten Gebrauchtwagenhandel ausgeführt.			

Gebraucht-warenhandel	Erlaubnispflicht	Zulassungs-pflichtiges Handwerk	Anzeigepflicht gemäß § 14 GewO	Zuständige Zulassungs- oder Erlaubnisbehörde in Bayern
	nein	nein	ja	./.
Bemerkungen/ Hinweise	Betrifft den An- und Verkauf von hochwertigen Konsumgütern (wie Waren aus Unterhaltungselektronik), Kraftfahrzeugen, Fahrrädern, Edelmetall und edelmetallhaltigen Legierungen, Edelsteinen, Perlen und Schmuck sowie Altmetallen. Überwachungspflichtiges Gewerbe gem. § 38 Abs. 1 Nr. 1 GewO; Führungszeugnis (FZ) zur Vorlage bei einer Behörde und Auskunft aus dem Gewerbezentralregister (GZR) sind durch den Gewerbetreibenden anzufordern und vorzulegen.			

Geigenbauer	Erlaubnispflicht	Zulassungs-pflichtiges Handwerk	Anzeigepflicht gemäß § 14 GewO	Zuständige Zulassungs- oder Erlaubnisbehörde in Bayern
	nein	nein	ja	./.
Bemerkungen/ Hinweise	Zusätzliche Anzeigepflicht nach Handwerksordnung (HwO) Anlage B1, Nr. 47 bei der örtlich zuständigen Handwerkskammer.			

Geistheiler	Erlaubnispflicht	Zulassungs-pflichtiges Handwerk	Anzeigepflicht gemäß § 14 GewO	Zuständige Zulassungs- oder Erlaubnisbehörde in Bayern
	nein	nein	ja	./.
Bemerkungen/ Hinweise	Das Bundesverfassungsgericht hat mit Beschluss vom 02.08.2014 (1 BvR 784/03) entschieden, dass die Ausübung der Heilkunde »durch Handauflegen«, Geistheilen u. ä. nicht mehr als Ausübung der Heilkunde angesehen wird und daher nicht nach dem Heilpraktikergesetz (HeilprG) erlaubnispflichtig ist. Für »Geistheiler« gelten somit die allgemeinen gewerberechtlichen Vorschriften.			

Gewerbearten von A-Z

Genossenschaften	Erlaubnispflicht	Zulassungspflichtiges Handwerk	Anzeigepflicht gemäß § 14 GewO	Zuständige Zulassungs- oder Erlaubnisbehörde in Bayern
	nein	nein	ja/nein	./.
Bemerkungen/ Hinweise				

Bemerkungen/Hinweise	Die Tätigkeit der Genossenschaft ist dann nicht anzeigepflichtig, wenn keine Gewinnerzielungsabsicht vorliegt, also die Tätigkeit unmittelbar gemeinnützigen, wohltätigen, pädagogischen und sozialen Zwecken dienen soll. Werden mit verschiedenen Tätigkeiten (z.B. betreutes Wohnen) wirtschaftliche Überschüsse erzielt handelt die Genossenschaft gewerberechtlich mit Gewinnerzielungsabsicht. Auch wenn die Überschüsse dann für wohltätige Zwecke verwendet werden, besteht Anzeigepflicht nach § 14 GewO.

Gerber	Erlaubnispflicht	Zulassungspflichtiges Handwerk	Anzeigepflicht gemäß § 14 GewO	Zuständige Zulassungs- oder Erlaubnisbehörde in Bayern
	nein	nein	ja	./.

Bemerkungen/Hinweise	Zusätzliche Anzeigepflicht nach Handwerksordnung (HwO) Anlage B2, Nr. 40 (handwerksähnlich) bei der örtlich zuständigen Handwerkskammer

Gerüstbauer	Erlaubnispflicht	Zulassungspflichtiges Handwerk	Anzeigepflicht gemäß § 14 GewO	Zuständige Zulassungs- oder Erlaubnisbehörde in Bayern
	nein	nach HwO Anlage A, Nr. 11	ja	örtlich zuständige Handwerkskammer

Bemerkungen/Hinweise	./.

Gipser	Erlaubnispflicht	Zulassungspflichtiges Handwerk	Anzeigepflicht gemäß § 14 GewO	Zuständige Zulassungs- oder Erlaubnisbehörde in Bayern
	nein	nach HwO Anlage A, Nr. 9	ja	örtlich zuständige Handwerkskammer.

Bemerkungen/Hinweise	Wesentliche Tätigkeit des Stuckateurhandwerks. Beachte Ausführungen zur Scheinselbständigkeit.

Gewerbearten von A-Z

Glas- und Porzellanmaler	Erlaubnispflicht	Zulassungspflichtiges Handwerk	Anzeigepflicht gemäß § 14 GewO	Zuständige Zulassungs- oder Erlaubnisbehörde in Bayern
	nein	nein	ja	./.
Bemerkungen/ Hinweise				

Bemerkungen/ Hinweise	Zusätzliche Anzeigepflicht nach Handwerksordnung (HwO) Anlage B1, Nr. 36 bei der örtlich zuständigen Handwerkskammer.

Glasbläser und Glasapparatebauer	Erlaubnispflicht	Zulassungspflichtiges Handwerk	Anzeigepflicht gemäß § 14 GewO	Zuständige Zulassungs- oder Erlaubnisbehörde in Bayern
	nein	nach HwO Anlage A, Nr. 40	ja	örtlich zuständige Handwerkskammer
Bemerkungen/ Hinweise	./.			

Glaser	Erlaubnispflicht	Zulassungspflichtiges Handwerk	Anzeigepflicht gemäß § 14 GewO	Zuständige Zulassungs- oder Erlaubnisbehörde in Bayern
	nein	nach HwO Anlage A, Nr. 39	ja	örtlich zuständige Handwerkskammer
Bemerkungen/ Hinweise	./.			

Glasreinigung	Erlaubnispflicht	Zulassungspflichtiges Handwerk	Anzeigepflicht gemäß § 14 GewO	Zuständige Zulassungs- oder Erlaubnisbehörde in Bayern
	nein	nein	ja	./.
Bemerkungen/ Hinweise	Zusätzliche Anzeigepflicht nach Handwerksordnung (HwO) Anlage B1, Nr. 33 bei der örtlich zuständigen Handwerkskammer. Die Glasreinigung ein historischer Ursprung des Gebäudereiniger-Handwerks, stellt einen wesentlichen Teil des Tätigkeitsfeldes des Gebäudereiniger Handwerks dar.			

Gewerbearten von A-Z

Glasveredler	Erlaubnispflicht	Zulassungspflichtiges Handwerk	Anzeigepflicht gemäß § 14 GewO	Zuständige Zulassungs- oder Erlaubnisbehörde in Bayern
	nein	nach HwO Anlage A, Nr. 50	ja	örtlich zuständige Handwerkskammer
Bemerkungen/ Hinweise	./.			

Glücksspielautomaten reparieren	Erlaubnispflicht	Zulassungspflichtiges Handwerk	Anzeigepflicht gemäß § 14 GewO	Zuständige Zulassungs- oder Erlaubnisbehörde in Bayern
	nein	nach HwO Anlage A, Nr. 19 und Nr. 25	ja	örtlich zuständige Handwerkskammer
Bemerkungen/ Hinweise	Es handelt sich hierbei um wesentliche Tätigkeiten des Elektromechanikerhandwerks oder des Informationstechnikerhandwerks.			

Gold- und Silberschmiede	Erlaubnispflicht	Zulassungspflichtiges Handwerk	Anzeigepflicht gemäß § 14 GewO	Zuständige Zulassungs- oder Erlaubnisbehörde in Bayern
	nein	nein	ja	./.
Bemerkungen/ Hinweise	Zusätzliche Anzeigepflicht nach Handwerksordnung (HwO) Anlage B1, Nr. 11 bei der örtlich zuständigen Handwerkskammer.			

Golfunterricht	Erlaubnispflicht	Zulassungspflichtiges Handwerk	Anzeigepflicht gemäß § 14 GewO	Zuständige Zulassungs- oder Erlaubnisbehörde in Bayern
	nein	nein	ja	./.
Bemerkungen/ Hinweise	Anzeigepflichtig, da nicht unter § 6 Abs. 1 GewO (Unterrichtswesen) fallend.			

Grabenbefestigung	Erlaubnispflicht	Zulassungspflichtiges Handwerk	Anzeigepflicht gemäß § 14 GewO	Zuständige Zulassungs- oder Erlaubnisbehörde in Bayern
	nein	nach HwO Anlage A, Nr. 5	ja	örtlich zuständige Handwerkskammer

Gewerbearten von A-Z

Bemerkungen/ Hinweise	Diese Tätigkeit ist eine wesentliche Tätigkeit des Straßenbauers. Die Tätigkeiten können aber auch – wenn die Anlage in landschaftsgärtnerischem Zusammenhang steht – von Unternehmen des Garten- und Landschaftsbaues (ohne Eintragung in die Handwerksrolle) ausgeführt werden.

Grabsteine beschriften, hauen, vergolden, ausmalen der Schrift, Fundament	Erlaubnispflicht	Zulassungspflichtiges Handwerk	Anzeigepflicht gemäß § 14 GewO	Zuständige Zulassungs- oder Erlaubnisbehörde in Bayern
	nein	nach HwO Anlage A, Nr. 1 und Nr. 8	ja	örtlich zuständige Handwerkskammer
Bemerkungen/ Hinweise	Wesentliche Tätigkeit des Steinmetz und Steinbildhauers (Anlage A, Nr. 8) und Anlage A, Nr. 1). Kein Handwerk bei Beschriftung mittels computergesteuertem Sandstrahlverfahren (VG Hannover, Beschl. v. 3.12.1999, Az. 7 A 4077/97).			

Graffitibeseitigung	Erlaubnispflicht	Zulassungspflichtiges Handwerk	Anzeigepflicht gemäß § 14 GewO	Zuständige Zulassungs- oder Erlaubnisbehörde in Bayern
	nein	nein	ja	./.
Bemerkungen/ Hinweise	Zusätzliche Anzeigepflicht nach Handwerksordnung (HwO) Anlage B1, Nr. 33 bei der örtlich zuständigen Handwerkskammer.			

Grafikdesigner	Erlaubnispflicht	Zulassungspflichtiges Handwerk	Anzeigepflicht gemäß § 14 GewO	Zuständige Zulassungs- oder Erlaubnisbehörde in Bayern
	nein	nein	ja/nein	./.
Bemerkungen/ Hinweise	Ein Weg in den Freien Beruf könnte die künstlerische Tätigkeit sein. Die einschlägige Rechtsprechung stellt hierzu für das »Grafikdesign« fest, dass die Arbeit schöpferische Leistungen darstelle, also Leistungen, in denen sich die individuelle Anschauungsweise und Gestaltungskraft widerspiegeln und die neben einer hinreichenden Beherrschung der Technik der betreffenden Kunstart eine gewisse künstlerische Gestaltungshöhe erreicht. Liegt eine Künstleranerkennung vom Finanzamt vor, gilt der Betroffenen nicht als Gewerbetreibender im Sinne des Gewerberechts. Auch ein Studiumabschluss in Design würde ausreichen, um über § 6 GewO als Nichtgewerbetreibender im Sinne der GewO zu gelten.			

Gewerbearten von A-Z

Graveure	Erlaubnispflicht	Zulassungs-pflichtiges Handwerk	Anzeigepflicht gemäß § 14 GewO	Zuständige Zulassungs- oder Erlaubnisbehörde in Bayern
	nein	nein	ja	./.
Bemerkungen/ Hinweise	Zusätzliche Anzeigepflicht nach Handwerksordnung (HwO) Anlage B1, Nr. 6 bei der örtlich zuständigen Handwerkskammer.			

Großhandel	Erlaubnispflicht	Zulassungs-pflichtiges Handwerk	Anzeigepflicht gemäß § 14 GewO	Zuständige Zulassungs- oder Erlaubnisbehörde in Bayern
	nein	nein	ja	./.
Bemerkungen/ Hinweise	Unter Großhandel versteht man Unternehmen des Handels, die Waren verschiedener Hersteller beschaffen und an gewerbliche Kunden (Wiederverkäufer wie der Einzelhandel) und sogenannte Großabnehmer weiterverkaufen. Der Großhändler unterliegt nicht dem Ladenschlussgesetz.			

Güterkraftverkehr (national oder international)	Erlaubnispflicht	Zulassungs-pflichtiges Handwerk	Anzeigepflicht gemäß § 14 GewO	Zuständige Zulassungs- oder Erlaubnisbehörde in Bayern
	nach § 1 Abs. 1, § 3 Abs. 1 Güterkraftverkehrsgesetz (GüKG) Gemeinschaftslizenz nach EU VO 10.71 und 10.72	nein	ja	zuständige Kreisverwaltungsbehörde (KVB)
Bemerkungen/ Hinweise	Wer geschäftsmäßige oder entgeltliche Beförderung von Gütern mit Kraftfahrzeugen, deren zulässiges Gesamtgewicht einschließlich Anhänger über 3,5 t liegt, durchführt, unterliegt der Erlaubnispflicht. Güterkraftverkehr eines Unternehmens für eigene Zwecke (Werksverkehr) ist erlaubnisfrei, jedoch beim Bundesamt für Güterverkehr anmeldepflichtig. Erreichbarkeit der Zentrale des BAG, Telefon: 0221–5776-0, Fax: 0221–5776-1777, E-Mail: poststelle@bag.bund.de. Für grenzüberschreitenden Güterkraftverkehr mit EU-/EWR-Staaten benötigt man eine Gemeinschaftslizenz. Diese wird umgangssprachlich auch als EU-Lizenz oder EG-Lizenz bezeichnet. Darüber hinaus berechtigt sie zu innerstaatlichem Verkehr in anderen EU-/EWR-Staaten (Kabotageverkehr). Für Transporte in Drittstaaten, welche nicht zum EU/EWR-Wirtschaftsraum gehören, benötigt man für den innerdeutschen Streckenteil die Erlaubnis für den gewerblichen Güterkraftverkehr. Für die Streckenanteile in Drittstaaten kann man »Bilaterale Genehmigungen« erhalten. Informationen gibt die BAG.			

Gewerbearten von A-Z

H				
Haareflechten	Erlaubnispflicht	Zulassungspflichtiges Handwerk	Anzeigepflicht gemäß § 14 GewO	Zuständige Zulassungs- oder Erlaubnisbehörde in Bayern
	nein	Handwerk nach HwO Anlage A, Nr. 38	ja	örtlich zuständige Handwerkskammer
Bemerkungen/ Hinweise		Nach Auffassung der Handwerkskammern handelt es sich bei dem Flechten von Haaren um eine wesentliche Teiltätigkeit des Friseurhandwerks. Die Tätigkeit unterliegt daher § 1 HwO.		

Hackfleischherstellung	Erlaubnispflicht	Zulassungspflichtiges Handwerk	Anzeigepflicht gemäß § 14 GewO	Zuständige Zulassungs- oder Erlaubnisbehörde in Bayern
	nein	nach HwO Anlage A, Nr. 32	ja	örtlich zuständige Handwerkskammer
Bemerkungen/ Hinweise	Wesentliche Tätigkeit des Fleischerhandwerks.			

Haftputzarbeiten	Erlaubnispflicht	Zulassungspflichtiges Handwerk	Anzeigepflicht gemäß § 14 GewO	Zuständige Zulassungs- oder Erlaubnisbehörde in Bayern
	nein	nach HwO Anlage A, Nr. 1 und Nr. 9	ja	örtlich zuständige Handwerkskammer
Bemerkungen/ Hinweise	Es handelt sich um eine wesentliche Tätigkeit des Maurer- bzw. Stuckateurhandwerks. Wird jedoch ein Sanierputz aufgetragen, wie dies z.B. beim Fliesen- und Estrichleger der Fall sein kann, und wird dies in einem Auftrag erledigt, dann liegt die handwerksähnliche Tätigkeit »Holz- und Bautenschutz« vor, Anzeigepflicht nach Handwerksordnung (HwO) Anlage B 1, Nr. 54.			

Handel mit Kryptonwährung	Erlaubnispflicht	Zulassungspflichtiges Handwerk	Anzeigepflicht gemäß § 14 GewO	Zuständige Zulassungs- oder Erlaubnisbehörde in Bayern
	nein	nein	ja/nein	

Bemerkungen/ Hinweise	Kryptowährungen sind digitale Zahlungsmittel, ihre Einordnung als Währung ist strittig. 2009 wurde mit dem Bitcoin die erste Kryptowährung öffentlich gehandelt. Kryptowährungen basieren auf der Idee einer nicht staatlichen Ersatzwährung mit begrenzter Geldmenge. Die Schöpfung neuer Werteinheiten erfolgt über ein vorbestimmtes mathematisches Verfahren innerhalb eines Computernetzwerks. Bei »Bitcoin Mining« oder »Handel mit Bitcoins« dürfte es sich in der Regel um kein Gewerbe handeln. Soweit eine Person lediglich ihr Vermögen nutzt oder verwaltet, liegt keine Gewerbeausübung vor. Dies ändert sich erst, wenn etwa ein gesteigerter Aufwand von Nöten ist, der auch einen berufsmäßigen Geschäftsbetrieb erfordert (GAT v. 23.10.2018). GAT »Gewerbearbeitsrechtstagung des Bayerischen Staatsministeriums für Landesentwicklung und Energie« GAT-Protokolle können angefordert werden

Handel mit Vögeln	Erlaubnispflicht	Zulassungspflichtiges Handwerk	Anzeigepflicht gemäß § 14 GewO	Zuständige Zulassungs- oder Erlaubnisbehörde in Bayern
	nein	nein	ja (außer Zucht)	./.
Bemerkungen/ Hinweise	Seit 1. Mai 2014 braucht man für die Zucht von Papageien und Sittichen keine Zuchtgenehmigung mehr. Das Tierseuchengesetz (TierSG), in dessen § 17g die Zuchterlaubnis geregelt war, wurde aufgehoben, bzw. durch das neue Tierschutzgesetz (TierSchG) ersetzt, welches eine solche Erlaubnis nicht mehr vorsieht. Die Psittakoseverordnung, die die Ringpflicht von Psittaciden und Vorschriften im Umgang mit der Papageienkrankheit (Psittakose) enthalten hatte, war schon im September 2012 aufgehoben worden. Der Handel ist lediglich anzeigepflichtig.			

Handelsvertreter	Erlaubnispflicht	Zulassungspflichtiges Handwerk	Anzeigepflicht gemäß § 14 GewO	Zuständige Zulassungs- oder Erlaubnisbehörde in Bayern
	nein	nein	ja/nein	./.
Bemerkungen/ Hinweise	Handelsvertreter ist nach § 84 Abs. 1 Handelsgesetzbuch (HGB) derjenige, der als selbstständiger Gewerbetreibender ständig damit betraut ist, für andere Unternehmer Geschäfte zu vermitteln oder in dessen Namen abzuschließen und diese Tätigkeit frei gestalten und insbesondere seine Arbeitszeit bestimmen kann. Selbstständig ist, wer im wesentlichen frei seine Tätigkeit gestalten und seine Arbeitszeit bestimmen kann. (§ 84 Abs. 1 Satz 2 HGB).			

Gewerbearten von A-Z

Handschuh-macher	Erlaubnispflicht	Zulassungs-pflichtiges Handwerk	Anzeigepflicht gemäß § 14 GewO	Zuständige Zulassungs- oder Erlaubnisbehörde in Bayern
	nein	nein	ja	./.
Bemerkungen/ Hinweise	Zusätzliche Anzeigepflicht nach Handwerksordnung (HwO) Anlage B2, Nr. 38 (handwerksähnlich) bei der örtlich zuständigen Handwerkskammer.			

Handwerks-Feierabend-betriebe	Erlaubnispflicht	Zulassungs-pflichtiges Handwerk	Anzeigepflicht gemäß § 14 GewO	Zuständige Zulassungs- oder Erlaubnisbehörde in Bayern
	nein	ja	ja	örtlich zuständige Handwerkskammer
Bemerkungen/ Hinweise	Wer ein zulassungspflichtiges Handwerk gewerbsmäßig betreibt und ohne Angestellte nach »Feierabend« Dienstleistungen gegen Entgelt ausführt und die Voraussetzungen für die Eintragung erfüllt, muss sich in die Handwerksrolle eintragen lassen. Die Handwerkskammern tragen diese Betriebe dann als »Feierabendbetriebe« ein.			

Handzug-instrumenten-macher	Erlaubnispflicht	Zulassungs-pflichtiges Handwerk	Anzeigepflicht gemäß § 14 GewO	Zuständige Zulassungs- oder Erlaubnisbehörde in Bayern
	nein	nein	ja	./.
Bemerkungen/ Hinweise	Zusätzliche Anzeigepflicht nach Handwerksordnung (HwO) Anlage B1, Nr. 46 bei der örtlich zuständigen Handwerkskammer. Die Handzuginstrumentenmacher/innen stellen handgezogene Musikinstrumente wie Akkordeons, aber auch angeblasene Instrumente wie Mundharmonikas her und reparieren sie.			

Hausaufgaben-betreuung	Erlaubnispflicht	Zulassungs-pflichtiges Handwerk	Anzeigepflicht gemäß § 14 GewO	Zuständige Zulassungs- oder Erlaubnisbehörde in Bayern
	nein	nein	ja	./.

Gewerbearten von A-Z

Bemerkungen/ Hinweise	Auch der Nachhilfeunterricht in Form der Hausaufgabenbetreuung muss als gewerbliche Betätigung angesehen werden. Da dieser Unterricht bzw. die so genannten »Paukstudios« nicht landesrechtlich geregelte Unterrichtseinheiten sind, gehört dieser Bereich nicht zum Unterrichtswesen. Dies gilt auch für den Fernunterricht. Sollte der Durchführende tatsächlich das Lehramt abgeschlossen haben, wird der Unterricht als höherwertig angesehen (§ 6 GewO) und unterliegt nicht der Anzeigepflicht.			

Haushüter (mit Bewachung)	Erlaubnispflicht	Zulassungspflichtiges Handwerk	Anzeigepflicht gemäß § 14 GewO	Zuständige Zulassungs- oder Erlaubnisbehörde in Bayern
	nach § 34a GewO	nein	ja	zuständige Kreisverwaltungsbehörde (KVB)
Bemerkungen/ Hinweise	Hierbei handelt es sich meist um eine gewerbsmäßige Bewachung von fremdem Eigentum. Personen übernehmen die Eigenschaften des Hausherrn und bewachen das Objekt gegen Entgelt.			

Haushüterdienstleistungen	Erlaubnispflicht	Zulassungspflichtiges Handwerk	Anzeigepflicht gemäß § 14 GewO	Zulassungs- oder Erlaubnisbehörde in Bayern
	nein	nein	ja	./.
Bemerkungen/ Hinweise	Es werden Dienstleistungen rund um das Haus ausgeübt, wie Tiere füttern, Rasen mähen, Hecken schneiden, Schnee räumen usw. Der Schutz des Objekts (Bewachung) ist nicht Teil des Auftrages (siehe auch Erläuterungen unter Kennzahl 12.034a Ziffer 3.1 und 3.2).			

Hausmeistertätigkeiten	Erlaubnispflicht	Zulassungspflichtiges Handwerk	Anzeigepflicht gemäß § 14 GewO	Zulassungs- oder Erlaubnisbehörde in Bayern
	nein	nein	ja	./.
Bemerkungen/ Hinweise	Zugelassen ist die Durchführung von Gartenpflegearbeiten, das Austauschen von Glühbirnen, Dichtungen wechseln, Winterdienst. Je nach Art der Tätigkeit ist zu unterscheiden zwischen zulassungspflichtigen, zulassungsfreien und handwerksähnlichen Tätigkeiten. Nachdem zwischenzeitlich das Gebäudereinigerhandwerk eine zulassungsfreie Tätigkeit darstellt, darf diese Tätigkeit auch ausgeübt werden.			

Gewerbearten von A-Z

Hauspartys (Verkaufsveranstaltungen)	Erlaubnispflicht	Zulassungspflichtiges Handwerk	Anzeigepflicht gemäß § 14 GewO	Zuständige Zulassungs- oder Erlaubnisbehörde in Bayern
	nein	nein	ja	./.
Bemerkungen/ Hinweise	Der VGH Baden-Württemberg hat mit Urteil v. 29.4.1997; Az. 14 S 1280/96 entschieden, dass eine Reisegewerbekartenpflicht am Beispiel »Tupperware« nicht gegeben ist, wenn die Gastgeberin der Beraterin eine Gästeliste übergibt und die Beraterin Einladungen an die Gäste verschickt. Nachdem es bei vielen Hauspartys verschiedener Firmen nicht so läuft und die zuständigen Behörden ein Problem haben, den Beweis anzutreten, hat das Bayerische Wirtschaftsministerium und das Bundeswirtschaftsministerium entschieden, die Tätigkeit im stehenden Gewerbe zu sehen. Erst im November 2019 hat das Bundeswirtschaftsministerium nochmals festgelegt, dass auch selbständige Vorwerksberater ihre Hauspartys nach § 14 GewO anzeigen müssen *(siehe auch Erläuterungen unter der Kennzahl 12.014)*.			

Hausschlachter	Erlaubnispflicht	Zulassungspflichtiges Handwerk	Anzeigepflicht gemäß § 14 GewO	Zuständige Zulassungs- oder Erlaubnisbehörde in Bayern
	nein	nach HWO Anlage A, Nr. 32	ja	örtlich zuständige Handwerkskammer
Bemerkungen/ Hinweise	Hausschlachter erbringen einen, handwerkliche Fähigkeiten voraussetzenden, Arbeitserfolg. Wenn sie den Schlachttermin, die Ausführung der Schlachtung und die Verarbeitung weitgehend unabhängig bestimmen, sind sie selbstständige Gewerbetreibende.			

Hausverwaltung	Erlaubnispflicht	Zulassungspflichtiges Handwerk	Anzeigepflicht gemäß § 14 GewO	Zuständige Zulassungs- oder Erlaubnisbehörde in Bayern
	nach § 34c GewO	nein	ja	IHK f. München und Obb. (mit Ausnahme des Kammerbezirks der IHK Aschaffenburg)

Gewerbearten von A-Z

Bemerkungen/ Hinweise	Für gewerbliche Verwalter von Wohnimmobilien wurde eine Erlaubnispflicht in § 34c GewO eingeführt. Bislang mussten sie die Aufnahme ihrer Tätigkeit lediglich anzeigen. Die Erlaubnispflicht erstreckt sich auf Wohnungseigentum-Verwalter und Mietverwalter von Wohnraum, die das Gesetz unter der Bezeichnung »Wohnimmobilienverwalter« zusammenfasst. Wohnimmobilienverwalter müssen künftig regelmäßige Weiterbildungen nachweisen, und zwar 20 Stunden innerhalb von drei Jahren. Diese Fortbildungspflicht wird anstelle eines Sachkundenachweises eingeführt. Verstöße gegen die Fortbildungspflicht können durch die zuständige Behörde (KVB) mit Bußgeld geahndet werden. Zwischenzeitlich wurde ein zertifizierter Hausverwalter eingeführt. Ein zertifizierter Hausverwalter ist nur dann nicht erforderlich, wenn weniger als neun Sondereigentumsrechte bestehen, ein Wohnungseigentümer zum Verwalter bestellt wurde und weniger als ein Drittel der Wohnungseigentümer die Bestellung eines zertifizierten Verwalters verlangt. Die Regelungen zum zertifizierten Verwalter gelten seit 01.12.2022. Zertifizierter Verwalter ist, wer mit einer Prüfung bei der IHK nachgewiesen hat, dass er über die für die Tätigkeit als Verwalter notwendigen rechtlichen, kaufmännischen und technischen Kenntnisse verfügt.

Hawala	Erlaubnispflicht	Zulassungspflichtiges Handwerk	Anzeigepflicht gemäß § 14 GewO	Zuständige Zulassungs- oder Erlaubnisbehörde in Bayern
	nicht erlaubnisfähig	nein	nein	./.
Bemerkungen/ Hinweise	Mit dem Hawala-System wird Bargeld schnell, vertraulich, anonym und kostengünstig transferiert. Der Hawaladarhändler in einem Land bittet dabei den Hawaladarhändler in einem anderen Land, die Summe mit Hilfe eines Codewortes, das die Beteiligten vereinbart haben, auszuzahlen. In Deutschland ist das Hawala-Banking nicht erlaubnisfähig. Die Übergabe von Bargeld fördert die Anonymität bei der Bareinzahlung, denn Zahlungspflichtiger und Zahlungsempfänger werden nicht registriert oder kontrolliert. Damit kann die gesamte Zahlungskette zur Transaktion von Schwarzgeld und zur Geldwäsche missbraucht werden. Dennoch vorgenommene Hawala-Transaktionen werden untersagt und sind strafbar, § 1 Abs. 1, Abs. 2 Nr. 6 Zahlungsdiensteaufsichtsgesetz (ZAG), § 63 Abs. 1 Nr. 4, § 7 Abs. 1 ZAG. (Vgl. hierzu auch BGH-Beschlüsse vom 01.06.2023 (3 StR 414/22) und vom 28.06.2023 (3 StR 108/23).			

Hebamme	Erlaubnispflicht	Zulassungspflichtiges Handwerk	Anzeigepflicht gemäß § 14 GewO	Zuständige Zulassungs- oder Erlaubnisbehörde in Bayern
	nein	nein	nein	./.

Gewerbearten von A-Z

Bemerkungen/ Hinweise	Als Heilhilfsberuf gem. § 6 GewO von der Anzeigepflicht ausgenommen. Ausbildung gem. § 5 ff. Hebammengesetz (HebG) und Bestehen der staatlichen Prüfung. Die Führung der Berufsbezeichnung bedarf der Erlaubnis gemäß § 1 Abs. 1 HebG.

Heilhilfsberufe	Erlaubnispflicht	Zulassungspflichtiges Handwerk	Anzeigepflicht gemäß § 14 GewO	Zuständige Zulassungs- oder Erlaubnisbehörde in Bayern
	nein	nein	nein	./.
Bemerkungen/ Hinweise	Heilhilfsberufe fallen unter § 6 GewO und sind nicht anzeigepflichtig. Sie müssen über Art. 18 bayerischen Gesundheitsdienst und Verbraucherschutzgesetz (GDVG) bei der unteren Behörde für Gesundheit, Veterinärwesen, Ernährung und Verbraucherschutz gemeldet werden. Heilpraktiker benötigen eine Erlaubnis. Siehe unter Heilpraktiker.			

Heilpraktiker	Erlaubnispflicht	Zulassungspflichtiges Handwerk	Anzeigepflicht gemäß § 14 GewO	Zuständige Zulassungs- oder Erlaubnisbehörde in Bayern
	nach § 1 Abs. 1 Gesetz über die berufsmäßige Ausübung der Heilkunde ohne Bestallung (Heilpraktikergesetz – HeilprG –)	nein	nein	zuständige Kreisverwaltungsbehörde (KVB)
Bemerkungen/ Hinweise	Keine Gewerbeanmeldung erforderlich. Wer die Heilkunde, ohne als Arzt bestallt zu sein ausübt, bedarf der Erlaubnis. Ausübung der Heilkunde im Sinne des Gesetzes ist jede gewerbsmäßig vorgenommene Tätigkeit zur Feststellung, Heilung oder Linderung von Krankheiten.			

Heilpraktikerschule	Erlaubnispflicht	Zulassungspflichtiges Handwerk	Anzeigepflicht gemäß § 14 GewO	Zuständige Zulassungs- oder Erlaubnisbehörde in Bayern
	nein	nein	ja	./.
Bemerkungen/ Hinweise	Die Ausübung des Heilpraktikerberufs ist zwar geregelt (Bestallung nach dem Heilpraktikergesetz – HeilprG –), aber die Ausbildung dazu nicht. Grundsätzlich kann jeder eine Heilpraktikerschule eröffnen. Es liegt keine Unterrichtung höherer Art vor und somit besteht eine Anzeigepflicht gem. § 14 GewO.			

Gewerbearten von A-Z

Heimarbeit	Erlaubnispflicht	Zulassungspflichtiges Handwerk	Anzeigepflicht gemäß § 14 GewO	Zuständige Zulassungs- oder Erlaubnisbehörde in Bayern
	nein	nein	ja/nein	./.
Bemerkungen/ Hinweise	Heimarbeit ist Gewerbe, wenn die Tätigkeit eine in sich abgeschlossene, für sich bestehende Beteiligung am allgemeinen wirtschaftlichen Verkehr darstellt; d.h. über Umfang und Reihenfolge der Arbeit, über Arbeitszeit, über Beschäftigung von Hilfskräften kann frei bestimmt werden und es besteht auch freie Wahl der Auftraggeber. Dagegen liegt kein selbständiges Heimarbeitsverhältnis vor, wenn die Tätigkeit lediglich Bestandteil eines fremden Gewerbebetriebes ist. Ein so abhängig Beschäftigter ist dann auch sozialversicherungspflichtig. Das Hessische Landessozialgericht hat mit Urteil vom 2.7.2020 L 8 BA 36/19 in Bezug auf die Tätigkeit eines in Heimarbeit tätigen Programmierers festgestellt, dass dieser auch eine sozialversicherungspflichtige Tätigkeit ausübt, falls er nur für einen Auftraggeber tätig ist. Eine sozialversicherungspflichtige Heimarbeit kann auch für Tätigkeiten vorliegen, für die eine höherwertige Qualifikation erforderlich ist.			

Heißmangel	Erlaubnispflicht	Zulassungspflichtiges Handwerk	Anzeigepflicht gemäß § 14 GewO	Zuständige Zulassungs- oder Erlaubnisbehörde in Bayern
	nein	nein	ja	./.
Bemerkungen/ Hinweise	Kein Gewerbe der Handwerksordnung.			

Heizungsbauer	Erlaubnispflicht	Zulassungspflichtiges Handwerk	Anzeigepflicht gemäß § 14 GewO	Zuständige Zulassungs- oder Erlaubnisbehörde in Bayern
	./.	./.	./.	./.
Bemerkungen/ Hinweise	Siehe Installateur- und Heizungsbauer			

Hellseher	Erlaubnispflicht	Zulassungspflichtiges Handwerk	Anzeigepflicht gemäß § 14 GewO	Zuständige Zulassungs- oder Erlaubnisbehörde in Bayern
	./.	./.	./.	./.
Bemerkungen/ Hinweise	Siehe Wahrsagerei und Urteil des BFH vom 30.3.1976, VIII R 137/75.			

Gewerbearten von A-Z

Herstellung von Drahtgestellen für Dekorationszwecke in Sonderanfertigung	Erlaubnispflicht	Zulassungspflichtiges Handwerk	Anzeigepflicht gemäß § 14 GewO	Zuständige Zulassungs- oder Erlaubnisbehörde in Bayern
	nein	nein	ja	./.
Bemerkungen/ Hinweise		Zusätzliche Anmeldepflicht nach Handwerksordnung (HwO) Anlage B2, Nr. 10 (handwerksähnlich), bei der örtlich zuständigen Handwerkskammer.		

Herstellung und Vertreiben spezieller diebstahlbezogener Öffnungswerkzeuge	Erlaubnispflicht	Zulassungspflichtiges Handwerk	Anzeigepflicht gemäß § 14 GewO	Zuständige Zulassungs- oder Erlaubnisbehörde in Bayern
	nein	nein	ja	./.
Bemerkungen/ Hinweise	Überwachungspflichtiges Gewerbe gem. § 38 Abs. 1 Nr. 6 GewO, Ein Führungszeugnis (FZ) zur Vorlage bei einer Behörde und eine Auskunft aus dem Gewerbezentralregister (GZR) sind durch den Gewerbetreibenden anzufordern und vorzulegen.			

Hobbywerkstatt	Erlaubnispflicht	Zulassungspflichtiges Handwerk	Anzeigepflicht gemäß § 14 GewO	Zuständige Zulassungs- oder Erlaubnisbehörde in Bayern
	nein	nein	ja	./.
Bemerkungen/ Hinweise	Wenn nur Raum und Werkstatteinrichtung vermietet wir, dann liegt keine handwerkliche Tätigkeit vor.			

Hofladen	Erlaubnispflicht	Zulassungspflichtiges Handwerk	Anzeigepflicht gemäß § 14 GewO	Zuständige Zulassungs- oder Erlaubnisbehörde in Bayern
	nein	nein	ja/nein	./.

Gewerbearten von A-Z

Bemerkungen/ Hinweise	Die Vermarktung selbsterzeugter unverarbeiteter landwirtschaftlicher Produkte (Eier, Kartoffel, Gemüse, Honig usw.) gilt als landwirtschaftliche Urproduktion und ist kein Gewerbe im Sinne der Gewerbeordnung. Werden (Ur-)Produkte für den Verkauf gereinigt, sortiert und hergerichtet (sogenannte erste Verarbeitungsstufe), so ist dies unschädlich. Werden Produkte weiterverarbeitet (zweite Verarbeitungsstufe) und ist der Umfang der Weiterverarbeitung nicht mehr unerheblich, so muss ein »Gewerbe« angemeldet werden (§ 14 Abs. 1 GewO). Als unerheblich gilt, solange der mit diesen Produkten erzielte Umsatz, nicht 10 % des Gesamtumsatzes des Betriebes überschreitet. Wird ein Anteil von 10 % des Umsatzes in der Direktvermarktung überschritten, so gilt der Zukauf gewerberechtlich nicht mehr als geringfügig; daraus erfolgt ebenfalls eine Pflicht zur Gewerbeanmeldung. *(siehe auch Erläuterungen unter der Kennzahl 12.014)*

Hörgeräteakustiker	Erlaubnispflicht	Zulassungspflichtiges Handwerk	Anzeigepflicht gemäß § 14 GewO	Zuständige Zulassungs- oder Erlaubnisbehörde in Bayern
	nein	nach HwO Anlage A, Nr. 34	ja	örtlich zuständige Handwerkskammer
Bemerkungen/ Hinweise	./.			

Hohlschleifer	Erlaubnispflicht	Zulassungspflichtiges Handwerk	Anzeigepflicht gemäß § 14 GewO	Zuständige Zulassungs- oder Erlaubnisbehörde in Bayern
	./.	./.	./.	./.
Bemerkungen/ Hinweise	Siehe Präzisionswerkzeugmechaniker			

Holzbildhauer	Erlaubnispflicht	Zulassungspflichtiges Handwerk	Anzeigepflicht gemäß § 14 GewO	Zuständige Zulassungs- oder Erlaubnisbehörde in Bayern
	nein	nein	ja	./.
Bemerkungen/ Hinweise	Zusätzliche Anzeigepflicht nach Handwerksordnung (HwO) Anlage B 1, Nr. 16 bei der örtlich zuständigen Handwerkskammer.			

Gewerbearten von A-Z

Holzblas-instrumenten-macher	Erlaubnispflicht	Zulassungs-pflichtiges Handwerk	Anzeigepflicht gemäß § 14 GewO	Zuständige Zulassungs- oder Erlaubnisbehörde in Bayern
	nein	nein	ja	./.
Bemerkungen/ Hinweise	Zusätzliche Anzeigepflicht nach Handwerksordnung (HwO) Anlage B1, Nr. 50 bei der örtlich zuständigen Handwerkskammer.			

Holzblock-macher	Erlaubnispflicht	Zulassungs-pflichtiges Handwerk	Anzeigepflicht gemäß § 14 GewO	Zuständige Zulassungs- oder Erlaubnisbehörde in Bayern
	nein	nein	ja	./.
Bemerkungen/ Hinweise	Zusätzliche Anzeigepflicht nach Handwerksordnung (HwO) Anlage B2, Nr. 18 (handwerksähnlich) bei der örtlich zuständigen Handwerkskammer.			

Holzdecken montieren	Erlaubnispflicht	Zulassungs-pflichtiges Handwerk	Anzeigepflicht gemäß § 14 GewO	Zuständige Zulassungs- oder Erlaubnisbehörde in Bayern
	nein	nach HwO Anlage A, Nr. 27 und Nr. 6	ja	örtlich zuständige Handwerkskammer
Bemerkungen/ Hinweise	Wesentliche Tätigkeit des Tischlers und des Wärme-, Kälte- und Schallschutz-isolierers. Kein Handwerk bei einfachen Holzdeckenmontagen von industriell vorgefertigten Teilen (z.B. Kassetten).			

Holz-Leiterma-cher (Sonderan-fertigung)	Erlaubnispflicht	Zulassungs-pflichtiges Handwerk	Anzeigepflicht gemäß § 14 GewO	Zuständige Zulassungs- oder Erlaubnisbehörde in Bayern
	nein	nein	ja	./.
Bemerkungen/ Hinweise	Zusätzliche Anzeigepflicht nach Handwerksordnung HwO Anlage B2, Nr. 20 (handwerksähnlich), bei der örtlich zuständigen Handwerkskammer.			

Holzreifen-macher	Erlaubnispflicht	Zulassungs-pflichtiges Handwerk	Anzeigepflicht gemäß § 14 GewO	Zuständige Zulassungs- oder Erlaubnisbehörde in Bayern
	nein	nein	ja	./.

Gewerbearten von A-Z

Bemerkungen/ Hinweise	Zusätzliche Anzeigepflicht nach Handwerksordnung (HwO) Anlage B2, Nr. 22 (handwerksähnlich) bei der örtlich zuständigen Handwerkskammer.

Holzschindelmacher	Erlaubnispflicht	Zulassungspflichtiges Handwerk	Anzeigepflicht gemäß § 14 GewO	Zuständige Zulassungs- oder Erlaubnisbehörde in Bayern
	nein	nein	ja	./.

Bemerkungen/ Hinweise	Zusätzliche Anzeigepflicht nach Handwerksordnung (HwO) Anlage B2, Nr. 23 (handwerksähnlich), bei der örtlich zuständigen Handwerkskammer.

Holzschnitzer	Erlaubnispflicht	Zulassungspflichtiges Handwerk	Anzeigepflicht gemäß § 14 GewO	Zuständige Zulassungs- oder Erlaubnisbehörde in Bayern
	nein	nein	ja/nein	./.

Bemerkungen/ Hinweise	Schnitzen ist eine Technik vorrangig der Holzbearbeitung. Mit dem Begriff wird das Bearbeiten von Holz, Elfenbein und anderen Materialien mit Messern, Schnitzeisen und anderen scharfen Werkzeugen bezeichnet. Ein Holzschnitzer ist nur dann freiberuflicher Künstler, wenn er eigenschöpferische Leistungen erbringt. Laut Urteil des BFH vom 11.7.1991, IV R 15/90i können handwerkliche – d.h. gewerbliche – und künstlerische Tätigkeiten nebeneinander vorliegen; sie sind – evtl. im Wege der Schätzung – getrennt zu behandeln.

Holzschuhmacher	Erlaubnispflicht	Zulassungspflichtiges Handwerk	Anzeigepflicht gemäß § 14 GewO	Zuständige Zulassungs- oder Erlaubnisbehörde in Bayern
	nein	nein	ja	./.

Bemerkungen/ Hinweise	Zusätzliche Anzeigepflicht nach Handwerksordnung (HwO) Anlage B2, Nr. 17 (handwerksähnlich) bei der örtlich zuständigen Handwerkskammer.

Holzspielzeugmacher	Erlaubnispflicht	Zulassungspflichtiges Handwerk	Anzeigepflicht gemäß § 14 GewO	Zuständige Zulassungs- oder Erlaubnisbehörde in Bayern
	nein	nach HwO Anlage A, Nr. 48	ja	örtlich zuständige Handwerkskammer

Bemerkungen/ Hinweise	./.

Gewerbearten von A-Z

Holz- und Bautenschutzgewerbe (Mauerschutz und Holzimprägnierung in Gebäuden)	Erlaubnispflicht	Zulassungspflichtiges Handwerk	Anzeigepflicht gemäß § 14 GewO	Zuständige Zulassungs- oder Erlaubnisbehörde in Bayern
	nein	nein	ja	./.
Bemerkungen/ Hinweise	Zusätzliche Anzeigepflicht nach Handwerksordnung (HwO) Anlage B1, Nr. 54, bei der örtlich zuständigen Handwerkskammer. Bei den Handwerkskammern gibt es Merkblätter im Hinblick auf die Abgrenzung zum Maler- und Lackiererhandwerk.			

Honorar-Finanzanlagenberater	Erlaubnispflicht	Zulassungspflichtiges Handwerk	Anzeigepflicht gemäß § 14 GewO	Zuständige Zulassungs- oder Erlaubnisbehörde in Bayern
	nach § 34h GewO	nein	ja	IHK für München und Obb. (mit Ausnahme des Kammerbezirks der IHK-Aschaffenburg)
Bemerkungen/ Hinweise	Seit 01.08.2014 neue Erlaubnispflicht. Entscheidend ist, dass der Berater ausdrücklich vom Kunden honoriert wird. Es gibt keinerlei Zuwendungen von den Finanzproduktgebern *(siehe auch Erläuterungen unter der Kennzahl 12.034h).*			

Hufbeschlagschmied	Erlaubnispflicht	Zulassungspflichtiges Handwerk	Anzeigepflicht gemäß § 14 GewO	Zuständige Zulassungs- oder Erlaubnisbehörde in Bayern
	nein	nein	ja	./.
Bemerkungen/ Hinweise	Nach dem Hufbeschlaggesetz (HufBeschlG) ist die Tätigkeit kein Gewerbe im Sinne der Handwerksordnung. Näheres regelt das HufBeschlG.			

Hundehandel	Erlaubnispflicht	Zulassungspflichtiges Handwerk	Anzeigepflicht gemäß § 14 GewO	Zuständige Zulassungs- oder Erlaubnisbehörde in Bayern
	nach § 11 Tierschutzgesetz (TierSchG)	nein	ja	zuständige Kreisverwaltungsbehörde (KVB)

Gewerbearten von A-Z

Bemerkungen/ Hinweise	Wer gewerbsmäßig den Handel mit Wirbeltieren betreibt, benötigt eine Erlaubnis. Sachkunde ist erforderlich.			

Hundeschulen/ Hundetrainer	Erlaubnispflicht	Zulassungspflichtiges Handwerk	Anzeigepflicht gemäß § 14 GewO	Zuständige Zulassungs- oder Erlaubnisbehörde in Bayern
	nach § 11 Abs. 1 Satz 1 Nr. 8f Tierschutzgesetz (TierSchG)	nein	ja	zuständige Kreisverwaltungsbehörde (KVB)
Bemerkungen/ Hinweise	Die Erlaubnispflicht nach dem TierSchG ist neu für gewerbsmäßiges Ausbilden von Hunden für Dritte und/oder die Ausbildung von Hunden durch den Tierhalter.			

I

Illusionist	Erlaubnispflicht	Zulassungspflichtiges Handwerk	Anzeigepflicht gemäß § 14 GewO	Zuständige Zulassungs- oder Erlaubnisbehörde in Bayern
	./.	./.	./.	./.
Bemerkungen/ Hinweise	Siehe Zauberer			

Imbisswagen mit Ausschank von alkoholfreien Getränken	Erlaubnispflicht	Zulassungspflichtiges Handwerk	Anzeigepflicht gemäß § 14 GewO	Zuständige Zulassungs- oder Erlaubnisbehörde in Bayern
	Reisegewerbekarte	nein	nein	zuständige Kreisverwaltungsbehörde (KVB) nach Wohnsitz des Antragstellers
Bemerkungen/ Hinweise	Für den Ausschank von alkoholfreien Getränken (falls der Ort nicht dauerhaft genutzt wird) ist durch die Änderung der Gewerbeordnung eine Reisegewerbekarte auszustellen. Der Gewerbetreibende unterliegt nicht den Ladenschlusszeiten und benötigt keine gaststättenrechtliche Erlaubnis bei Ausschank alkoholfreier Getränke. *(siehe auch Erläuterungen unter der Kennzahl 33.03a und 12.055 Ziffer 4.1.1)*			

Gewerbearten von A-Z

Imbisswagen mit Ausschank von alkoholischen Getränken	Erlaubnispflicht	Zulassungspflichtiges Handwerk	Anzeigepflicht gemäß § 14 GewO	Zuständige Zulassungs- oder Erlaubnisbehörde in Bayern
	Reisegewerbekarte	nein	nein	zuständige Kreisverwaltungsbehörde (KVB) nach Wohnsitz des Antragstellers
Bemerkungen/ Hinweise	Ein Ausschank alkoholischer Getränke im Reisegewerbe ist nur im Rahmen von Veranstaltungen möglich. Nachdem in Bayern noch das Bundes-GastG Gültigkeit hat, ist für den Ausschank von alkoholischen Getränken im Reisegewerbe (Reisegastwirt) weiterhin eine Gestattung nach 12 GastG nötig. *(siehe auch Erläuterungen unter der Kennzahl 30.12; Ziffer 4 und Kennzahl 12.055 Ziffer 4.1.1)*			

Immobiliardarlehensvermittler	Erlaubnispflicht	Zulassungspflichtiges Handwerk	Anzeigepflicht gemäß § 14 GewO	Zuständige Zulassungs- oder Erlaubnisbehörde in Bayern
	./.	./.	./.	./.
Bemerkungen/ Hinweise	Siehe Vermittlung von Immobiliendarlehen			

Immobilienmakler	Erlaubnispflicht	Zulassungspflichtiges Handwerk	Anzeigepflicht gemäß § 14 GewO	Zuständige Zulassungs- oder Erlaubnisbehörde in Bayern
	nach § 34c Abs. 1 Nr. 1 GewO	nein	ja	IHK f. München und Obb. (mit Ausnahme des Kammerbezirks der IHK Aschaffenburg)
Bemerkungen/ Hinweise	Wer gewerbsmäßig den Abschluss von Verträgen über Grundstücke und grundstücksgleiche Rechte vermittelt oder die Gelegenheit zum Abschluss solcher Verträge nachweist, bedarf einer Erlaubnis. Seit Juli 2017 wurden die Voraussetzungen für die Erteilung der Erlaubnis geändert. Seitdem ist eine Haftpflichtversicherung notwendig. Weiter müssen Immobilienvermittler künftig regelmäßige Weiterbildungen nachweisen, und zwar 20 Stunden innerhalb von drei Jahren. Diese Fortbildungspflicht wird anstelle eines Sachkundenachweises eingeführt. Verstöße gegen die Fortbildungspflicht können durch die zuständige Behörde (KVB) mit Bußgeld geahndet werden, *(siehe auch Erläuterung unter (näheres siehe Musterverwaltungsvorschrift zum § 34c GewO unter Kennzahl 21.20).*			

Import	Erlaubnispflicht	Zulassungspflichtiges Handwerk	Anzeigepflicht; gemäß § 14 GewO	Zuständige Zulassungs- oder Erlaubnisbehörde in Bayern
	nein	nein	ja	./.
Bemerkungen/ Hinweise	Ist im Außenhandel der grenzüberschreitende Kauf von Gütern oder Dienstleistungen aus dem Ausland und deren Lieferung ins Inland. Gegensatz ist der Export.			

Indoor Games	Erlaubnispflicht	Zulassungspflichtiges Handwerk	Anzeigepflicht gemäß § 14 GewO	Zuständige Zulassungs- oder Erlaubnisbehörde in Bayern
	nein	nein	ja/nein	./.
Bemerkungen/ Hinweise	Ob eine Gewerbeanzeige möglich ist, hängt von der Art der Spiele ab. Siehe hierzu Ausführungen unter Lasertag/Laserdome.			

Industrieschutzanstriche	Erlaubnispflicht	Zulassungspflichtiges Handwerk	Anzeigepflicht gemäß § 14 GewO	Zuständige Zulassungs- oder Erlaubnisbehörde in Bayern
	nein	nach HwO Anlage A, Nr. 10	ja	örtlich zuständige Handwerkskammer
Bemerkungen/ Hinweise	Wesentliche Tätigkeit des Malerhandwerks.			

Industrietore montieren	Erlaubnispflicht	Zulassungspflichtiges Handwerk	Anzeigepflicht gemäß § 14 GewO	Zuständige Zulassungs- oder Erlaubnisbehörde in Bayern
	nein	nein	ja	./.
Bemerkungen/ Hinweise	Keine zulassungspflichtige Tätigkeit des Metallbauerhandwerks.			

Influenzer	Erlaubnispflicht	Zulassungspflichtiges Handwerk	Anzeigepflicht gemäß § 14 GewO	Zuständige Zulassungs- oder Erlaubnisbehörde in Bayern
	./.	./.	./.	./.

Gewerbearten von A-Z

Bemerkungen/ Hinweise	Siehe Affiliate-Marketing			

Informationstechniker	Erlaubnispflicht	Zulassungspflichtiges Handwerk	Anzeigepflicht gemäß § 14 GewO	Zuständige Zulassungs- oder Erlaubnisbehörde in Bayern
	nein	nach HwO Anlage A, Nr. 19	ja	örtlich zuständige Handwerkskammer
Bemerkungen/ Hinweise	./.			

Inkassobüro	Erlaubnispflicht	Zulassungspflichtiges Handwerk	Anzeigepflicht gemäß § 14 GewO	Zuständige Zulassungs- oder Erlaubnisbehörde in Bayern
	nach §§ 10 bis 13 Rechtsdienstleistungsgesetz (RDG)	nein	nein	Präsident des zuständigen Amtsgerichts
Bemerkungen/ Hinweise	Keine Gewerbeanmeldung nach GewO erforderlich. Der Bund-Länderausschuss hat in der Herbstsitzung 2012 einhellig die Meinung vertreten, dass Inkassounternehmen Rechtsbeistände im Sinne des § 6 Abs. 1 Satz 1 GewO sind und somit die GewO auf diese Unternehmen nicht anwendbar ist. Die Erlaubnis wird nur nach Genehmigung des Antrags auf Eintragung ins Rechtsdienstleistungsregister erteilt. Zuständig sind die Präsidenten der örtlichen Gerichte.			

Innenarchitekt	Erlaubnispflicht	Zulassungspflichtiges Handwerk	Anzeigepflicht gemäß § 14 GewO	Zuständige Zulassungs- oder Erlaubnisbehörde in Bayern
	nein	nein	nein	./.
Bemerkungen/ Hinweise	Die Leistungen von Innenarchitekten sind dann gefragt, wenn es um die Planung sowie letztlich um die Gestaltung von sämtlichen Innenräumen geht. Es gilt, mit Blick auf bauliche Möglichkeiten und Wünsche der Kunden, individuelle Einrichtungskonzepte zu entwickeln und die Funktionalität mit einem hohen Wohlfühlfaktor zu verbinden. Es handelt sich um eine freiberufliche Tätigkeit im Sinne von § 18 Einkommensteuergesetz (EStG). Die Gewerbeordnung findet gemäß § 6 Abs. 1 GewO keine Anwendung.			

Gewerbearten von A-Z

Innerei-Fleischer (Kuttler)	Erlaubnispflicht	Zulassungspflichtiges Handwerk	Anzeigepflicht gemäß § 14 GewO	Zuständige Zulassungs- oder Erlaubnisbehörde in Bayern
	nein	nein	ja	./.
Bemerkungen/ Hinweise		Zusätzliche Anzeigepflicht nach Handwerksordnung (HwO) Anlage B2, Nr. 41 (handwerksähnlich), bei der örtlich zuständigen Handwerkskammer.		

Insolvenzverwalter	Erlaubnispflicht	Zulassungspflichtiges Handwerk	Anzeigepflicht gemäß § 14 GewO	Zuständige Zulassungs- oder Erlaubnisbehörde in Bayern
	nein	nein	nein	./.
Bemerkungen/ Hinweise	Der Insolvenzverwalter ermittelt in erster Linie die Insolvenzmasse und teilt diese unter den Gläubigern auf. Darüber hinaus erstellt der Insolvenzverwalter auch ein Verzeichnis mit allen Gläubigern. Solange die höchstpersönliche Arbeitsleistung prägend ist, handelt es sich um eine freiberufliche Tätigkeit. Urteil FG Rheinland Pfalz vom 21.6.2007, 4 K 2063/05.			

Installateur- und Heizungsbauer	Erlaubnispflicht	Zulassungspflichtiges Handwerk	Anzeigepflicht gemäß § 14 GewO	Zuständige Zulassungs- oder Erlaubnisbehörde in Bayern
	nein	nach HwO Anlage A, Nr. 24	ja	örtlich zuständige Handwerkskammer
Bemerkungen/ Hinweise	./.			

Instrumentenbauer	Erlaubnispflicht	Zulassungspflichtiges Handwerk	Anzeigepflicht gemäß § 14 GewO	Zuständige Zulassungs- oder Erlaubnisbehörde in Bayern
	./.	./.	./.	./.
Bemerkungen/ Hinweise	Siehe Holzblasinstrumentenmacher; Klavier und Cembalobauer			

Gewerbearten von A-Z

Interim-Manager	Erlaubnispflicht	Zulassungspflichtiges Handwerk	Anzeigepflicht gemäß § 14 GewO	Zuständige Zulassungs- oder Erlaubnisbehörde in Bayern
	./.	./.	./.	./.
Bemerkungen/ Hinweise	Siehe Content-Manager			

Internet-auktionen	Erlaubnispflicht	Zulassungspflichtiges Handwerk	Anzeigepflicht gemäß § 14 GewO	Zuständige Zulassungs- oder Erlaubnisbehörde in Bayern
	nein	nein	ja	./.
Bemerkungen/ Hinweise	Unterliegt nicht der Erlaubnispflicht nach § 34b GewO.			

Internetcafé mit Alkoholausschank	Erlaubnispflicht	Zulassungspflichtiges Handwerk	Anzeigepflicht gemäß § 14 GewO	Zuständige Zulassungs- oder Erlaubnisbehörde in Bayern
	nach § 1 und 2 Gaststättengesetz (GastG)	nein	ja	zuständige Kreisverwaltungsbehörde (KVB)
Bemerkungen/ Hinweise	Eine Spielhallenerlaubnis gem. § 33i GewO ist nicht erforderlich *(siehe auch Erläuterungen unter der Kennzahl 12.033i; Ziff. 1.4.5).*			

Internethandel	Erlaubnispflicht	Zulassungspflichtiges Handwerk	Anzeigepflicht gemäß § 14 GewO	Zuständige Zulassungs- oder Erlaubnisbehörde in Bayern
	nein	nein	ja	./.
Bemerkungen/ Hinweise	Wer gewerbsmäßig im Internet handelt betreibt ein Gewerbe. Bei der Gewerbeanmeldung sind die Warenzweige anzugeben. Handel im Internet mit Waren aller Art ist zu unbestimmt. Nach der Gewerbeanzeigenverordnung werden automatisch eine Vielzahl von Behörden verständigt, die unterschiedliche Aufgabenstellungen haben und deshalb natürlich wissen müssen, mit welchen Waren tatsächlich gehandelt wird.			

Internetradio	Erlaubnispflicht	Zulassungspflichtiges Handwerk	Anzeigepflicht gemäß § 14 GewO	Zuständige Zulassungs- oder Erlaubnisbehörde in Bayern
	nein	nein	ja	./.

Bemerkungen/ Hinweise	Seit Änderung des Rundfunkstaatsvertrages vom 01.06.2009 sind Internetradios, die im sog. Streamingverfahren verbreitet werden, nicht mehr genehmigungspflichtig. Voraussetzung ist, dass mindestens 500 Internetnutzer das Programm gleichzeitig hören können. Wie viele Nutzer das Programm dann tatsächlich hören, ist unwichtig.			

Isospan verarbeiten	Erlaubnispflicht	Zulassungspflichtiges Handwerk	Anzeigepflicht gemäß § 14 GewO	Zuständige Zulassungs- oder Erlaubnisbehörde in Bayern
	./.	./.	./.	./.
Bemerkungen/ Hinweise	Siehe Trockenbau			

J

Jagdschule	Erlaubnispflicht	Zulassungspflichtiges Handwerk	Anzeigepflicht gemäß § 14 GewO	Zuständige Zulassungs- oder Erlaubnisbehörde in Bayern
	nein	nein	ja	./.
Bemerkungen/ Hinweise	Jagdschule erfüllt alle Merkmale des Gewerbebegriffs und fällt nicht unter § 6 GewO. Es handelt sich hier nicht um Unterricht höherer Art. Jagdschule ist vergleichbar mit einer Fahrschule, allerdings kein erlaubnispflichtiges Gewerbe.			

K

Kabelverleger im Hochbau (ohne Anschlussarbeiten)	Erlaubnispflicht	Zulassungspflichtiges Handwerk	Anzeigepflicht gemäß § 14 GewO	Zuständige Zulassungs- oder Erlaubnisbehörde in Bayern
	nein	nein	ja	./.
Bemerkungen/ Hinweise	Zusätzliche Anzeigepflicht nach Handwerksordnung (HwO) Anlage B2, Nr. 16 (handwerksähnlich) bei der örtlich zuständigen Handwerkskammer.			

Kachelofenbauer	Erlaubnispflicht	Zulassungspflichtiges Handwerk	Anzeigepflicht gemäß § 14 GewO	Zuständige Zulassungs- oder Erlaubnisbehörde in Bayern
	./.	./.	./.	./.
Bemerkungen/ Hinweise	Siehe Ofen- und Luftheizungsbauer			

Gewerbearten von A-Z

Kälteanlagen-bauer	Erlaubnispflicht	Zulassungspflichtiges Handwerk	Anzeigepflicht gemäß § 14 GewO	Zuständige Zulassungs- oder Erlaubnisbehörde in Bayern
	nein	nach HwO Anlage A, Nr. 18	ja	örtlich zuständige Handwerkskammer
Bemerkungen/ Hinweise	./.			

Kameramann	Erlaubnispflicht	Zulassungspflichtiges Handwerk	Anzeigepflicht gemäß § 14 GewO	Zuständige Zulassungs- oder Erlaubnisbehörde in Bayern
	nein	nein	nein	./.
Bemerkungen/ Hinweise	Ist eine freiberufliche Tätigkeit im Sinne von § 18 Einkommensteuergesetz (EstG). Die Gewerbeordnung findet gemäß § 6 Abs. 1 GewO keine Anwendung.			

Karosserie- und Fahrzeugbauer	Erlaubnispflicht	Zulassungspflichtiges Handwerk	Anzeigepflicht gemäß § 14 GewO	Zuständige Zulassungs- oder Erlaubnisbehörde in Bayern
	nein	nach HwO Anlage A, Nr. 15	ja	örtlich zuständige Handwerkskammer
Bemerkungen/ Hinweise	./.			

Kartenlegerin	Erlaubnispflicht	Zulassungspflichtiges Handwerk	Anzeigepflicht gemäß § 14 GewO	Zuständige Zulassungs- oder Erlaubnisbehörde in Bayern
	./.	./.	./.	./.
Bemerkungen/ Hinweise	Siehe Wahrsagerei			

Kartonagenmacher	Erlaubnispflicht	Zulassungspflichtiges Handwerk	Anzeigepflicht gemäß § 14 GewO	Zuständige Zulassungs- oder Erlaubnisbehörde in Bayern
	./.	./.	./.	./.
Bemerkungen/ Hinweise	Siehe Buchbinder			

Gewerbearten von A-Z

Kauf und Verkauf von Immobilien	Erlaubnispflicht	Zulassungspflichtiges Handwerk	Anzeigepflicht gemäß § 14 GewO	Zuständige Zulassungs- oder Erlaubnisbehörde in Bayern
	nein	nein	ja	./.
Bemerkungen/ Hinweise	Keine Erlaubnis nach § 34c GewO. Keine Vermittlungstätigkeit und kein Nachweis der Gelegenheit zum Abschluss von Verträgen, wenn nur der Kauf oder Verkauf getätigt wird. (43. GAT TOP 5 vom Nov. 2017). (GAT »Gewerbearbeitsrechtstagung des Bayerischen Staatsministeriums für Wirtschaft, Landesentwicklung und Energie« GAT-Protokolle können angefordert werden bei dem Staatsministerium für Wirtschaft, Landesentwicklung und Energie, Referat 33-Kammeraufsicht, Wirtschaftsprüferwesen, Gewerberecht-Prinzregenenstr. 28, 80525 München, Tel: 089 21620; Fax: 08921622760; Behörden E-Mail: poststelle@stmwi.bayern.de.)			

Kaufhausdetektiv	Erlaubnispflicht	Zulassungspflichtiges Handwerk	Anzeigepflicht gemäß § 14 GewO	Zuständige Zulassungs- oder Erlaubnisbehörde in Bayern
	nach § 34a GewO	nein	ja	zuständige Kreisverwaltungsbehörde (KVB)
Bemerkungen/ Hinweise	Unterliegt der Erlaubnispflicht, da Eigentum fremder Personen (Dritter) bewacht wird. Als Qualifikation ist die Sachkundeprüfung vorgeschrieben bzw. Ausnahmeregelung nach § 8 Bewachungsverordnung (BewachV) beachten. (Siehe auch Bewachungsgewerbe und Detektiv).			

Keramiker	Erlaubnispflicht	Zulassungspflichtiges Handwerk	Anzeigepflicht gemäß § 14 GewO	Zuständige Zulassungs- oder Erlaubnisbehörde in Bayern
	nein	nein	ja	./.
Bemerkungen/ Hinweise	Zusätzliche Anzeigepflicht nach Handwerksordnung (HwO) Anlage B1, Nr. 43 bei der örtlich zuständigen Handwerkskammer.			

Kfz-Zulassungsdienst	Erlaubnispflicht	Zulassungspflichtiges Handwerk	Anzeigepflicht gemäß § 14 GewO	Zuständige Zulassungs- oder Erlaubnisbehörde in Bayern
	nein	nein	ja	./.

Gewerbearten von A-Z

Bemerkungen/ Hinweise	Gemäß § 2 Abs. 1 Rechtsdienstleistungsgesetz (RDG) ist Rechtsdienstleistung jede Tätigkeit in konkreten fremden Angelegenheiten, sobald sie eine rechtliche Prüfung des Einzelfalls erfordert. Erschöpft sich das Gewerbe in der reinen Kraftfahrzeugzulassung unterliegt diese Tätigkeit nicht der Vorschrift des RDG.			
Kindertagesstätte, Kindergarten	Erlaubnispflicht	Zulassungspflichtiges Handwerk	Anzeigepflicht gemäß § 14 GewO	Zuständige Zulassungs- oder Erlaubnisbehörde in Bayern
	nach Art. 9 Bay. Kinderbildungs- und Betreuungsgesetz (BayKiBiG)	nein	nein	zuständige Kreisverwaltungsbehörde (KVB)
Bemerkungen/ Hinweise	Laut Finanzgericht Hamburg Urteil vom 20.01.2015 Az. 3 K 157/14 ist die Gruppenerziehung von Kindern im Vorschulalter in einer Kindertagesstätte eine erzieherische Tätigkeit im Sinne des § 18 Abs. 1 Nr. 1 Satz 2 Einkommensteuergesetz (EStG). Gemäß § 6 GewO findet die GewO keine Anwendung.			
Kinesiologe	Erlaubnispflicht	Zulassungspflichtiges Handwerk	Anzeigepflicht gemäß § 14 GewO	Zuständige Zulassungs- oder Erlaubnisbehörde in Bayern
	nein	nein	ja	./.
Bemerkungen/ Hinweise	Kein Heilhilfsberuf. Kinesiologie ist eine ganzheitliche Methode, die Gesundheit zu verbessern, Stress abbauen, die Leistungsfähigkeit zu erhöhen und Blockaden lösen. Es ist eine andere Kommunikationsform als eine Heilmethode.			
Klavier- und Cembalobauer	Erlaubnispflicht	Zulassungspflichtiges Handwerk	Anzeigepflicht gemäß § 14 GewO	Zuständige Zulassungs- oder Erlaubnisbehörde in Bayern
	nein	nein	ja	./.
Bemerkungen/ Hinweise	Zusätzliche Anzeigepflicht nach Handwerksordnung (HwO) Anlage B1, Nr. 45 bei der örtlich zuständigen Handwerkskammer.			

Gewerbearten von A-Z

Klavierstimmer	Erlaubnispflicht	Zulassungs-pflichtiges Handwerk	Anzeigepflicht gemäß § 14 GewO	Zuständige Zulassungs- oder Erlaubnisbehörde in Bayern
	nein	nein	ja	./.
Bemerkungen/ Hinweise	Zusätzliche Anzeigepflicht nach Handwerksordnung (HwO) Anlage B2, Nr. 52 (handwerksähnlich) bei der örtlich zuständigen Handwerkskammer.			

Kleingewerbe	Erlaubnispflicht	Zulassungs-pflichtiges Handwerk	Anzeigepflicht gemäß § 14 GewO	Zuständige Zulassungs- oder Erlaubnisbehörde in Bayern
	nein	nein	ja	./.
Bemerkungen/ Hinweise	Ein Kleingewerbe ist ein Unternehmen, das »nach Art oder Umfang einen in kaufmännischer Weise eingerichteten Geschäftsbetrieb nicht erfordert« (§ 1 Abs. 2 Handelsgesetzbuch). Nur natürliche Personen und Gesellschaften bürgerlichen Rechts (GbRs) können Kleingewerbetreibende sein; andere Gesellschaften, die ein Gewerbe betreiben, sind immer Kaufmann im Sinne von § 6 HGB. Kleingewerbetreibende unterliegen nicht den HGB-Vorschriften, sondern für sie gelten die allgemeinen Regelungen des Bürgerlichen Gesetzbuches (BGB) sowie die Steuervorschriften. Zudem werden Kleingewerbe nicht ins Handelsregister eingetragen. Letzten Endes schätzt der Gewerbetreibende erst einmal selbst ein, ob es sich bei seiner Tätigkeit um ein Kleingewerbe (im Gewerbeanmeldeformular wird lediglich unterschieden zwischen Nebenerwerb; wird oft synonym auch als Kleingewerbe bezeichnet) oder einen Haupterwerb handelt. Dazu gibt er im Gewerbeanmeldeformular im Feld 16 seine Einschätzung bekannt. Dies wird in den Formularen seit März 2008 so vorgegeben. Durch das Finanzamt wird ein Gewerbetreibender gemäß § 19 Umsatzsteuergesetz (UStG) bis zu einer Umsatzgrenze von 22.000,00 € als Kleinunternehmer eingestuft.			

Kleinwind-kraftanlage	Erlaubnispflicht	Zulassungs-pflichtiges Handwerk	Anzeigepflicht gemäß § 14 GewO	Zuständige Zulassungs- oder Erlaubnisbehörde in Bayern
	nein	nein	nein	./.
Bemerkungen/ Hinweise	Im Rahmen einer autarken Energieversorgung können Kleinwindkraftanlagen übers Jahr gesehen zur Erwärmung von Warmwasser und zum Heizen verwendet werden. Das zentrale Merkmal von Kleinwindkraftanlagen ist die Aufstellung direkt neben dem Verbraucher und der Eigenverbrauch der durch das Windrad bereitgestellten Energie. Im Gegensatz zu Solaranlagen benötigt man für Kleinwindkraftanlagen oftmals eine Baugenehmigung aber keine Gewerbeanmeldung.			

Gewerbearten von A-Z

Klempner	Erlaubnispflicht	Zulassungspflichtiges Handwerk	Anzeigepflicht gemäß § 14 GewO	Zuständige Zulassungs- oder Erlaubnisbehörde in Bayern
	nein	nach HwO Anlage A, Nr. 23	ja	örtlich zuständige Handwerkskammer
Bemerkungen/ Hinweise	\multicolumn{4}{l}{Der Klempner stellt teilweise die benötigten Bauteile für seine Haupttätigkeiten wie das Verkleiden von Dachflächen, Fassaden und Schornsteinen mit Blechen sowie die Montage von Regenrinnen selbst her. Er verlegt Rohre für Gas und Wasser und repariert diese auch. Siehe aber auch unter »Spengler«.}			

Klöppler	Erlaubnispflicht	Zulassungspflichtiges Handwerk	Anzeigepflicht gemäß § 14 GewO	Zuständige Zulassungs- oder Erlaubnisbehörde in Bayern
	./.	./.	./.	./.
Bemerkungen/ Hinweise	Siehe Textilgestalter (Sticker, Weber, Posamentierer, Stricker).			

Koch/Mietkoch	Erlaubnispflicht	Zulassungspflichtiges Handwerk	Anzeigepflicht gemäß § 14 GewO	Zuständige Zulassungs- oder Erlaubnisbehörde in Bayern
	nein	nein	ja	./.
Bemerkungen/ Hinweise	Ein selbständiges Gewerbe als Koch kann nur als Mietkoch bei privaten Kunden in deren Räumlichkeiten ausgeübt werden. Siehe hierzu »Zubereitung von Speisen in den Räumen des Auftraggebers«. Die Tätigkeit als selbständiger Koch in einer Gaststätte ist nach den Kriterien die für eine Scheinselbständigkeit gelten nicht möglich. Siehe hierzu Ausführungen unter »Scheinselbständigkeit«.			

Kochschule	Erlaubnispflicht	Zulassungspflichtiges Handwerk	Anzeigepflicht gemäß § 14 GewO	Zuständige Zulassungs- oder Erlaubnisbehörde in Bayern
	nein	nein	ja	./.
Bemerkungen/ Hinweise	»Kochschule« ist ein Dienstleistungsunternehmen, wenn die Teilnehmer an der Speisenzubereitung – unabhängig vom Umfang – selbst Hand anlegen und für Speisen und Getränke (auch alkoholische) ein Pauschalpreis entrichtet wird. In diesen Fällen ist ausschließlich eine Gewerbeanmeldung erforderlich. Unterricht »höherer Art« liegt nicht vor. Ferner handelt es sich nicht um ein Gaststättengewerbe im Sinne des § 1 GastG. *(siehe auch Erläuterungen unter der Kennzahl 30.25; Ziffer 9).*			

Gewerbearten von A-Z

Kommissions-verkauf	Erlaubnispflicht	Zulassungspflichtiges Handwerk	Anzeigepflicht gemäß § 14 GewO	Zuständige Zulassungs- oder Erlaubnisbehörde in Bayern
	nein	nein	ja	./.
Bemerkungen/ Hinweise				

Bemerkungen/ Hinweise	Das heißt Personen, die von einem eigenen Laden aus fremde, in Kommission genommene Waren verkaufen (z.B. Second-Hand-Laden), sind nach herrschender Meinung Gewerbetreibende, obwohl die Selbstständigkeit wegen des fehlenden bzw. stark eingeschränkten unternehmerischen Risikos bezweifelt werden kann.

Konditoren	Erlaubnispflicht	Zulassungspflichtiges Handwerk	Anzeigepflicht gemäß § 14 GewO	Zuständige Zulassungs- oder Erlaubnisbehörde in Bayern
	nein	nach HwO Anlage A, Nr. 31	ja	örtlich zuständige Handwerkskammer

Bemerkungen/ Hinweise	./.

Konstrukteur	Erlaubnispflicht	Zulassungspflichtiges Handwerk	Anzeigepflicht gemäß § 14 GewO	Zuständige Zulassungs- oder Erlaubnisbehörde in Bayern
	nein	nein	nein	./.

Bemerkungen/ Hinweise	Ist eine freiberufliche Tätigkeit im Sinne von § 18 Einkommensteuergesetz (EStG). Die Gewerbeordnung findet gemäß § 6 Abs. 1 GewO keine Anwendung.

Konzert-agenturen	Erlaubnispflicht	Zulassungspflichtiges Handwerk	Anzeigepflicht gemäß § 14 GewO	Zuständige Zulassungs- oder Erlaubnisbehörde in Bayern
	nein	nein	ja	./.

Bemerkungen/ Hinweise	Auf Konzertagenturen, die etwa Symphonie- oder Rockkonzerte vorbereiten und organisatorisch durchführen, ist die GewO anwendbar, weil diese Personen dabei nicht selbst (persönlich) künstlerische Tätigkeiten ausüben. Es sind aber nur die Vorschriften für das stehende Gewerbe (§§ 14, 35 GewO) anwendbar. Dies gilt auch bei Tourneen, denn die Musikaufführungen stellen zwar »unterhaltende Tätigkeiten« i.S. des § 55 Abs. 1 Nr. 2 GewO dar, aber aufgrund der Neufassung dieser Bestimmung werden damit lediglich noch »Schausteller«-Betriebe erfasst.

Gewerbearten von A-Z

Korbmacher/ Flechtwerkgestalter	Erlaubnispflicht	Zulassungspflichtiges Handwerk	Anzeigepflicht gemäß § 14 GewO	Zuständige Zulassungs- oder Erlaubnisbehörde in Bayern
	nein	nein	ja	./.
Bemerkungen/ Hinweise		Zusätzliche Anzeigepflicht nach Handwerksordnung (HwO) Anlage B1, Nr. 18 bei der örtlich zuständigen Handwerkskammer.		

Korsetthersteller	Erlaubnispflicht	Zulassungspflichtiges Handwerk	Anzeigepflicht gemäß § 14 GewO	Zuständige Zulassungs- oder Erlaubnisbehörde in Bayern
	nein	nein	ja	./.
Bemerkungen/ Hinweise	Zusätzliche Anzeigepflicht nach Handwerksordnung (HwO) Anlage B1, Nr. 19 (Maßschneider) bei der örtlich zuständigen Handwerkskamme			

Kosmetiker	Erlaubnispflicht	Zulassungspflichtiges Handwerk	Anzeigepflicht gemäß § 14 GewO	Zuständige Zulassungs- oder Erlaubnisbehörde in Bayern
	nein	nein	ja	./.
Bemerkungen/ Hinweise	Zusätzliche Anzeigepflicht nach Handwerksordnung (HwO) Anlage B1, Nr. 56, bei der örtlich zuständigen Handwerkskammer. Die Herstellung von Kosmetikartikel muss nach § 3 der Kosmetik-Verordnung der zuständigen Behörde angezeigt werden In Bayern dem Bayerischen Landesamt für Gesundheit und Lebensmittelsicherheit.			

Kostümnäher	Erlaubnispflicht	Zulassungspflichtiges Handwerk	Anzeigepflicht gemäß § 14 GewO	Zuständige Zulassungs- oder Erlaubnisbehörde in Bayern
	./.	./.	./.	./.
Bemerkungen/ Hinweise	Siehe Textilgestalter (Sticker, Weber, Klöppler, Posamentierer, Stricker)			

Kraftfahrzeug Sachverständiger	Erlaubnispflicht	Zulassungspflichtiges Handwerk	Anzeigepflicht gemäß § 14 GewO	Zuständige Zulassungs- oder Erlaubnisbehörde in Bayern
	nein	nein	ja	./.

Gewerbearten von A-Z

| Bemerkungen/ Hinweise | Sofern ein Ingenieurstudium vorliegt ist jedoch eine Anzeigepflicht nicht gegeben. | | | |

Kraftfahrzeug-Selbsthilfewerkstatt	Erlaubnispflicht	Zulassungspflichtiges Handwerk	Anzeigepflicht gemäß § 14 GewO	Zuständige Zulassungs- oder Erlaubnisbehörde in Bayern
	./.	./.	./.	./.
Bemerkungen/ Hinweise	Siehe Hobbywerkstatt			

Kraftfahrzeugtechniker	Erlaubnispflicht	Zulassungspflichtiges Handwerk	Anzeigepflicht gemäß § 14 GewO	Zuständige Zulassungs- oder Erlaubnisbehörde in Bayern
	nein	nach HwO Anlage A, Nr. 20	ja	örtlich zuständige Handwerkskammer
Bemerkungen/ Hinweise	./.			

Krankengymnasten	Erlaubnispflicht	Zulassungspflichtiges Handwerk	Anzeigepflicht gemäß § 14 GewO	Zuständige Zulassungs- oder Erlaubnisbehörde in Bayern
	nein	nein	nein	./.
Bemerkungen/ Hinweise	Krankengymnastik, ist eine Form spezifischen Trainings und der äußerlichen Anwendung von Heilmitteln, mit der vor allem die Bewegungs- und Funktionsfähigkeit des menschlichen Körpers wiederhergestellt, verbessert oder erhalten werden soll. Heutzutage wird meist das Wort »Physiotherapie« hierfür verwendet. Physiotherapeut ist in Deutschland kein eigenständiger Heilberuf, sondern gehört zu den Gesundheitsfachberufen (früher Heilhilfsberufe). Gem. § 6 Satz. 2 GewO besteht keine Gewerbeanzeigepflicht. Bezüglich einer Meldepflicht ist Art. 12 des bayerischen Gesundheitsdienst- und Verbraucherschutzgesetz (GDVG) zu beachten.			

Krankenpfleger (Krankenschwestern)	Erlaubnispflicht	Zulassungspflichtiges Handwerk	Anzeigepflicht gemäß § 14 GewO	Zuständige Zulassungs- oder Erlaubnisbehörde in Bayern
	nein	nein	nein	./.

Gewerbearten von A-Z

Bemerkungen/ Hinweise	Es handelt sich um einen Heilhilfsberuf gemäß § 6 Satz 2 GewO auf den die Gewerbeordnung keine Anwendung findet. Bezüglich einer Anzeigepflicht ist Art. 12 des bayerischen Gesundheitsdienst- und Verbraucherschutzgesetz (GDVG) zu beachten (siehe ambulante Pflegedienste).			
Kreditinstitute, Banken	Erlaubnispflicht	Zulassungspflichtiges Handwerk	Anzeigepflicht gemäß § 14 GewO	Zuständige Zulassungs- oder Erlaubnisbehörde in Bayern
	nach § 32 Kreditwesengesetz (KWG)	nein	ja	./.
Bemerkungen/ Hinweise	Wer in Deutschland Bankgeschäfte betreiben will braucht eine Erlaubnis. Dazu muss er bestimmte Voraussetzungen, wie beispielsweise bei einer Wertpapierhandelsbank mindestens eine Eigenmittelausstattung von 730 000 € und bei Einlagenkreditinstituten 5 Millionen € nachweisen. Zuständig für die Erlaubnis ist Bundesanstalt f. Finanzdienstleistungsaufsicht (BaFin) Graurheindorfer Str. 10853117 Bonn Tel. 022841080 www.bafin.de.			
Krypto-Währungen	Erlaubnispflicht	Zulassungspflichtiges Handwerk	Anzeige-Pflicht gemäß § 14 GewO	Zuständige Zulassungs- oder Erlaubnisbehörde in Bayern
	nein	nein	nein	./.
Bemerkungen/ Hinweise	Kryptowährungen sind digitale Zahlungsmittel, ihre Einordnung als Währung ist strittig. 2009 wurde mit dem Bitcoin die erste Kryptowährung öffentlich gehandelt. Kryptowährungen basieren auf der Idee einer nicht staatlichen Ersatzwährung mit begrenzter Geldmenge. Die Schöpfung neuer Werteinheiten erfolgt über ein vorbestimmtes mathematisches Verfahren innerhalb eines Computernetzwerks. Bei »Bitcoin Mining« oder »Handel mit Bitcoins« dürfte es sich in der Regel um kein Gewerbe handeln. Soweit eine Person lediglich ihr Vermögen nutzt oder verwaltet, liegt keine Gewerbeausübung vor. Dies ändert sich erst, wenn etwa ein gesteigerter Aufwand von Nöten ist, der auch einen berufsmäßigen Geschäftsbetrieb erfordert (GAT v. 23.10.2018).			
Künstler	Erlaubnispflicht	Zulassungspflichtiges Handwerk	Anzeigepflicht gemäß § 14 GewO	Zuständige Zulassungs- oder Erlaubnisbehörde in Bayern
	nein	nein	nein	./.

Bemerkungen/ Hinweise	Künstler ist, wer Musik, darstellende oder bildende Kunst schafft oder lehrt. Ferner wer Journalist oder Schriftsteller ist. Wenn Anerkennung beim Finanzamt als Künstler vorliegt oder die Person bei der Künstlersozialkasse versichert ist, liegt kein Gewerbe im Sinne der GewO vor. Somit ist der Betroffene gem. § 6 GewO von der Anzeigepflicht ausgenommen. Mit Urteil vom 30.08.2021 Az. S R 316/17 hat das SG Darmstadt festgestellt, dass ein Fußballtrainer kein Künstler im juristischen Sinne ist. Aktive Profisportler, die mit Werbung Einnahmen erzielen, sind laut Rechtsprechung des Bundessozialgerichts keine Künstler. Sofern bekannte Personen, die hauptberuflich Schauspieler sind, zu Werbezwecken eingesetzt werden, bleiben sie Künstler. Zur Bestimmung des Begriffes »Künstler« ist darauf abzustellen, welche berufliche Tätigkeit die jeweilige Person ausübt. Eine Tätigkeit als Künstler sei dann gegeben, wenn hauptberuflich ein künstlerischer Beruf ausgeübt werde. Eine Teilbarkeit der Tätigkeit ist nicht möglich.

Künstlermanager	Erlaubnispflicht	Zulassungspflichtiges Handwerk	Anzeigepflicht gemäß § 14 GewO	Zuständige Zulassungs- oder Erlaubnisbehörde in Bayern
	nein	nein	ja	./.
Bemerkungen/ Hinweise	Gewerbliche Tätigkeit; siehe hierzu Beschluss BFH vom 19.2.1991 IV B 2/90.			

Kürschner	Erlaubnispflicht	Zulassungspflichtiges Handwerk	Anzeigepflicht Gemäß § 14 GewO	Zuständige Zulassungs- oder Erlaubnisbehörde in Bayern
	nein	nein	ja	./.
Bemerkungen/ Hinweise	Zusätzliche Anzeigepflicht nach Handwerksordnung (HwO) Anlage B1, Nr. 24 bei der örtlich zuständigen Handwerkskammer.			

Kunstfotograf	Erlaubnispflicht	Zulassungspflichtiges Handwerk	Anzeigepflicht gemäß § 14 GewO	Zuständige Zulassungs- oder Erlaubnisbehörde in Bayern
	nein	nein	nein	./.
Bemerkungen/ Hinweise	Beim Fotografen liegt eine künstlerische Tätigkeit nur vor, wenn »dem Schaffen eines Fotografen eine schöpferische Leistung in einem Umfang zu Grunde liegt, die über das in diesem Beruf durch eine schöpferische bzw. gestalterische Komponente bereits gekennzeichnete Handwerkliche deutlich hinausgeht« (BSG, Urteil vom 24.06.98). Als Indiz für künstlerische Fotografie gilt z.B. die Motivwahl und Motivgestaltung nach ästhetischen Gesichtspunkten (Ausdruck, Komposition, farbliche Gestaltung, etc.). Kunst benötigt laut Rechtsprechung ein »Mindestmaß an eigenschöpferischer Gestaltung«. Auch hier gilt, Anerkennung als Künstler durch das Finanzamt.			

Gewerbearten von A-Z

Kunsthandwerker	Erlaubnispflicht	Zulassungspflichtiges Handwerk	Anzeigepflicht gemäß § 14 GewO	Zuständige Zulassungs- oder Erlaubnisbehörde in Bayern
	nein	nein	ja/nein	./.
Bemerkungen/ Hinweise	Kunsthandwerker können nach einem Urteil des Bundesfinanzhofs zu den freien Berufen gehören. Ein Kunsthandwerker übt eine künstlerische Tätigkeit aus, soweit er Gegenstände herstellt, die von ihm selbst entworfen wurden. (Bundesfinanzhof – BFH – 26.09.1968, IV 43/64, BStBl. 1969 II, S. 70). Ob im Einzelfall eine künstlerische Tätigkeit vorliegt, muss jeweils gesondert geprüft werden. Da es hier um eine Unterscheidung zwischen Kunst und Gewerbe geht sind die Finanzämter bzw. Finanzgerichte zuständig. Auch hier gilt, Anerkennung als Kunsthandwerker durch das Finanzamt. Kriterien bei der Bestimmung der künstlerischen Tätigkeit können sein: Anteil der eigenschöpferischen, gestalterischen Leistung			

Kunstmaler	Erlaubnispflicht	Zulassungspflichtiges Handwerk	Anzeigepflicht gemäß § 14 GewO	Zuständige Zulassungs- oder Erlaubnisbehörde in Bayern
	nein	nein	nein	./.
Bemerkungen/ Hinweise	Da es hier um eine Unterscheidung zwischen Kunst und Gewerbe geht, sind die Finanzämter bzw. Finanzgerichte zuständig. Kriterien bei der Bestimmung der künstlerischen Tätigkeit können sein: – Anteil der eigenschöpferischen, gestalterischen Leistung – Vorhandensein einer »handlungsleitenden, künstlerischen Idee« – der künstlerische Wert des Kunstwerkes muss den Gebrauchswert übersteigen. Liegt eine Künstleranerkennung vom Finanzamt vor, gilt der Betroffene nicht als Gewerbetreibender im Sinne des Gewerberechts.			

Kunstschmied	Erlaubnispflicht	Zulassungspflichtiges Handwerk	Anzeigepflicht gemäß § 14 GewO	Zuständige Zulassungs- oder Erlaubnisbehörde in Bayern
	nein	nach HwO Anlage A, Nr. 13	ja	örtlich zuständige Handwerkskammer
Bemerkungen/ Hinweise	Das VG Würzburg hat mit Urteil vom 05.08.1975 auch dann die Ausführung von Kunstschmiedearbeiten als Ausübung eines Handwerks als Metallbauer (HwO, Anlage A Ziff. 13) angesehen, wenn die Arbeiten nach eigenen Ideen gestaltet werden, da die Herstellung von derartigen Kunstschmiedeerzeugnissen die typischen Merkmale des Korrespondierenden Handwerks aufweisen würden. Im zugrundeliegenden Fall waren jedoch tatsächlich eher die üblichen Arbeiten hergestellt worden, so dass sich diese Entscheidung wohl nicht verallgemeinernd auf alle Tätigkeiten in diesem Bereich anwenden lässt. Als Grundsatz gilt, wenn das Finanzamt die Tätigkeit als »Kunst« nach dem Einkommensteuergesetz einstuft, dann ist weder eine Eintragung in die Handwerksrolle noch eine Gewerbeanzeige erforderlich. Die Finanzämter haben Ausschüsse die aufgrund der erstellten Arbeiten die Festlegungen treffen können.			

Gewerbearten von A-Z

Kunststoff-bodenhersteller	Erlaubnispflicht	Zulassungspflichtiges Handwerk	Anzeigepflicht gemäß § 14 GewO	Zuständige Zulassungs- oder Erlaubnisbehörde in Bayern
	nein	nach HwO Anlage A, Nr. 44	ja	örtlich zuständige Handwerkskammer
Bemerkungen/ Hinweise	Wesentliche Tätigkeit des Estrichleger-Handwerks			

Kunststopfer	Erlaubnispflicht	Zulassungspflichtiges Handwerk	Anzeigepflicht gemäß § 14 GewO	Zuständige Zulassungs- oder Erlaubnisbehörde in Bayern
	nein	nein	ja	./.
Bemerkungen/ Hinweise	Zusätzliche Anzeigepflicht nach Handwerksordnung (HwO) Anlage B2, Nr. 36 (handwerksähnlich) bei der örtlich zuständigen Handwerkskammer. Kunststopfer bessern mit feinen bindungsbezogenen Stopftechniken oder durch »unsichtbares« Einsetzen von Flicken Löcher, Risse, Brandflecken, verschlissene Stellen in hochwertigen Kleidungsstücken, Stoffen, Polstermöbelbezügen so aus, dass sie danach nicht mehr zu sehen sind. Mit ähnlichen Verfahren verstärken sie auch dünn gewordene Stellen, bevor Löcher entstehen. Es handelt sich um manuelle Feinarbeit. Teppichstopfer, die wertvolle Orientteppiche reparieren, wenden darüber hinaus produktspezifische Spezialkenntnisse und -fertigkeiten an.			

Kurierfahrer	Erlaubnispflicht	Zulassungspflichtiges Handwerk	Anzeigepflicht gemäß § 14 GewO	Zuständige Zulassungs- oder Erlaubnisbehörde in Bayern
	nein	nein	nein	./.
Bemerkungen/ Hinweise	Wenn dem Kurierfahrer entsprechende Transportaufträge von einem Unternehmen über Funk vermittelt werden, geht das Landessozialgericht Berlin-Brandenburg laut Urteil vom 29.06.2022 – Az. L 28 BA 23/19 von einer abhängigen Beschäftigung aus. Grund war, dass sich aus dem geschlossenen Rahmenvertrag und aus der Art und Weise wie der Vertrag gestaltet war, keine wesentlichen Freiräume des Kurierfahrers ergaben. Freiräume in Bezug auf die Wahl der konkreten Route oder auch die Nutzung des eigenen Pkw fallen dabei nicht ins Gewicht. Nach Annahme des Einzelauftrages ist der Kurierfahrer fremdbestimmt in die Arbeitsorganisation des Unternehmens eingegliedert und somit sozialversicherungsrechtlich nicht selbständig tätig gewesen.			

Gewerbearten von A-Z

Kuttler	Erlaubnispflicht	Zulassungspflichtiges Handwerk	Anzeigepflicht gemäß § 14 GewO	Zuständige Zulassungs- oder Erlaubnisbehörde in Bayern
	./.	./.	./.	./.
Bemerkungen/ Hinweise	Siehe Innerei-Fleischer			

L

Ladesäulen (entgeltliche Überlassung)	Erlaubnispflicht	Zulassungspflichtiges Handwerk	Anzeigepflicht gemäß § 14 GewO	Zuständige Zulassungs- oder Erlaubnisbehörde in Bayern
	nein	nein	ja/nein	./.
Bemerkungen/ Hinweise	Derzeit gibt es Geschäftsmodelle, die darauf abzielen, dass Privatpersonen über eine App die Möglichkeit erhalten, ihre private Ladesäule Dritten zur entgeltlichen Nutzung zur Verfügung zu stellen. Der Bund-Länder-Ausschuss vertritt die Auffassung, dass bei der entgeltlichen Überlassung einer einzelnen Ladesäule aufgrund des geringen Gewinnstrebens (max. 1500 Euro) keine gewerbliche Tätigkeit vorliege. Sollten mehrere Ladesäulen zur Verfügung gestellt werden, müsste eine Einzelfallbetrachtung vorgenommen werden (135. BLA v. 23.04.2024 TOP 5a).			

Lampenschirm-hersteller (Sonderanfertigung)	Erlaubnispflicht	Zulassungspflichtiges Handwerk	Anzeigepflicht gemäß § 14 GewO	Zuständige Zulassungs- oder Erlaubnisbehörde in Bayern
	nein	nein	ja	./.
Bemerkungen/ Hinweise	Zusätzliche Anzeigepflicht nach Handwerksordnung (HwO) Anlage B2, Nr. 51(handwerksähnlich) bei der örtlich zuständigen Handwerkskammer.			

Land- und Baumaschinenmechatroniker	Erlaubnispflicht	Zulassungspflichtiges Handwerk	Anzeigepflicht gemäß § 14 GewO	Zuständige Zulassungs- oder Erlaubnisbehörde in Bayern
	nein	nach HwO Anlage A, Nr. 21	ja	örtlich zuständige Handwerkskammer
Bemerkungen/ Hinweise	./.			

Gewerbearten von A-Z

Lasertag/-Laserdrome	Erlaubnispflicht	Zulassungspflichtiges Handwerk	Anzeigepflicht gemäß § 14 GewO	Zuständige Zulassungs- oder Erlaubnisbehörde in Bayern
	nein	nein	nein	./.
Bemerkungen/ Hinweise	Nach Auffassung der Regierung von Oberbayern (Februar 2013) ist zu prüfen ob es sich um eine erlaubte wirtschaftliche Betätigung handelt. Nach Rechtsprechung und Literatur gilt dies nur dann, wenn die Tätigkeit nicht sozial unwertig ist. Allerdings ist dies hinsichtlich der »Gewerbsmäßigkeit« in der Literatur umstritten. Entscheidend ist ob die in »Laserdromes« vorgenommenen Handlungen gegen Art. 1 Abs. 1 GG (Menschenwürde) verstoßen. Obwohl obergerichtliche Entscheidungen aus der jüngsten Vergangenheit die soziale Unwertigkeit mangels Verstoßes gegen die Menschenwürde verneinen, sieht die überwiegend herrschende Rechtsprechung derartige Anlagen an, als mit der Werteordnung unseres Grundgesetzes nicht vereinbar a. (Urteil Bundesverwaltungsgericht vom 13.12.2006 AZ. 6C 17.06 Damit werden solche Betätigungen als sozial unwertig eingestuft, so dass kein Gewerbe im Sinne der Gewerbeordnung vorliegt und auch keine Anzeigepflicht gegeben ist. Aus sicherheitsrechtlicher Sicht bestehen gegen den Betrieb solcher Anlagen keine Bedenken. Auch der Tatbestand von § 118 Ordnungswidrigkeitengesetz (OWiG) ist nicht erfüllt. Ggf. sind jugendschutzrechtlich derartige Anordnungen zu treffen. Die Zuständigkeit liegt bei den Jugendämtern. Mit Urteil vom 27.11.2012 Az. 15 BV 09.2179 führt der Bayerische Verwaltungsgerichtshof VGH) jedoch aus, dass ein Paintball-Spiel unter speziellen festgesetzten Auflagen und bei Einhaltung des offiziellen Paintball-Regelwerks nicht gegen die Menschenwürde verstößt. Unter den in der Entscheidung sonst genannten Voraussetzungen wäre der Betrieb des Lasertag/Laserdome zulässig. Auch mit Urteil vom 20.03.2019; Az. M 18 K 17.3701 hat das VG München festgestellt, dass der Betrieb von Lasertag-Anlagen mit Auflagen gemäß § 7 JuSchG zum Schutz von Kindern und Jugendlichen unter 16 Jahren zur Vermeidung von Gefährdungen der seelischen und psychischen Gesundheit der Jugendlichen der jeweiligen Alterskategorie möglich ist.			

Lebens- und Sozialberatung	Erlaubnispflicht	Zulassungspflichtiges Handwerk	Anzeigepflicht gemäß § 14 GewO	Zuständige Zulassungs- oder Erlaubnisbehörde in Bayern
	nein	nein	ja	./.
Bemerkungen/ Hinweise	Sollte jedoch der Berufsabschluss zum Dipl.-Psychologen oder zum Psychotherapeuten vorliegen, dann kein Gewerbe im Sinne von § 6 GewO.			

Lehrer	Erlaubnispflicht	Zulassungspflichtiges Handwerk	Anzeigepflicht gemäß § 14 GewO	Zuständige Zulassungs- oder Erlaubnisbehörde in Bayern
	nein	nein	nein	./.

Gewerbearten von A-Z

Bemerkungen/ Hinweise	Die Tätigkeit als Lehrer in einem Lehrfach das in einer landesgesetzlichen Unterrichtseinrichtung ausgeübt wird gehört zum Unterrichtswesen nach § 6 Abs. 1 auf das die Vorschriften der Gewerbeordnung keine Anwendung finden. Der Beruf des Berg- und Skiführers ist in Bayern in der Bayerischen Ausbildungs- und Prüfungsordnung für Fachsportlehrer im freien Beruf geregelt. Aufgrund dieser zusätzlichen landesrechtlichen Bestimmung gilt auch für diese beiden Berufe § 6 Abs. 1 GewO. Keine landesrechtlichen Regelungen gibt es in Bayern dagegen z.B. für Fecht-, Golf-, Tennis-, und Tanzlehrer. Sofern diese Berufe selbständig ausgeübt werden, unterliegen sie daher den Vorschriften der Gewerbeordnung, da es sich um keinen höherwertigen Unterricht handelt (§ 6 Abs. 1 GewO). Musikunterricht und Privatunterricht im Sinne des Bayerischen Gesetzes über das Erziehungs- und Unterrichtswesen (BayEUG). In diesen Fällen liegt »Unterrichtswesen« im Sinne des § 6 GewO vor. Setzt allerdings den Hochschulabschluss als Lehrer voraus.

Lichtreklamehersteller	Erlaubnispflicht	Zulassungspflichtiges Handwerk	Anzeigepflicht gemäß § 14 GewO	Zuständige Zulassungs- oder Erlaubnisbehörde in Bayern
	./.	./.	./.	./.
Bemerkungen/ Hinweise	Siehe Schilder und Lichtreklamehersteller			

Logopäde	Erlaubnispflicht	Zulassungspflichtiges Handwerk	Anzeigepflicht gemäß § 14 GewO	Zuständige Zulassungs- oder Erlaubnisbehörde in Bayern
	nein	nein	nein	./.
Bemerkungen/ Hinweise	Heilhilfsberuf gem. § 6 GewO. Voraussetzung dreijährige Ausbildung und staatliche Prüfung. Nach bestandener Prüfung darf die Berufsbezeichnung Logopäde geführt werden (§ 1 Gesetz über den Beruf des Logopäden (LogopG).			

Lokführer	Erlaubnispflicht	Zulassungspflichtiges Handwerk	Anzeigepflicht gemäß § 14 GewO	Zuständige Zulassungs- oder Erlaubnisbehörde in Bayern
	nein	nein	nein	./.
Bemerkungen/ Hinweise	Wer Eisenbahnverkehr durchführt, benötigt nach dem Gesetz eine Zulassung als Eisenbahnverkehrsunternehmen. Eine Ein-Mann-Firma kann die Voraussetzungen unmöglich erfüllen. Diese Auffassung vertritt auch das Bundesverkehrsministerium.			

Gewerbearten von A-Z

Lotterien	Erlaubnispflicht	Zulassungspflichtiges Handwerk	Anzeigepflicht gemäß § 14 GewO	Zuständige Zulassungs- oder Erlaubnisbehörde in Bayern
	nach § 12 Glücksspielstaatsvertrag (GlüStV)	nein	nein	siehe Art. 3 Gesetz zur Ausführung des Staatsvertrages zum Glücksspielwesen in Deutschland (AGGlüStV)
Bemerkungen/ Hinweise	Gewerbsmäßige Durchführung von Lotterien mit Gewinnerzielungsabsicht ist nicht möglich. Erlaubnis nur gem. den Vorschriften nach § 12 Glücksspielstaatsvertrag (GlüStV) und des Art. 3 Gesetz zur Ausführung des Staatsvertrages zum Glücksspielwesen in Deutschland (AGGlüStV) für soziale Zwecke (siehe hierzu Kennzahlen 45.10 und 45.11 und Erläuterungen unter Kennzahl 45.18). Ausnahme sind Schausteller, die Ausspielungen gem. der Anlage zu § 5a der Spielverordnung (SpielV; Kennzahl 22.10) im Reisegewerbe durchführen.			

Lotto- und Totoannahmestellen	Erlaubnispflicht	Zulassungspflichtiges Handwerk	Anzeigepflicht gemäß § 14 GewO	Zuständige Zulassungs- oder Erlaubnisbehörde in Bayern
	nein	nein	ja	die jeweilige Regierung (Art 2 Abs. 4 Ziffer 1 AG-GlüStV)
Bemerkungen/ Hinweise	Zur Erreichung der Ziele des § 1 Glücksspielstaatsvertrags (GlüStV) haben die Länder ein ausreichendes Glücksspielangebot sicher zu stellen. In Bayern wird diese Aufgabe durch die Staatliche Lotterieverwaltung erfüllt. Die bayerische Staatliche Lotterieverwaltung soll gem. Art. 1 Abs. 3 des Gesetzes zur Ausführung des Staatsvertrages zum Glücksspielwesen in Deutschland (AGGlüStV) die Zahl der Annahmestellen auf maximal 3700 beschränken. Bei der Staatlichen Lotterie- und Spielbankverwaltung (SLSV) in München ist Antrag auf den Betrieb einer Lotto- und Totoannahmestelle zu stellen. Die glücksspielrechtliche Erlaubnis (Lizenz) erteilt dann die jeweilige Bezirksregierung in dessen Regierungsbezirk sich die Lottoannahmestelle befindet.			

Gewerbearten von A-Z

Luftfahrtunternehmen	Erlaubnispflicht	Zulassungspflichtiges Handwerk	Anzeigepflicht gemäß § 14 GewO	Zuständige Zulassungs- oder Erlaubnisbehörde in Bayern
	nach § 20 Luftverkehrsgesetz (LuftVG)	nein	ja	Luftfahrt-Bundesamt Postfach 30 54 38020, Braunschweig Tel. 0531/23550 Regierung von Oberbayern Luftamt Südbayern 80538 München, Maximilianstr. 39, Tel. 089/21762979; E.Mail: luftamt@reg-ob.bayern.de
Bemerkungen/ Hinweise	Luftfahrtunternehmen, die dem Luftverkehrsrecht der Europäischen Union unterliegen, bedürfen zur Beförderung von Fluggästen, Post oder Fracht im gewerblichen Flugverkehr einer Betriebsgenehmigung nach § 20 Luftverkehrsgesetz (LuftVG). Manche Erlaubnispflicht ist regional geregelt. Das Luftamt Südbayern betreut die Regierungsbezirke Oberbayern, Niederbayern und Schwaben.			

M

Magier	Erlaubnispflicht	Zulassungspflichtiges Handwerk	Anzeigepflicht gemäß § 14 GewO	Zuständige Zulassungs- oder Erlaubnisbehörde in Bayern
	./.	./.	./.	./.
Bemerkungen/ Hinweise	Siehe Zauberer			

Make-up Artist	Erlaubnispflicht	Zulassungspflichtiges Handwerk	Anzeigepflicht gemäß § 14 GewO	Zuständige Zulassungs- oder Erlaubnisbehörde in Bayern
	nein	nein	ja	./.
Bemerkungen/ Hinweise	Die Tätigkeit ist grundsätzlich einem zulassungsfreien Handwerk Anlage B 1 Nr. 56; Kosmetikergewerbe zuzuordnen, obwohl die Tätigkeit dort in der Anlage nicht erfasst ist. Die Tätigkeit weist Bezüge zu den Wahlqualifikationen »Visagismus« und Permanentes Make-up (§ 4 Abs. 2 Nr. 3 und 4 KosmausbV) auf. Voraussetzung für die Eintragung in das Gewerbeverzeichnis ist jedoch, dass die Tätigkeit handwerkmäßig im Sinne von § 18 Abs. 2 Satz 1 HwO ausgeübt wird. Die Tätigkeit als »Makeup Artist« wird aber nicht handwerksmäßig betrieben, weil sie leicht und ohne größeren Zeitaufwand erlernbar ist, danach setzt sie lediglich eine Anlernzeit von 220 Stunden oder etwa vier Wochen voraus. Dies bleibt deutlich hinter der für Tätigkeiten mittleren Schwierigkeitsgrades erforderlichen Anlernzeit von mindestens drei Monaten zurück. (BVerwG, Urteil vom 26.10.2021 Az. 8 C 34/20).			

Gewerbearten von A-Z

Makler	Erlaubnispflicht	Zulassungs-pflichtiges Handwerk	Anzeigepflicht gemäß § 14 GewO	Zuständige Zulassungs- oder Erlaubnisbehörde in Bayern
	nach § 34c GewO	nein	ja	IHK f. München und Obb. (mit Ausnahme des Kammerbezirks der IHK Aschaffenburg)
Bemerkungen/ Hinweise	(siehe auch Erläuterungen unter der Kennzahl 12.034c)			

Maler- und Lackierer	Erlaubnispflicht	Zulassungs-pflichtiges Handwerk	Anzeigepflicht gemäß § 14 GewO	Zuständige Zulassungs- oder Erlaubnisbehörde in Bayern
	nein	nach HwO Anlage A, Nr. 10	ja	örtlich zuständige Handwerkskammer
Bemerkungen/ Hinweise	./.			

Marktforscher	Erlaubnispflicht	Zulassungs-pflichtiges Handwerk	Anzeigepflicht gemäß § 14 GewO	Zuständige Zulassungs- oder Erlaubnisbehörde in Bayern
	nein	./.	nein	./.
Bemerkungen/ Hinweise	Marktforscher sind Freiberufler, aber nur »bei wissenschaftlicher Vorgehensweise«. Von wissenschaftlichen Arbeiten kann aber generell nur gesprochen werden, wenn grundsätzliche Fragen oder konkrete Vorgänge methodisch in ihren Ursachen erforscht, begründet und in Sinnzusammenhang gebracht werden. Es ist deshalb davon auszugehen, dass dies bei Markterhebungen über Internet nur selten der Fall sein dürfte. Eine wissenschaftliche Tätigkeit setzt zwar kein Hochschulstudium voraus, wohl aber wissenschaftliche Kenntnisse auf den Gebieten der Mathematik, Statistik, Psychologie, Soziologie und der Wirtschaftswissenschaften.			

Gewerbearten von A-Z

Maskenbildner	Erlaubnispflicht	Zulassungspflichtiges Handwerk	Anzeigepflicht gemäß § 14 GewO	Zuständige Zulassungs- oder Erlaubnisbehörde in Bayern
	nein	nein	ja	./.
Bemerkungen/ Hinweise	Zusätzliche Anzeigepflicht nach Handwerksordnung (HwO) Anlage B2, Nr. 49, (handwerksähnlich) bei der örtlich zuständigen Handwerkskammer.			

Masseur	Erlaubnispflicht	Zulassungspflichtiges Handwerk	Anzeigepflicht gemäß § 14 GewO	Zuständige Zulassungs- oder Erlaubnisbehörde in Bayern
	nach § 1 Gesetz über die Berufe in der Physiotherapie (Masseur- und Physiotherapeutengesetz – MPhG)	nein	nein	./.
Bemerkungen/ Hinweise	Es handelt sich um einen Heilhilfsberuf gemäß § 6 Satz 2 GewO auf den die Gewerbeordnung keine Anwendung findet. Bezüglich einer Anzeigepflicht ist Art. 12 des Gesundheitsdienst- und Verbraucherschutzgesetz (GDVG) zu beachten.			

Maurer- und Betonbauer	Erlaubnispflicht	Zulassungspflichtiges Handwerk	Anzeigepflicht gemäß § 14 GewO	Zuständige Zulassungs- oder Erlaubnisbehörde in Bayern
	nein	nach HwO Anlage A, Nr. 1	ja	örtlich zuständige Handwerkskammer
Bemerkungen/ Hinweise	./.			

Maßschneider	Erlaubnispflicht	Zulassungspflichtiges Handwerk	Anzeigepflicht gemäß § 14 GewO	Zuständige Zulassungs- oder Erlaubnisbehörde in Bayern
	./.	./.	./.	./.
Bemerkungen/ Hinweise	Siehe Damen und Herrenschneider			

Gewerbearten von A-Z

Medizinischer Bademeister	Erlaubnispflicht	Zulassungspflichtiges Handwerk	Anzeigepflicht gemäß § 14 GewO	Zuständige Zulassungs- oder Erlaubnisbehörde in Bayern
	nein	nein	nein	./.
Bemerkungen/ Hinweise	Es handelt sich um einen Heilhilfsberuf gemäß § 6 Satz 2 GewO auf den die Gewerbeordnung keine Anwendung findet. Bezüglich einer Anzeigepflicht ist Art. 12 des Gesundheitsdienst- und Verbraucherschutzgesetzes (GDVG) zu beachten.			

Medizinischer Fußpfleger	Erlaubnispflicht	Zulassungspflichtiges Handwerk	Anzeigepflicht gemäß § 14 GewO	Zuständige Zulassungs- oder Erlaubnisbehörde in Bayern
	./.	./.	./.	./.
Bemerkungen/ Hinweise	Siehe Podologen			

Messehostess	Erlaubnispflicht	Zulassungspflichtiges Handwerk	Anzeigepflicht gemäß 14 GewO	Zuständige Zulassungs- oder Erlaubnisbehörde in Bayern
	nein	nein	ja/nein	./.
Bemerkungen/ Hinweise	Urteil des BFH vom 14.6.1985, Az. VI R 150–152/82 es kommt bei Messehostessen oder Seminarhostessen auf den Einzelfall an. Wenn z.B. durch eine entsprechende Vertragsgestaltung keinerlei Weisungen notwendig sind oder nur projektbezogene Weisungen erfolgen, die Hostessen jederzeit Aufträge ablehnen können, liegt keine Scheinselbständigkeit vor. Die deutsche Rentenversicherung stellt hierzu fest:»Im normalen Agenturbetrieb, in dem für Kunden Veranstaltungen organisiert und nicht die Arbeitnehmer überlassen werden, sind Hostessen in der Regel als Arbeitnehmer zu betrachten. Hierfür spricht die weitgehende Weisungsbefugnis der Agentur beziehungsweise ihres Kunden betreffend der Ausführung der Tätigkeit, insbesondere in zeitlicher und fachlicher Hinsicht. Hinzukommt, dass die Hostessen häufig nur für einen Auftraggeber arbeiten und regelmäßig selbst keine versicherungspflichtigen Arbeitnehmer beschäftigen.«			

Messerschmied/ Klingenschmied	Erlaubnispflicht	Zulassungspflichtiges Handwerk	Anzeigepflicht gemäß § 14 GewO	Zuständige Zulassungs- oder Erlaubnisbehörde in Bayern
	nein	nein	ja	./.

Gewerbearten von A-Z

Bemerkungen/ Hinweise	Zusätzliche Anzeigepflicht nach Handwerksordnung (HwO) Anlage B1, Nr. 10 (Schneidwerkzeugmechaniker) bei der örtlich zuständigen Handwerkskammer. Ein Handwerk, das sich auf die Herstellung von Messern und kleinen Klingenwerkzeugen spezialisiert hat. Der Beruf des Messerschmieds war im Mittelalter weit verbreitet, zählt inzwischen aber zu den aussterbenden Handwerken.

Metall- und Glockengießer	Erlaubnispflicht	Zulassungspflichtiges Handwerk	Anzeigepflicht gemäß § 14 GewO	Zuständige Zulassungs- oder Erlaubnisbehörde in Bayern
	nein	nein	ja	./.
Bemerkungen/ Hinweise	Zusätzliche Anzeigepflicht nach Handwerksordnung (HwO) Anlage B1, Nr. 9 bei der örtlich zuständigen Handwerkskammer.			

Metallbauer	Erlaubnispflicht	Zulassungspflichtiges Handwerk	Anzeigepflicht gemäß § 14 GewO	Zuständige Zulassungs- oder Erlaubnisbehörde in Bayern
	nein	nach HwO Anlage A, Nr. 13	ja	örtlich zuständige Handwerkskammer
Bemerkungen/ Hinweise	./.			

Metallbildner	Erlaubnispflicht	Zulassungspflichtiges Handwerk	Anzeigepflicht gemäß § 14 GewO	Zuständige Zulassungs- oder Erlaubnisbehörde in Bayern
	nein	nein	ja	./.
Bemerkungen/ Hinweise	Zusätzliche Anzeigepflicht nach Handwerksordnung (HwO) Anlage B1, Nr. 7 bei der örtlich zuständigen Handwerkskammer.			

Metallblasinstrumentenmacher	Erlaubnispflicht	Zulassungspflichtiges Handwerk	Anzeigepflicht gemäß § 14 GewO	Zuständige Zulassungs- oder Erlaubnisbehörde in Bayern
	nein	nein	ja	./.
Bemerkungen/ Hinweise	Zusätzliche Anzeigepflicht nach Handwerksordnung (HwO) Anlage B1, Nr. 49 bei der örtlich zuständigen Handwerkskammer.			

Gewerbearten von A-Z

Metallsägen-Schärfer	Erlaubnispflicht	Zulassungs-pflichtiges Handwerk	Anzeigepflicht gemäß § 14 GewO	Zuständige Zulassungs- oder Erlaubnisbehörde in Bayern
	nein	nein	ja	./.
Bemerkungen/ Hinweise	Zusätzliche Anzeigepflicht nach Handwerksordnung (HwO) Anlage B2, Nr. 12 (handwerksähnlich) bei der örtlich zuständigen Handwerkskammer.			

Metallschleifer und Metallpolierer	Erlaubnispflicht	Zulassungs-pflichtiges Handwerk	Anzeigepflicht gemäß § 14 GewO	Zuständige Zulassungs- oder Erlaubnisbehörde in Bayern
	nein	nein	ja	./.
Bemerkungen/ Hinweise	Zusätzliche Anzeigepflicht nach Handwerksordnung (HwO) Anlage B2, Nr. 11 (handwerksähnlich) bei der örtlich zuständigen Handwerkskammer.			

Metzger	Erlaubnispflicht	Zulassungs-pflichtiges Handwerk	Anzeigepflicht gemäß § 14 GewO	Zuständige Zulassungs- oder Erlaubnisbehörde in Bayern
	./.	./.	./.	./.
Bemerkungen/ Hinweise	Siehe Fleischer			

Mietkoch	Erlaubnispflicht	Zulassungs-pflichtiges Handwerk	Anzeigepflicht gemäß § 14 GewO	Zuständige Zulassungs- oder Erlaubnisbehörde in Bayern
	./.	./.	./.	./.
Bemerkungen/ Hinweise	Siehe Koch/Mietkoch			

Mietwagenunternehmen	Erlaubnispflicht	Zulassungs-pflichtiges Handwerk	Anzeigepflicht gemäß § 14 GewO	Zuständige Zulassungs- oder Erlaubnisbehörde in Bayern
	nach §§ 2, 49 Abs. 2 Personenbeförderungsgesetz (PBefG)	nein	ja	zuständige Kreisverwaltungsbehörde (KVB)

Gewerbearten von A-Z

Bemerkungen/ Hinweise	Beförderung von Personen mit Pkw, die nur im Ganzen zur Beförderung gemietet werden und mit denen der Unternehmer Fahrten ausführt, deren Zweck, Ziel und Ablauf der Mieter bestimmt.

Mitfahrzentrale	Erlaubnispflicht	Zulassungspflichtiges Handwerk	Anzeigepflicht gemäß § 14 GewO	Zuständige Zulassungs- oder Erlaubnisbehörde in Bayern
	nein	nein	ja	./.
Bemerkungen/ Hinweise	Bei einer Mitfahrzentrale werden »Mitfahrgelegenheiten« vermittelt. Wird für die Vermittlung eine Gebühr verlangt, liegt eine Gewerbsmäßigkeit vor.			

Mitfahrzentrale per Smartphone	Erlaubnispflicht	Zulassungspflichtiges Handwerk	Anzeigepflicht gemäß § 14 GewO	Zuständige Zulassungs- oder Erlaubnisbehörde in Bayern
	nein	nein	nein	./.
Bemerkungen/ Hinweise	Hierbei handelt es sich primär um die Firma Uber mit Sitz in Holland. Grundsätzlich unterliegt die entgeltliche oder geschäftsmäßige Beförderung von Personen in Kraftfahrzeugen den Vorschriften des Personenbeförderungsgesetzes (PBefG) und ist genehmigungspflichtig. Die Firma Uber hat immer behauptet, dass sie lediglich eine Auftragsvermittlung per Smartphone vornimmt und nicht die Unternehmereigenschaft besitzt. Somit wären die Vorschriften des Personenbeförderungsgesetzes nicht anwendbar. Zwischenzeitlich arbeitet die Firma mit konzessionierten Mietwagenunternehmen zusammen. Es ist aber immer noch umstritten, ob die Tätigkeit, zumindest wie sie die Firma Uber betreibt, nicht doch unter das PBefG fällt. Es müssen die Voraussetzungen nach dem PBefG und der GewO (anzeigepflichtig) erfüllt werden. Dies auch deshalb, weil die Kosten zwar geringer sind als bei einem Taxi, aber immer noch eine Gewinnerzielungsabsicht vorliegt. Der Mitfahrer bezahlt nach der Fahrt eine »Gebühr« an den Fahrer, die die App vorschlägt. 20 % erhält die Fa. Uber und 80 % der Fahrer.			

Modell	Erlaubnispflicht	Zulassungspflichtiges Handwerk	Anzeigepflicht gemäß § 14 GewO	Zuständige Zulassungs- oder Erlaubnisbehörde in Bayern
	./.	./.	./.	./.
Bemerkungen/ Hinweise	Siehe Fotomodell			

Gewerbearten von A-Z

Modellbauer	Erlaubnispflicht	Zulassungspflichtiges Handwerk	Anzeigepflicht gemäß § 14 GewO	Zuständige Zulassungs- oder Erlaubnisbehörde in Bayern
	nein	nein	ja	./.
Bemerkungen/ Hinweise	Zusätzliche Anzeigepflicht nach Handwerksordnung (HwO) Anlage B1, Nr. 14 bei der örtlich zuständigen Handwerkskammer.			

Modeschöpfer	Erlaubnispflicht	Zulassungspflichtiges Handwerk	Anzeigepflicht gemäß § 14 GewO	Zuständige Zulassungs- oder Erlaubnisbehörde in Bayern
	nein	./.	nein	./.
Bemerkungen/ Hinweise	Die freien Berufe haben im Allgemeinen auf der Grundlage besonderer beruflicher Qualifikation oder schöpferischer Begabung die persönliche, eigenverantwortliche und fachliche unabhängige Erbringung von Dienstleistungen höherer Art im Interesse der Auftraggeber und der Allgemeinheit zum Inhalt. Dies ist bei einem Modeschöpfer der Fall. Somit liegt eine freiberufliche Tätigkeit nach § 18 Einkommensteuergesetz (EstG) vor.			

Modisten	Erlaubnispflicht	Zulassungspflichtiges Handwerk	Anzeigepflicht gemäß § 14 GewO	Zuständige Zulassungs- oder Erlaubnisbehörde in Bayern
	nein	nein	ja	./.
Bemerkungen/ Hinweise	Zusätzliche Anzeigepflicht nach Handwerksordnung (HwO) Anlage B1, Nr. 21 bei der örtlich zuständigen Handwerkskammer.			

Möbelherstellung	Erlaubnispflicht	Zulassungspflichtiges Handwerk	Anzeigepflicht gemäß § 14 GewO	Zuständige Zulassungs- oder Erlaubnisbehörde in Bayern
	./.	./.	./.	
Bemerkungen/ Hinweise	Siehe Tischler			

Möbelrestaurator	Erlaubnispflicht	Zulassungspflichtiges Handwerk	Anzeigepflicht gemäß § 14 GewO	Zuständige Zulassungs- oder Erlaubnisbehörde in Bayern
	nein	nein	ja	./.

Gewerbearten von A-Z

Bemerkungen/ Hinweise	Keine künstlerische Tätigkeit. Anzeigepflicht gem. § 14 GewO, es sei denn derjenige ist als Künstler beim Finanzamt anerkannt.

Mosaikleger	Erlaubnispflicht	Zulassungs- pflichtiges Handwerk	Anzeigepflicht gemäß § 14 GewO	Zuständige Zulassungs- oder Erlaubnisbehörde in Bayern
	./.	./.	./.	./.
Bemerkungen/ Hinweise	Siehe Fliesen- Platten- und Mosaikleger			

Mützenmacher	Erlaubnispflicht	Zulassungs- pflichtiges Handwerk	Anzeigepflicht gemäß § 14 GewO	Zuständige Zulassungs- oder Erlaubnisbehörde in Bayern
	./.	./.	./.	./.
Bemerkungen/ Hinweise	Siehe Modisten			

Müller	Erlaubnispflicht	Zulassungs- pflichtiges Handwerk	Anzeigepflicht gemäß § 14 GewO	Zuständige Zulassungs- oder Erlaubnisbehörde in Bayern
	nein	nein	ja	./.
Bemerkungen/ Hinweise	Zusätzliche Anzeigepflicht nach Handwerksordnung (HwO) Anlage B1, Nr. 28 bei der örtlich zuständigen Handwerkskammer.			

Muldenhauer	Erlaubnispflicht	Zulassungs- pflichtiges Handwerk	Anzeigepflicht gemäß § 14 GewO	Zuständige Zulassungs- oder Erlaubnisbehörde in Bayern
	nein	nein	ja	./.
Bemerkungen/ Hinweise	Zusätzliche Anzeigepflicht nach Handwerksordnung (HwO) Anlage B2, Nr. 21 (handwerksähnlich) bei der örtlich zuständigen Handwerkskammer.			

Musiker, Musik- kapellen	Erlaubnispflicht	Zulassungs- pflichtiges Handwerk	Anzeigepflicht gemäß § 14 GewO	Zuständige Zulassungs- oder Erlaubnisbehörde in Bayern
	nein	nein	nein	./.

Gewerbearten von A-Z

Bemerkungen/ Hinweise	Bei musikalischen Darbietungen durch Einzelne oder Kapellen liegt ein einheitlicher Kunstbegriff zugrunde mit der Konsequenz, dass keine gewerbliche, sondern immer eine freiberufliche Tätigkeit vorliegt.

Musiktherapeut	Erlaubnispflicht	Zulassungspflichtiges Handwerk	Anzeigepflicht gemäß § 14 GewO	Zuständige Zulassungs- oder Erlaubnisbehörde in Bayern
	nein	nein	ja	./.
Bemerkungen/ Hinweise	Gemäß Urteil des BFH vom 26.10.1998 V B 78/98 handelt es sich nicht um eine heilberufsähnliche Tätigkeit.			

Musikunterricht	Erlaubnispflicht	Zulassungspflichtiges Handwerk	Anzeigepflicht gemäß § 14 GewO	Zuständige Zulassungs- oder Erlaubnisbehörde in Bayern
	nein	nein	nein	./.
Bemerkungen/ Hinweise	Gemäß Art 105 des Bayerischen Gesetzes über das Erziehungs- und Unterrichtswesen (BayEUG) in Verbindung mit der Sing- und Musikschulverordnung (SiMuV) gehört Musikunterricht oder der Betrieb einer Musikschule zu Unterrichtswesen. Gemäß § 6 Abs. 1 GewO findet die Gewerbeordnung deshalb keine Anwendung, wenn ein abgeschlossenes Studium vorliegt. *Siehe auch unter Lehrer.*			

N

Nagelstudio	Erlaubnispflicht	Zulassungspflichtiges Handwerk	Anzeigepflicht gemäß § 14 GewO	Zuständige Zulassungs- oder Erlaubnisbehörde in Bayern
	nein	nein	ja	./.
Bemerkungen/ Hinweise	Kein Gewerbe der Handwerksordnung.			

Netzmacher	Erlaubnispflicht	Zulassungspflichtiges Handwerk	Anzeigepflicht gemäß § 14 GewO	Zuständige Zulassungs- oder Erlaubnisbehörde in Bayern
	./.	./.	./.	./.
Bemerkungen/ Hinweise	Siehe Seiler			

Gewerbearten von A-Z

O

Öffentlich bestellter Versteigerer	Erlaubnispflicht	Zulassungspflichtiges Handwerk	Anzeigepflicht gemäß § 14 GewO	Zuständige Zulassungs- oder Erlaubnisbehörde in Bayern
	./.	./.	./.	./.
Bemerkungen/ Hinweise	Siehe Versteigerergewerbe			

Ofen- und Luftheizungsbauer	Erlaubnispflicht	Zulassungspflichtiges Handwerk	Anzeigepflicht gemäß § 14 GewO	Zuständige Zulassungs- oder Erlaubnisbehörde in Bayern
	nein	nach HwO Anlage A, Nr. 2	ja	örtlich zuständige Handwerkskammer
Bemerkungen/ Hinweise	./.			

Offsetdruckerei	Erlaubnispflicht	Zulassungspflichtiges Handwerk	Anzeigepflicht gemäß § 14 GewO	Zuständige Zulassungs- oder Erlaubnisbehörde in Bayern
	nein	nein	ja	./.
Bemerkungen/ Hinweise	Kein Handwerk (s. BVerwG, Urt. v. 21.12.1993, Az. 1 C 1.92).			

Ordnungsdienst	Erlaubnispflicht	Zulassungspflichtiges Handwerk	Anzeigepflicht gemäß § 14 GewO	Zuständige Zulassungs- oder Erlaubnisbehörde in Bayern
	nein	nein	ja	./.
Bemerkungen/ Hinweise	Allerdings nur Informations- und Auskunftstätigkeit sowie Platzanweisung. Darüber hinaus meist Tätigkeit nach § 34a GewO (Bewachungserlaubnis). Dann Erlaubnispflicht nach § 34a Abs. 1 GewO (siehe auch Bewachungsgewerbe und *Erläuterungen unter Kennzahl 12.034a; Ziffer 3.1 und 3.2*). Gemäß Urteil vom 26.01.2023 Az. L 3 BA 6/19 des LSG Sachsen, sind Ordner, die für Sicherheitsunternehmen mit »Engagementverträgen« arbeiten keine selbständigen Unternehmer und unterliegen als abhängige Beschäftigte der Sozialversicherungspflicht.			

Orgel- und Harmoniumbauer	Erlaubnispflicht	Zulassungspflichtiges Handwerk	Anzeigepflicht gemäß § 14 GewO	Zuständige Zulassungs- oder Erlaubnisbehörde in Bayern
	nein	nach HwO Anlage A, Nr. 53	ja	örtlich zuständige Handwerkskammer
Bemerkungen/ Hinweise	./.			

Orthopädieschuhmacher	Erlaubnispflicht	Zulassungspflichtiges Handwerk	Anzeigepflicht gemäß § 14 GewO	Zuständige Zulassungs- oder Erlaubnisbehörde in Bayern
	nein	nach HwO Anlage A, Nr. 36	ja	örtlich zuständige Handwerkskammer
Bemerkungen/ Hinweise	./.			

Orthopädietechniker	Erlaubnispflicht	Zulassungspflichtiges Handwerk	Anzeigepflicht gemäß § 14 GewO	Zuständige Zulassungs- oder Erlaubnisbehörde in Bayern
	nein	nach HwO Anlage A, Nr. 35	ja	örtlich zuständige Handwerkskammer
Bemerkungen/ Hinweise	./.			

Osteopathie	Erlaubnispflicht	Zulassungspflichtiges Handwerk	Anzeigepflicht gemäß § 14 GewO	Zuständige Zulassungs- oder Erlaubnisbehörde in Bayern
	nein	nein	nein	./.
Bemerkungen/ Hinweise	Voraussetzung, dass Leistungen der Osteopathie erbracht werden dürfen ist die Anerkennung als Arzt oder die Erlaubnis gemäß § 1 Heilpraktikergesetz (HeilprG) für die Ausübung der Heilkunde (Heilpraktiker); Urteil OLG Düsseldorf vom 08.09.2015 Az. I-20 U 236/13.			

Gewerbearten von A-Z

P

Pächter	Erlaubnispflicht	Zulassungs-pflichtiges Handwerk	Anzeigepflicht gemäß § 14 GewO	Zuständige Zulassungs- oder Erlaubnisbehörde in Bayern
	nein	nein	ja	./.
Bemerkungen/ Hinweise	Pächter von Gewerbebetrieben (z.B. Gaststätten, Tankstellen) sind grundsätzlich selbstständige Gewerbetreibende.			

Paintball	Erlaubnispflicht	Zulassungs-pflichtiges Handwerk	Anzeigepflicht gemäß § 14 GewO	Zuständige Zulassungs- oder Erlaubnisbehörde in Bayern
	./.	./.	./.	./.
Bemerkungen/ Hinweise	Siehe Lasertag/Laserdome			

Paketzusteller	Erlaubnispflicht	Zulassungs-pflichtiges Handwerk	Anzeigepflicht gemäß § 14 GewO	Zuständige Zulassungs- oder Erlaubnisbehörde in Bayern
	nein	nein	nein	./.
Bemerkungen/ Hinweise	Ist der Paketzusteller oder Kurierfahrer zur persönlichen Arbeitsleistung verpflichtet, erhält er Weisungen, wird er kontrolliert, arbeitet er mit den Betriebsmitteln des Dienstgebers und verfügt der Zusteller weder über eine eigene unternehmerische Struktur noch trägt er ein Unternehmerrisiko, dann ist der Zusteller eindeutig als Arbeitnehmer und nicht als »Selbstständiger« zu qualifizieren. Nach diesen rechtlichen Grundsätzen handelt es sich somit in der Regel nicht um eine selbstständige gewerbliche Tätigkeit. Siehe auch Ausführungen unter Scheinselbstständigkeit. Generell gilt, dass für Kleintransporteure das Problem der »Scheinselbstständigkeit« von besonderer Bedeutung ist. Eine sichere Beurteilung ist nur anhand des konkreten Vertrages und unter Berücksichtigung der tatsächlichen Verhältnisse möglich. Ob der Kleintransporteur eher als Arbeitnehmer des Auftraggebers oder selbständig handelt, ist danach zu beurteilen, ob die Tätigkeit weisungsgebunden ausgeübt wird oder ob er seine Chancen auf dem Markt selbständig und im Wesentlichen weisungsfrei suchen kann.			

Gewerbearten von A-Z

| | Bei den Gewerbeanzeigen von Paketzustellern stellt sich die Frage wie mit Gewerbeanzeigen nach § 14 GewO umgegangen werden soll, wenn die angezeigten Tätigkeiten »offenbar« weisungsabhängige Dienstleistungen darstellen, die eine selbstständige gewerbliche Tätigkeit ausschließen. Die Clearingstelle der Deutschen Rentenversicherung prüft, ob eine selbstständige Tätigkeit oder eine abhängige Beschäftigung vorliegt. Es wird geprüft, ob im Rahmen einer von Amts wegen eingeleiteten Betriebsprüfung bestimmte Paketzusteller großer Paketverteilerzentren eine selbstständige Tätigkeit ausüben oder scheinselbstständig sind. Das BMWi schlägt vor, das Prüfergebnis der DRV Bund abzuwarten und bis dahin die Gewerbeanzeigen der Paketzusteller grundsätzlich anzunehmen und zu bestätigen. Ergänzend wird vorgeschlagen, dass die zuständigen Stellen die bestätigten Gewerbeanzeigen auf Wiedervorlage (ein halbes Jahr) legen sollten, um auf der Grundlage des Prüfungsergebnisses der DRV Bund eine Abmeldung von Amts wegen zu prüfen. Werden aber weitere selbständige Tätigkeiten angezeigt, kann man die Gewerbeanzeige nicht zurückweisen. Siehe auch Kurierfahrer. |

Pappdecker (Eindecken mit Dachpappe)	Erlaubnispflicht	Zulassungspflichtiges Handwerk	Anzeigepflicht gemäß § 14 GewO	Zuständige Zulassungs- oder Erlaubnisbehörde in Bayern
	nein	nach HwO Anlage A, Nr. 4	ja	örtlich zuständige Handwerkskammer
Bemerkungen/ Hinweise	Wesentliche Tätigkeit des Dachdeckerhandwerks			

Parkettleger	Erlaubnispflicht	Zulassungspflichtiges Handwerk	Anzeigepflicht gemäß § 14 GewO	Zuständige Zulassungs- oder Erlaubnisbehörde in Bayern
	nein	nach HwO Anlage A, Nr. 46	ja	örtlich zuständige Handwerkskammer
Bemerkungen/ Hinweise	./.			

Partnervermittlung und Vermittlung von Bekanntschaften	Erlaubnispflicht	Zulassungspflichtiges Handwerk	Anzeigepflicht gemäß § 14 GewO	Zuständige Zulassungs- oder Erlaubnisbehörde in Bayern
	nein	nein	ja	./.
Bemerkungen/ Hinweise	Überwachungspflichtiges Gewerbe gem. § 38 Abs. 1 Nr. 3 GewO. Ein Führungszeugnis (FZ) zur Vorlage bei einer Behörde und eine Auskunft aus dem Gewerbezentralregister (GZR) sind durch den Gewerbetreibenden anzufordern und vorzulegen.			

Gewerbearten von A-Z

Patentanwalt	Erlaubnispflicht	Zulassungs-pflichtiges Handwerk	Anzeigepflicht gemäß § 14 GewO	Zuständige Zulassungs- oder Erlaubnisbehörde in Bayern
	nein	nein	nein	./.
Bemerkungen/ Hinweise	Der Patentanwalt ist ein unabhängiges Organ der Rechtspflege und übt kein Gewerbe gem. § 1 Patentantwaltsverordnung (PAO) aus. Gemäß § 6 Abs. 1 GewO ergibt sich die Nichtanwendung der Gewerbeordnung.			

Pensionspferde	Erlaubnispflicht	Zulassungs-pflichtiges Handwerk	Anzeigepflicht gemäß § 14 GewO	Zuständige Zulassungs- oder Erlaubnisbehörde in Bayern
	./.	./.	./.	./.
Bemerkungen/ Hinweise	Siehe Pferdepension			

Personal Coach	Erlaubnispflicht	Zulassungs-pflichtiges Handwerk	Anzeigepflicht gemäß § 14 GewO	Zuständige Zulassungs- oder Erlaubnisbehörde in Bayern
	./.	./.	./.	./.
Bemerkungen/ Hinweise	Siehe Business Coach			

Personenbe-förderung mit Omnibus	Erlaubnispflicht	Zulassungs-pflichtiges Handwerk	Anzeigepflicht gemäß § 14 GewO	Zuständige Zulassungs- oder Erlaubnisbehörde in Bayern
	nach § 1 und § 2 Personenbe-förderungsgesetz (PBefG)	nein	ja	örtlich zuständige Regierung
Bemerkungen/ Hinweise	Gewerbsmäßiger Straßenpersonenverkehr mit Kraftfahrzeugen (ausgenommen Verkehr mit Taxen und Mietwagen) einschließlich Ferienzielreisen und Ausflugsverkehr. Keine Erlaubnispflicht besteht für Veranstalter, die Ausflugsfahrten und Ferienzielreisen (Gelegenheitsverkehr) planen, organisieren oder anbieten und Beförderung nicht von ihm selbst, sondern von einem bestimmten Unternehmer mit entsprechender Genehmigung nach dem PBefG durchgeführt werden.			

Gewerbearten von A-Z

Perückenmacher	Erlaubnispflicht	Zulassungspflichtiges Handwerk	Anzeigepflicht gemäß § 14 GewO	Zuständige Zulassungs- oder Erlaubnisbehörde in Bayern
	nein	nach HwO Anlage A, Nr. 38	ja	örtlich zuständige Handwerkskammer
Bemerkungen/ Hinweise	Wesentliche Tätigkeit des Friseurhandwerks.			

Pfandleiher	Erlaubnispflicht	Zulassungspflichtiges Handwerk	Anzeigepflicht gemäß § 14 GewO	Zuständige Zulassungs- oder Erlaubnisbehörde in Bayern
	nach § 34 GewO	nein	ja	zuständige Kreisverwaltungsbehörde (KVB)
Bemerkungen/ Hinweise	Pfandleiher ist, wer gewerbsmäßig Darlehen gegen Faustpfand zur Sicherung des Darlehens neben Zinsen und Kosten gewährt.			

Pferdepension	Erlaubnispflicht	Zulassungspflichtiges Handwerk	Anzeigepflicht gemäß § 14 GewO	Zuständige Zulassungs- oder Erlaubnisbehörde in Bayern
	nein	nein	ja/nein	./.
Bemerkungen/ Hinweise	a) Eine sog. Pferdepension ist dann anzeigepflichtig, wenn der Pferdebesitzer bei einem Dritten sein Pferd unterstellt, das Pferd dort verpflegt wird und der Pferdebesitzer hierfür Entgelt bezahlt. Meistens werden mehrere Pferde in »Pflege« genommen. b) Wird nur ein Pferd unterstellt und findet keine Verpflegung durch den Vermieter statt, wird dies noch der Verwertung des eigenen Vermögens zugeordnet.			

Pferdewettenvermittlung im Internet	Erlaubnispflicht	Zulassungspflichtiges Handwerk	Anzeigepflicht gemäß § 14 GewO	Zuständige Zulassungs- oder Erlaubnisbehörde in Bayern
	nach § 27 Glücksspielstaatsvertrag (GlüSt, GlüStV)	nein	ja	Gemeinsame Glücksspielbehörde der Länder mit Sitz in 06108 Halle (Saale) Hansering 15

Gewerbearten von A-Z

Bemerkungen/ Hinweise	Seit dem 01.01.2023 ist die gemeinsame Glücksspielbehörde der Länder mit Sitz in 06108 Halle an der Saale, Hansering 15 für die Erlaubniserteilung zur Veranstaltung von Pferdewetten im Internet zuständig. Anbietern, denen in der Vergangenheit eine Erlaubnis zur Veranstaltung von Pferdewetten im Internet erteilt wurde, sind auf der Whitelist aufgeführt. Zur Erlaubnis für die Vermittlung von Pferdewetten bei öffentlichen Leistungsprüfungen für Pferde, siehe unter Buchmacher.

Pflasterer	Erlaubnispflicht	Zulassungspflichtiges Handwerk	Anzeigepflicht gemäß § 14 GewO	Zuständige Zulassungs- oder Erlaubnisbehörde in Bayern
	./.	./.	./.	
Bemerkungen/ Hinweise	Siehe Straßenbauer			

Pflegefachmann/-frau	Erlaubnispflicht	Zulassungspflichtiges Handwerk	Anzeigepflicht gemäß § 14 GewO	Zuständige Zulassungs- oder Erlaubnisbehörde in Bayern
	./.	./.	./.	./.
Bemerkungen/ Hinweise	Bei der Tätigkeit handelt es sich aus gewerberechtlicher Sicht um einen Heilhilfsberuf und unterliegt nicht der Gewerbeordnung (§ 6 Abs. 1 GewO). Es ist eine freiberufliche Tätigkeit aus steuerrechtlicher Sicht. Bezüglich einer Anzeigepflicht findet Art. 12 bayerisches Gesundheitsdienst – und Verbraucherschutzgesetz (GDVG) Anwendung. Wer die Berufsbezeichnung »Pflegefachfrau« oder »Pflegefachmann« führen will, bedarf der Erlaubnis gem., § 1 Gesetz über die Pflegeberufe (Pflegeberufegesetz – PflBG). Zuständige Stelle ist die jeweilige Regierung. Siehe auch Ausführungen zur Scheinselbstständigkeit und Krankenpfleger/in			

Pflegeheime	Erlaubnispflicht	Zulassungspflichtiges Handwerk	Anzeigepflicht gemäß § 14 GewO	Zuständige Zulassungs- oder Erlaubnisbehörde in Bayern
	./.	./.	./.	./.
Bemerkungen/ Hinweise	Siehe Altenheime			

Photovoltaikanlagen (Betrieb von Solarpark)	Erlaubnispflicht	Zulassungspflichtiges Handwerk	Anzeigepflicht gemäß § 14 GewO	Zuständige Zulassungs- oder Erlaubnisbehörde in Bayern
	nein	nein	ja/nein	./.

Gewerbearten von A-Z

Bemerkungen/ Hinweise	Das Bundesministerium für Finanzen hat mit Schreiben vom 2.6.2021 festgestellt, dass für Photovoltaikanlagen mit einer installierten Leistung von bis zu 10 kW, die für eigene Wohnzwecke genutzten oder unentgeltlich überlassenen Ein- und Zweitfamilienhausgrundstücken und nach dem 31.12.2003 in Betrieb genommen wurden, eine fehlende Gewinnerzielungsabsicht gegeben ist. Solarpark ist eine Photovoltaikanlage, die nicht auf einem Gebäude oder an einer Fassade, sondern ebenerdig auf einer freien Fläche aufgestellt ist. Aufgrund der Größe ist eine gemäß § 14 Abs. 1 GewO anzeigepflichtige Gewerbeausübung gegeben. Als Betriebssitz gilt, sofern nicht tatsächlich am Solarpark Räumlichkeiten vorhanden sind, die als Betriebsraum im Sinne von § 4 Abs. 3 GewO angesehen werden können (Briefkasten reicht nicht), der Wohnsitz des Betreibers oder unter Umständen auch Räumlichkeiten die für die Verwaltung des Solarparks genutzt werden.			

Physiotherapeut	Erlaubnispflicht	Zulassungspflichtiges Handwerk	Anzeigepflicht gemäß § 14 GewO	Zuständige Zulassungs- oder Erlaubnisbehörde in Bayern
	nach § 1 des Masseur- und Physiotherapeutengesetz (MphG)	nein	nein	./.
Bemerkungen/ Hinweise	Heilhilfsberuf gem. § 6 GewO. Voraussetzung Ausbildung und staatliche Prüfung, Zuverlässigkeit, geistige und körperliche Eignung. Mit Urteil vom 16.07.2021, Az.: L 4 BA 75/20 hat das LSG Baden-Württemberg festgestellt, dass Physiotherapeuten keine »freien Mitarbeiter« in einer physiotherapeutischen Praxis sind, sondern abhängig Beschäftigte, wenn sie in die Organisation eingegliedert sind und kein Unternehmerrisiko tragen. Maßgeblich ist die konkrete ausgestaltung und die Eingliederung in die Organisationsstruktur und Arbeitsabläufe der Gemeinschaftspraxis. Die Gewerbeordnung findet gemäß §6 Abs. 1 GewO keine Anwendung			

Piercing	Erlaubnispflicht	Zulassungspflichtiges Handwerk	Anzeigepflicht gemäß § 14 GewO	Zuständige Zulassungs- oder Erlaubnisbehörde in Bayern
	nein	nein	ja	./.
Bemerkungen/ Hinweise	Kein Gewerbe der Handwerksordnung. Das Anbringen von Metallteilen in verschiedenen Formen (z.B. als Kette, Ring oder ähnlichem Gegenstand) an den Körper (Piercing) mit Lokalanästhetika (Betäubung mittels Injektion) bedarf dann der Erlaubnis gem. § 1 Abs. 1 Gesetz über die berufsmäßige Ausübung der Heilkunde ohne Bestallung (Heilpraktikergesetz). Das Bayerische Landesamt für Gesundheit und Lebensmittelsicherheiten (Sitz Erlangen) hat ein Merkblatt erstellt mit Hinweisen auf Hygieneplan, Hygienische Ausstattung des Arbeitsplatzes usw.			

Gewerbearten von A-Z

Pilates- und Yogalehrer	Erlaubnispflicht	Zulassungspflichtiges Handwerk	Anzeigepflicht gemäß § 14 GewO	Zuständige Zulassungs- oder Erlaubnisbehörde in Bayern
	nein	nein	ja	./.
Bemerkungen/ Hinweise	Der wesentlichste Unterschied zwischen Pilates und Yoga liegt in der Grundüberzeugung und der Herkunft. Yoga ist eine über 1000 Jahre alte indische Lehre, bei der der Fokus auf der Einheit von Körper, Geist und Seele liegt. Yoga fördert auf ganz sanfte und bewusste Art die Muskelstärke, Flexibilität und das Körperbewusstsein. Pilates hingegen ist ein eher neuzeitliches Ganzkörpertraining. Um Pilates oder Yoga zu unterrichten, ist keine Ausbildung erforderlich. Es handelt sich auch um keinen Unterricht gem. § 6 GewO (kein Hochschulabschluss). Siehe auch unter Yogaschule.			

Pilot	Erlaubnispflicht	Zulassungspflichtiges Handwerk	Anzeigepflicht gemäß § 14 GewO	Zuständige Zulassungs- oder Erlaubnisbehörde in Bayern
	nein	nein	nein	./.
Bemerkungen/ Hinweise	Ein Verantwortlicher Luftfahrzeugführer ist, wer ein Luftfahrzeug führt, eine gültige Erlaubnis besitzt, über die fliegerärztliche Tauglichkeit verfügt und vom Halter des Luftfahrzeuges hierzu bestimmt ist. Auch wenn ein Pilot als freiberufliche Tätigkeit im Sinne des Einkommenssteuergesetzes eingestuft wird, ist das Führen eines Flugzeugs eine weisungsgebundene Tätigkeit und somit nicht selbstständig. Siehe auch Luftfahrtunternehmen. Gemäß Urteil vom 03.11.2022 Az. 11.2011 L 8 des Landessozialgerichts Hessen, ist ein Pilot abhängig beschäftigt, wenn er über kein eigenes Flugzeug verfügt und dessen Tätigkeit sich nach Übernahme eines Flugauftrages nicht wesentlich von der eines angestellten Flugzeugführers unterscheidet. Bei dieser Fallkonstellation trägt der Pilot auch kein unternehmerisches Risiko. Da das Unternehmen das Flugzeug zudem kostenfrei zur Verfügung stellte, ist die Tätigkeit des Piloten insoweit nicht anders zu bewerten als die eines Kraftfahrers ohne eigenes Kraftfahrzeug. Mit Urteil vom 23.04.2024 Az. 04.2024 B hat das BSG diese Entscheidung des LSG bestätigt.			

Pinselmacher	Erlaubnispflicht	Zulassungspflichtiges Handwerk	Anzeigepflicht gemäß § 14 GewO	Zuständige Zulassungs- oder Erlaubnisbehörde in Bayern
	./.	./.	./.	./.
Bemerkungen/ Hinweise	Siehe Bürsten- und Pinselmacher			

Plätten von Kleidung	Erlaubnispflicht	Zulassungspflichtiges Handwerk	Anzeigepflicht gemäß § 14 GewO	Zuständige Zulassungs- oder Erlaubnisbehörde in Bayern

Gewerbearten von A-Z

	./.	./.	./.	./.
Bemerkungen/ Hinweise	Siehe Bügelanstalten für Herrenoberbekleidung			

Plisseebrenner	Erlaubnispflicht	Zulassungspflichtiges Handwerk	Anzeigepflicht gemäß § 14 GewO	Zuständige Zulassungs- oder Erlaubnisbehörde in Bayern
	nein	nein	ja	./.
Bemerkungen/ Hinweise	Zusätzliche Anzeigepflicht nach Handwerksordnung (HwO) Anlage B2, Nr. 31 (handwerksähnlich) bei der örtlich zuständigen Handwerkskammer. Plisseebrenner brennen bzw. pressen Falten in Stoffe für Plisseeröcke, für Schottenröcke oder in Mäntel und Gehröcke.			

Podologen/ medizinischer Fußpfleger	Erlaubnispflicht	Zulassungspflichtiges Handwerk	Anzeigepflicht gemäß § 14 GewO	Zuständige Zulassungs- oder Erlaubnisbehörde in Bayern
	nein	nein	nein	zuständige Kreisverwaltungsbehörde (KVB)
Bemerkungen/ Hinweise	Keine Anzeigepflicht nach der GewO, da Heilhilfsberuf im Sinne des § 6 GewO. Die kosmetische Fußpflege, d.h. die Ausübung von pflegerischen und dekorativen Maßnahmen am gesunden Fuß ist jedoch nach § 14 GewO anzeigepflichtig.			

Pokerspieler	Erlaubnispflicht	Zulassungspflichtiges Handwerk	Anzeigepflicht gemäß § 14 GewO	Zuständige Zulassungs- oder Erlaubnisbehörde in Bayern
	./.	./.	./.	./.
Bemerkungen/ Hinweise	Siehe Spieler, selbständig			

Pop-up-Store	Erlaubnispflicht	Zulassungspflichtiges Handwerk	Anzeigepflicht gemäß § 14 GewO	Zuständige Zulassungs- oder Erlaubnisbehörde in Bayern
	nein	nein	ja	./.
Bemerkungen/ Hinweise	Pop-up-Stores (auch Guerilla-Stores genannt) sind temporäre Ladeneinheiten, sogenannte Kurzzeitläden, die oft unangekündigt an ungewöhnlichen Orten »aufpoppen« und nach kurzer Zeit wieder verschwinden.			

Gewerbearten von A-Z

	Eine Betriebsstätte nach § 4 Abs. 3 GewO ist nur gegeben, wenn die Tätigkeit auf unbestimmte Zeit ausgeübt wird. Allerdings ist es schwierig die Auffassung zu vertreten, dass es sich dann um Reisegewerbe handelt. Außerdem entspricht das Warenangebot meist dem einer Boutique. Eine Zuverlässigkeitsprüfung wie im Reisegewerbe ist nicht notwendig. Es kann ja immer die Meinung vertreten werden, dass es nicht nur vorübergehend sondern auf längere Zeit (auf Dauer) betrieben wird. Deshalb herrscht die überwiegende Rechtsmeinung stehendes Gewerbe.				
Porträtfotograf	Erlaubnispflicht	Zulassungspflichtiges Handwerk	Anzeigepflicht gemäß § 14 GewO	Zuständige Zulassungs- oder Erlaubnisbehörde in Bayern	
	nein	nein	ja	./.	
Bemerkungen/ Hinweise	Keine künstlerische Tätigkeit				
Posamentierer	Erlaubnispflicht	Zulassungspflichtiges Handwerk	Anzeigepflicht gemäß § 14 GewO	Zuständige Zulassungs- oder Erlaubnisbehörde in Bayern	
	nein	nein	ja	./.	
Bemerkungen/ Hinweise	Zusätzliche Anzeigepflicht nach Handwerksordnung (HwO) Anlage B1, Nr. 20 (Textilgestalter) bei der örtlich zuständigen Handwerkskammer. Posamentierer ist die Berufsbezeichnung für einen Handwerker, der so genannte Posamente, das sind goldene, silberne, seidene oder wollene Borten, Bänder, Fransen, Quasten, Schnüre, Treffen, Schärpen, Cordons und ähnliche Arbeiten herstellt. Eingetragen wird ein Posamentierer unter dem Textilgestalter, da seit 2011 die Ausbildung zum Posamentierer unter den Textilgestalter fällt.				
Präzisionswerkzeugmechaniker	Erlaubnispflicht	Zulassungspflichtiges Handwerk	Anzeigepflicht gemäß § 14 GewO	Zuständige Zulassungs- oder Erlaubnisbehörde in Bayern	
	nein	nein	ja	./.	
Bemerkungen/ Hinweise	Zusätzliche Anzeigepflicht nach Handwerksordnung (HwO) Anlage B1, Nr. 10 bei der örtlich zuständigen Handwerkskammer				
Print- und Medientechnologen (Drucker, Siebdrucker, Flexografen)	Erlaubnispflicht	Zulassungspflichtiges Handwerk	Anzeigepflicht gemäß § 14 GewO	Zuständige Zulassungs- oder Erlaubnisbehörde in Bayern	
	nein	nein	ja	./.	

Gewerbearten von A-Z

Bemerkungen/ Hinweise	Zusätzliche Anzeigepflicht nach Handwerksordnung (HwO) B1, Nr. 40, bei der örtlich zuständigen Handwerkskammer			

Privatkrankenanstalt	Erlaubnispflicht	Zulassungspflichtiges Handwerk	Anzeigepflicht gemäß § 14 GewO	Zuständige Zulassungs- oder Erlaubnisbehörde in Bayern
	nach § 30 Abs. 1 GewO	nein	ja	zuständige Kreisverwaltungsbehörde (KVB)
Bemerkungen/ Hinweise	Erlaubnispflicht für gewerbsmäßig betriebene Privatkrankenanstalten. Begrifflich gehören dazu auch Entbindungsanstalten und Nervenkliniken. Zu beachten ist dabei, dass es sich bei diesen Anstalten um privat betriebene Krankenhäuser handeln muss.			

Privatunterricht	Erlaubnispflicht	Zulassungspflichtiges Handwerk	Anzeigepflicht gemäß § 14 GewO	Zuständige Zulassungs- oder Erlaubnisbehörde in Bayern
	nein	nein	nein	./.
Bemerkungen/ Hinweise	Gemäß Art. 105 des Bayerischen Gesetzes über das Erziehungs- und Unterrichtswesen (BayEUG) zu Unterrichtswesen gem. § 6 Abs. 1 GewO zählend und deshalb von der Gewerbeordnung ausgenommen.			

Profisportler	Erlaubnispflicht	Zulassungspflichtiges Handwerk	Anzeigepflicht gemäß § 14 GewO	Zuständige Zulassungs- oder Erlaubnisbehörde in Bayern
	nein	nein	ja	./.
Bemerkungen/ Hinweise	Bei Profisportlern, die selbst unternehmerisch (z.B. Tennis- oder Golfspieler) am Markt tätig werden, wird von einer gewerblichen Betätigung ausgegangen. Es liegt ein Urteil des Bundesfinanzhofes vom 22.02.2012 (Az. XR 14/10) vor, in dem Profisportler im Hinblick auf die Definition des Gewerbebegriffs in Verbindung mit dem was der BFH zum Begriff »Unternehmer« sagt, als Gewerbetreibende eingestuft werden. Leitsatz: »Ein Fußball-Nationalspieler, dem der DFB Anteile an den durch die zentrale Vermarktung der Fußball-Nationalmannschaft erwirtschafteten Werbeeinnahmen überlässt, erzielt insoweit Einkünfte aus Gewerbebetrieb, wenn er mit Unternehmerrisiko und Unternehmerinitiative handelt«. Mit Urteil vom 15.12.2021 Az. X R 19/19 hat der Bundesfinanzhof festgestellt, dass unter bestimmten Voraussetzungen nicht zu beanstanden ist, wenn das Finanzamt auch Zahlungen der Sportförderung als gewerbliche Einnahmen behandelt und diesbezüglich zusätzlich gemachte Werbungskosten nicht anerkennt.			

Gewerbearten von A-Z

Programmierer	Erlaubnispflicht	Zulassungs-pflichtiges Handwerk	Anzeigepflicht gemäß § 14 GewO	Zuständige Zulassungs- oder Erlaubnisbehörde in Bayern
	./.	./.	./.	./.
Bemerkungen/ Hinweise	Siehe Heimarbeit			

Projektmanagement	Erlaubnispflicht	Zulassungs-pflichtiges Handwerk	Anzeigepflicht gemäß § 14 GewO	Zuständige Zulassungs- oder Erlaubnisbehörde in Bayern
	nein	nein	ja	./.
Bemerkungen/ Hinweise	Als Projektmanagement wird das Imitieren, Planen, Steuern, Kontrollieren und Abschließen von Projekten bezeichnet. Viele Begriffe und Verfahrensweisen im Projektmanagement sind etabliert und standardisiert. Das Finanzgericht Niedersachsen hat mit Urteil vom 18.04.2001 (13 K 15/96) entschieden, dass es sich hier um eine gewerbliche Tätigkeit handelt, die nach § 14 GewO anzeigepflichtig ist, wenn sie selbstständig ausgeübt wird. Für eine selbständige Tätigkeit im Bereich »Projektmanagement Internet« spricht der hochwertige, spezialisierte, individualisierte und weisungsunabhängige Auftrag (SG München, Urteil v. 11.08.2016 – S 30 R 1447/15).			

Prostituierte	Erlaubnispflicht	Zulassungs-pflichtiges Handwerk	Anzeigepflicht gemäß § 14 GewO	Zuständige Zulassungs- oder Erlaubnisbehörde in Bayern
	nein	nein	nein	./.
Bemerkungen/ Hinweise	Seit 01.07.2017 sind Prostituierte nach § 3 Prostituiertenschutzgesetz (ProstSchG) anmeldepflichtig. Die Zuständigkeit für das ProstSchG wurde vom Sozialministerium den Kreisverwaltungsbehörden übertragen. Prostitution ist aber weiterhin kein Gewerbe im Sinne der Gewerbeordnung. Selbstständige Prostituierte können daher weder eine Gewerbeanzeige erstatten noch einen Antrag auf Erteilung einer Reisegewerbekarte für die Ausübung sexueller Handlungen mit Dritten stellen.			

Prostitutionsstätten	Erlaubnispflicht	Zulassungs-pflichtiges Handwerk	Anzeigepflicht gemäß § 14 GewO	Zuständige Zulassungs- oder Erlaubnisbehörde in Bayern
	nach § 12 Abs. 1 Prostituiertenschutzgesetz (ProstSchG)	nein	ja	zuständige Kreisverwaltungsbehörde (KVB)

Gewerbearten von A-Z

Bemerkungen/ Hinweise	Das Betreiben einer Prostitutionsstätte ist nur zulässig, wenn hierfür eine Erlaubnis der zuständigen Behörde nach dem ProstSchG (Erlaubnispflicht) vorliegt. Darunter fallen insbesondere Bordelle, bordellähnliche Betriebe, die Wohnungsprostitution und Fahrzeuge, die der Prostitution dienen. Eine Ausnahme von der Erlaubnispflicht gilt, wenn einzelne Personen eine Wohnung für ihre eigene Tätigkeit als Prostituierte selbst nutzen (Wohnungsprostitution durch die Wohnungsinhaberin).

Prostitutions-Veranstaltungen	Erlaubnispflicht	Zulassungspflichtiges Handwerk	Anzeigepflicht gemäß § 14 GewO	Zuständige Zulassungs- oder Erlaubnisbehörde in Bayern
	nach § 12 Abs. 3 Prostituiertenschutzgesetz (ProstSchG)	nein	ja	zuständige Kreisverwaltungsbehörde (KVB)
Bemerkungen/ Hinweise	Gewerbliche Veranstaltungen, die darauf ausgerichtete sind Gelegenheit zu sexuellem Kontakt gegen Entgelt zu bieten. *(siehe auch Erläuterungen unter der Kennzahl 52b.14).*			

Prostitutions-Vermittlung	Erlaubnispflicht	Zulassungspflichtiges Handwerk	Anzeigepflicht gemäß § 14 GewO	Zuständige Zulassungs- oder Erlaubnisbehörde in Bayern
	nach § 12 Abs. 1 Prostituiertenschutzgesetz (ProstSchG)	nein	ja	zuständige Kreisverwaltungsbehörde (KVB)
Bemerkungen/ Hinweise	Die sogenannten »Escortservicefirmen« benötigen seit dem 01.07.2017 eine Erlaubnis nach dem ProstSchG. *(siehe auch Erläuterungen unter der Kennzahl 52b.14).*			

Psychologischer Berater	Erlaubnispflicht	Zulassungspflichtiges Handwerk	Anzeigepflicht gemäß § 14 GewO	Zuständige Zulassungs- oder Erlaubnisbehörde in Bayern
	./.	./.	./.	./.
Bemerkungen/ Hinweise	Siehe Lebens- und Sozialberatung			

Gewerbearten von A-Z

Psychotherapeut	Erlaubnispflicht	Zulassungspflichtiges Handwerk	Anzeigepflicht gemäß § 14 GewO	Zuständige Zulassungs- oder Erlaubnisbehörde in Bayern
	nein	nein	nein	./.
Bemerkungen/ Hinweise	Die Ausübung der heilkundlichen Psychotherapie unter der Berufsbezeichnung »Psychologische Psychotherapeutin« bedarf gem. § 1 des Gesetzes über die Berufe des psychologischen Psychotherapeuten und des Kinder- und Jugendlichenpsychotherapeuten (Psychotherapeutengesetz – PsychThG) der Approbation als psychologischer Psychotherapeut oder Kinder- und Jugendlichenpsychotherapeut. Die Gewerbeordnung findet gemäß. § 6 Abs. 1 keine Anwendung.			

Publisher	Erlaubnispflicht	Zulassungspflichtiges Handwerk	Anzeigepflicht gemäß § 14 GewO	Zuständige Zulassungs- oder Erlaubnisbehörde in Bayern
	./.	./.	./.	./.
Bemerkungen/ Hinweise	Siehe Affiliate Marketing			

Pyrotechnische Artikel (Vertrieb und Verkauf an den Endverbraucher)	Erlaubnispflicht	Zulassungspflichtiges Handwerk	Anzeigepflicht gemäß § 14 GewO	Zuständige Zulassungs- oder Erlaubnisbehörde in Bayern
	nein	nein	ja	zuständiges Gewerbeaufsichtsamt (GAA); (eine Dienststelle der Regierungen)
Bemerkungen/ Hinweise	Zusätzliche Anzeigepflicht gegenüber Gewerbeaufsichtsamt (GAA). Feuerwerkskörper der Kategorie 2 dürfen an den letzten drei verkaufsoffenen Tagen des Jahres verkauft werden. Pyrotechnik bei Veranstaltungen ist erlaubnispflichtig gem. § 23 der Ersten Verordnung zum Sprengstoffgesetz (SprengV). *(Siehe auch Erläuterungen unter der Kennzahl 54.11).*			

R

Radio- und Fernsehtechniker	Erlaubnispflicht	Zulassungspflichtiges Handwerk	Anzeigepflicht gemäß § 14 GewO	Zuständige Zulassungs- oder Erlaubnisbehörde in Bayern
	nein	nach HwO Anlage A, Nr. 19	ja	örtlich zuständige Handwerkskammer

Gewerbearten von A-Z

Bemerkungen/ Hinweise	Wesentliche Tätigkeit des Informationstechnikerhandwerks.			

Rammgewerbe (Einrammen von Pfählen im Wasserbau)	Erlaubnispflicht	Zulassungspflichtiges Handwerk	Anzeigepflicht gemäß § 14 GewO	Zuständige Zulassungs- oder Erlaubnisbehörde in Bayern
	nein	nein	ja	./.
Bemerkungen/ Hinweise	Zusätzliche Anzeigepflicht nach Handwerksordnung (HwO) Anlage B2, Nr. 7 (handwerksähnlich) bei der örtlich zuständigen Handwerkskammer.			

Raumausstatter	Erlaubnispflicht	Zulassungspflichtiges Handwerk	Anzeigepflicht gemäß § 14 GewO	Zuständige Zulassungs- oder Erlaubnisbehörde in Bayern
	nein	nach HwO Anlage A, Nr. 52	ja	örtlich zuständige Handwerkskammer
Bemerkungen/ Hinweise	Raumausstatter gestalten Wohn-Geschäftsräume und beraten hinsichtlich der Gestaltung und Materialauswahl. Sie planen die Raumausstattung nach den Wünschen des Kunden und bereiten diese vor. Sie ermitteln Kosten und besorgen nach Auftragsabschluss die benötigten Materialien.			

Rechtsanwalt	Erlaubnispflicht	Zulassungspflichtiges Handwerk	Anzeigepflicht gemäß § 14 GewO	Zuständige Zulassungs- oder Erlaubnisbehörde in Bayern
	nein	nein	nein	./.
Bemerkungen/ Hinweise	Der Rechtsanwalt ist ein unabhängiges Organ der Rechtspflege und übt kein Gewerbe im Sinne der GewO aus. Gemäß § 6 Abs. 1 GewO ergibt sich die Nichtanwendung der Gewerbeordnung.			

Rechtsbeistand	Erlaubnispflicht	Zulassungspflichtiges Handwerk	Anzeigepflicht gemäß § 14 GewO	Zuständige Zulassungs- oder Erlaubnisbehörde in Bayern
	nein	nein	nein	./.
Bemerkungen/ Hinweise	Der Rechtsbeistand ist ein unabhängiges Organ der Rechtspflege und übt kein Gewerbe im Sinne der GewO aus. Gemäß § 6 Abs. 1 GewO ergibt sich die Nichtanwendung der Gewerbeordnung.			

Gewerbearten von A-Z

Rechtsberatung z.B. Frachtprüfer, Rentenberater	Erlaubnispflicht	Zulassungspflichtiges Handwerk	Anzeigepflicht gemäß § 14 GewO	Zuständige Zulassungs- oder Erlaubnisbehörde in Bayern
	nach § 1 Rechtsdienstleistungsgesetz (RDG)	nein	nein	der Präsident des zuständigen Amtsgerichts
Bemerkungen/ Hinweise	Geschäftsmäßige Besorgung fremder Rechtsangelegenheiten (haupt- und nebenberuflich, entgeltlich und unentgeltlich). Keine Anzeigepflicht nach der GewO.			

Regalauffüller	Erlaubnispflicht	Zulassungspflichtiges Handwerk	Anzeigepflicht gemäß § 14 GewO	Zuständige Zulassungs- oder Erlaubnisbehörde in Bayern
	./.	./.	./.	./.
Bemerkungen/ Hinweise	Hierbei handelt es sich um eine arbeitnehmerähnliche Tätigkeit und um keine selbstständige Tätigkeit. Siehe auch unter Scheinselbstständigkeit.			

Regale	Erlaubnispflicht	Zulassungspflichtiges Handwerk	Anzeigepflicht gemäß § 14 GewO	Zuständige Zulassungs- oder Erlaubnisbehörde in Bayern
	./.	./.	./.	./.
Bemerkungen/ Hinweise	Siehe Benutzung von Schaufenstern, Vitrinen oder Regalen in anderen Geschäftsräumen.			

Reisebüro	Erlaubnispflicht	Zulassungspflichtiges Handwerk	Anzeigepflicht gemäß § 14 GewO	Zuständige Zulassungs- oder Erlaubnisbehörde in Bayern
	nein	nein	ja	./.
Bemerkungen/ Hinweise	Die Veranstaltung, Durchführung und Vermittlung von Reisen, sowie die Vermittlung von Unterkünften unterliegen der behördlichen Überwachung (Überwachungspflichtiges Gewerbe gem. § 38 Abs. 1 Nr. 4 GewO). Ein Führungszeugnis (FZ) zur Vorlage bei einer Behörde und eine Auskunft aus dem Gewerbezentralregister (GZR) sind durch den Gewerbetreibenden anzufordern.			

Gewerbearten von A-Z

Reisegastwirt	Erlaubnispflicht	Zulassungspflichtiges Handwerk	Anzeigepflicht gemäß § 14 GewO	Zuständige Zulassungs- oder Erlaubnisbehörde in Bayern
	nach § 55 Abs. 2 GewO Reisegewerbekarte	nein	nein	die für den Wohnsitz zuständige Kreisverwaltungbehörde (KVB)
Bemerkungen/ Hinweise	Siehe auch Erläuterungen unter der Kennzahl 12.055 Ziff. 4.1.1 und Kennzahl 30.01 Ziffer 13).			

Reitunterricht	Erlaubnispflicht	Zulassungspflichtiges Handwerk	Anzeigepflicht gemäß § 14 GewO	Zuständige Zulassungs- oder Erlaubnisbehörde in Bayern
	nein	nein	ja	./.
Bemerkungen/ Hinweise	Anzeigepflichtig da nicht unter § 6 Abs. 1 GewO (Unterrichtswesen) fallend. Siehe auch Tiertrainer/Reitlehrer.			

Rentenberater	Erlaubnispflicht	Zulassungspflichtiges Handwerk	Anzeigepflicht gemäß § 14 GewO	Zuständige Zulassungs- oder Erlaubnisbehörde in Bayern
	nein.	nein	ja	Präsident des Landsgerichts oder Präsident des Amtsgerichts, wenn der Ort zudem Bereich eines einem Präsidenten unterstellten Amtsgericht gehört
Bemerkungen/ Hinweise	Die geschäftsmäßige Besorgung fremder Rechtsangelegenheiten in dem Sachbereich Rentenberatung bedarf der Registrierung gem. § 10 Abs. 1 Nr. 2 Rechtsdienstleistungsgesetz (RDG). Voraussetzungen: Zuverlässigkeit, geordnete Wirtschaftsführung, Sachkunde und Eignung, Berufshaftpflichtversicherung. Der Bundesfinanzhof hat mit Urteil vom 7.5.2019 (Az.VIII 2 R/16) entschieden, dass es sich nicht um eine freiberufliche Tätigkeit handelt.			

Reparatur von Bootsmotoren	Erlaubnispflicht	Zulassungspflichtiges Handwerk	Anzeigepflicht gemäß § 14 GewO	Zuständige Zulassungs- oder Erlaubnisbehörde in Bayern
	nein	nach HwO Anlage A, Nr. 16 und Nr. 20	ja	örtlich zuständige Handwerkskammer

Gewerbearten von A-Z

Bemerkungen/ Hinweise	./.			

Requisiteure	Erlaubnispflicht	Zulassungspflichtiges Handwerk	Anzeigepflicht gemäß § 14 GewO	Zuständige Zulassungs- oder Erlaubnisbehörde in Bayern
	nein	nein	ja	./.
Bemerkungen/ Hinweise	Zusätzliche Anzeigepflicht nach Handwerksordnung (HwO) Anlage B2, Nr. 54 (handwerksähnlich) bei der örtlich zuständigen Handwerkskammer.			

Restaurator	Erlaubnispflicht	Zulassungspflichtiges Handwerk	Anzeigepflicht gemäß § 14 GewO	Zuständige Zulassungs- oder Erlaubnisbehörde in Bayern
	nein	nein	nein	./.
Bemerkungen/ Hinweise	Freiberuflich im Sinne des Steuergesetzes, wenn Tätigkeit künstlerisch ist und dies von der Kommission des Finanzamtes festgestellt wurde. Das Landesarbeitsgericht Hessen (Urteil v. 10.05.2019) hat festgestellt, dass Restauratoren (hier Stein-Restaurator bei historischen Bauwerken und Objekten) mit abgeschlossenem Fachhochschulstudium als Freiberufler einzustufen sind.			

Rettungs-Assistent	Erlaubnispflicht	Zulassungspflichtiges Handwerk	Anzeigepflicht gemäß § 14 GewO	Zuständige Zulassungs- oder Erlaubnisbehörde in Bayern
	nein	nein	nein	./.
Bemerkungen/ Hinweise	Es handelt sich um einen Heilhilfsberuf gem. § 6 Abs. 1 GewO. Er gilt als Freiberufler nach § 18 Einkommensteuergesetz (EStG).			

Rigipsplatten verlegen	Erlaubnispflicht	Zulassungspflichtiges Handwerk	Anzeigepflicht gemäß § 14 GewO	Zuständige Zulassungs- oder Erlaubnisbehörde in Bayern
	./.	./.	./.	./.
Bemerkungen/ Hinweise	Siehe Trockenbau			

Gewerbearten von A-Z

Rohr- und Kanalreiniger	Erlaubnispflicht	Zulassungspflichtiges Handwerk	Anzeigepflicht gemäß § 14 GewO	Zuständige Zulassungs- oder Erlaubnisbehörde in Bayern
	nein	nein	ja	./.
Bemerkungen/ Hinweise				

Bemerkungen/ Hinweise	Zusätzliche Anzeigepflicht nach Handwerksordnung (HwO) Anlage B2, Nr. 15 (handwerksähnlich) bei der örtlich zuständigen Handwerkskammer.

Rollladen- und Sonnenschutztechniker	Erlaubnispflicht	Zulassungspflichtiges Handwerk	Anzeigepflicht gemäß § 14 GewO	Zuständige Zulassungs- oder Erlaubnisbehörde in Bayern
	nein	nach HwO Anlage A, Nr. 47	ja	örtlich zuständige Handwerkskammer

Bemerkungen/ Hinweise	./.

Rundfunk	Erlaubnispflicht	Zulassungspflichtiges Handwerk	Anzeigepflicht gemäß § 14 GewO	Zuständige Zulassungs- oder Erlaubnisbehörde in Bayern
	./.	./.	./.	./.

Bemerkungen/ Hinweise	Siehe Internetradio

Rutengänger	Erlaubnispflicht	Zulassungspflichtiges Handwerk	Anzeigepflicht gemäß § 14 GewO	Zuständige Zulassungs- oder Erlaubnisbehörde in Bayern
	nein	nein	ja	./.

Bemerkungen/ Hinweise	Bei der Tätigkeit eines Rutengängers handelt es sich um keine wissenschaftliche Arbeit, da diese an die entsprechende Person gebunden ist und mit dem eigenen Körper ausgeübt wird und auch keinem Gehilfen oder Vertreter übertragen werden kann. Es handelt sich nicht um eine freiberufliche Tätigkeit. Insbesondere liegt keine wissenschaftliche Tätigkeit vor, da die Erkenntnisse und der Erfolg der Tätigkeit nicht auf einer wissenschaftlichen Vorgehensweise, sondern auf angeborener oder aufgrund langjähriger Erfahrungen erworbener, jedenfalls nicht erklärbarer und unbewusster Fähigkeiten beruhen (Urteil Finanzgericht München vom 22.6.2006 Az.: 15 K 4994/03).

Gewerbearten von A-Z

S

Sachverständiger	Erlaubnispflicht	Zulassungspflichtiges Handwerk	Anzeigepflicht gemäß § 14 GewO	Zuständige Zulassungs- oder Erlaubnisbehörde in Bayern
	nein	nein	nein	./.
Bemerkungen/ Hinweise	Eine freiberufliche Tätigkeit nach § 18 Einkommensteuergesetz (EStG) liegt vor, wenn der Gutachter auf der Grundlage von Disziplinen, die an Hochschulen gelehrt werden, und nach sachlichen und objektiven Gesichtspunkten eine qualifizierte Tätigkeit ausübt, die der Lösung schwieriger Sachfragen dient.			

Sachverständiger öffentlich bestellt	Erlaubnispflicht	Zulassungspflichtiges Handwerk	Anzeigepflicht gemäß § 14 GewO	Zuständige Zulassungs- oder Erlaubnisbehörde in Bayern
	nach § 36 GewO	nein	ja	örtlich zuständige IHK
Bemerkungen/ Hinweise	Besonders zuverlässige, glaubwürdige und sachkundige Personen können auf einem bestimmten Sachgebiet der Wirtschaft öffentlich bestellt werden. Öffentlich bestellte Personen werden dann für Gerichte, Behörden usw. tätig. Näheres ist in der Sachverständigenordnung (SVO) geregelt.			

Sattler- und Feintäschner	Erlaubnispflicht	Zulassungspflichtiges Handwerk	Anzeigepflicht gemäß § 14 GewO	Zuständige Zulassungs- oder Erlaubnisbehörde in Bayern
	nein	nein	ja	./.
Bemerkungen/ Hinweise	Zusätzliche Anzeigepflicht nach Handwerksordnung (HwO) Anlage B1, Nr. 26 bei der örtlich zuständigen Handwerkskammer.			

Schachlehrer	Erlaubnispflicht	Zulassungspflichtiges Handwerk	Anzeigepflicht gemäß § 14 GewO	Zuständige Zulassungs- oder Erlaubnisbehörde in Bayern
	nein	nein	ja	./.
Bemerkungen/ Hinweise	Gemäß Entscheidung des VGH München vom 22.12.2015 Az. 22 ZB 15.2513 stellt der Beruf eines Schachlehrers keine Dienstleistung höherer Art dar und ist folglich anzeigepflichtig gemäß § 14 GewO.			

Gewerbearten von A-Z

Schädlings-bekämpfer	Erlaubnispflicht	Zulassungs-pflichtiges Handwerk	Anzeigepflicht gemäß § 14 GewO	Zuständige Zulassungs- oder Erlaubnisbehörde in Bayern
	nach § 11 Abs. 1 Nr. 8e Tierschutzgesetz (TierSchG)	nein	ja	Zuständiges Gewerbeauf-sichtsamt (GAA), Dienststelle bei den Regierungen
Bemerkungen/ Hinweise	\multicolumn{4}{l}{Wer Schädlingsbekämpfung gewerbsmäßig und selbstständig bei einem Dritten oder in einer in § 36 Infektionsschutzgesetz v. 20.07.2000 (BGBl. I S. 1045) genannten Einrichtung (Gemeinschaftseinrichtung wie Schulen und Kindergärten oder Krankenhäusern, Altenheimen, Dialyseeinrichtungen uä) durchführt, betreibt ein genehmigungspflichtiges Gewerbe.}			

Schallschutz-isolierer	Erlaubnispflicht	Zulassungs-pflichtiges Handwerk	Anzeigepflicht gemäß § 14 GewO	Zuständige Zulassungs- oder Erlaubnisbehörde in Bayern
	./.	nach HwO An-lage A, Nr. 6	ja	örtlich zuständige Handwerkskam-mer
Bemerkungen/ Hinweise	Wesentliche Tätigkeit des Wärme-, Kälte-, Schallschutzisolierers.			

Schatzsucher	Erlaubnispflicht	Zulassungs-pflichtiges Handwerk	Anzeigepflicht gemäß § 14 GewO	Zuständige Zulassungs- oder Erlaubnisbehörde in Bayern
	nein	nein	ja	./.
Bemerkungen/ Hinweise	Antike Gegenstände, welche durch Metalldetektor gefunden werden, unter-liegen in der Regel gem. Art. 1 Abs. 1 und 4 Bayerischen Denkmalschutz-gesetz (BayDSchG) dem Denkmalschutz und sind meldepflichtig. Nachdem die Tätigkeit des Schatzsuchers dem Grunde nach erlaubt ist, kann eine Gewerbeanmeldung wohl nicht abgelehnt werden, wenn die Tatbestandsvor-aussetzungen des Gewerbebegriffs erfüllt sind.			

Schaufenster	Erlaubnispflicht	Zulassungs-pflichtiges Handwerk	Anzeigepflicht gemäß § 14 GewO	Zuständige Zulassungs- oder Erlaubnisbehörde in Bayern
	./.	./.	./.	./.

Gewerbearten von A-Z

Bemerkungen/ Hinweise	Siehe Benutzung von Schaufenstern, Vitrinen oder Regalen in anderen Geschäftsräumen.			

Schaufensteranlagenhersteller	Erlaubnispflicht	Zulassungspflichtiges Handwerk	Anzeigepflicht gemäß § 14 GewO	Zuständige Zulassungs- oder Erlaubnisbehörde in Bayern
	nein	nach HwO Anlage A, Nr. 13	ja	örtlich zuständige Handwerkskammer
Bemerkungen/ Hinweise	Wesentliche Tätigkeit des Metallbauerhandwerks.			

Schaufensterdekorationen	Erlaubnispflicht	Zulassungspflichtiges Handwerk	Anzeigepflicht gemäß § 14 GewO	Zuständige Zulassungs- oder Erlaubnisbehörde in Bayern
	nein	nein	ja	./.
Bemerkungen/ Hinweise	Es handelt sich hier um keine zulassungspflichtige Tätigkeit nach der Handwerksordnung.			

Schauspieler	Erlaubnispflicht	Zulassungspflichtiges Handwerk	Anzeigepflicht gemäß § 14 GewO	Zuständige Zulassungs- oder Erlaubnisbehörde in Bayern
	nein	nein	nein	./.
Bemerkungen/ Hinweise	Als Schauspieler werden Akteure bestimmter künstlerischer und kultureller Praktiken bezeichnet, die mit Sprache, Mimik und Gestik eine Rolle verkörpern. Schauspieler sind Personen, die beruflich im Theater, Film oder Fernsehen improvisierend in ihrer spezifischen Form der darstellenden Kunst tätig sind. Ob Schauspieler tatsächlich als Künstler anerkannt werden, entscheiden die zuständigen Finanzämter.			

Schaustellung von Personen	Erlaubnispflicht	Zulassungspflichtiges Handwerk	Anzeigepflicht gemäß § 14 GewO	Zuständige Zulassungs- oder Erlaubnisbehörde in Bayern
	nach § 33a GewO	nein	ja	zuständige Kreisverwaltungsbehörde (KVB)

Gewerbearten von A-Z

Bemerkungen/ Hinweise	Diese Vorschrift hat ihre Bedeutung bei sog. geschlechtsbezogenen Schaustellungen in Geschäftsräumen. Darunter fallen u.a. Striptease, Tabledance usw. *(Siehe hierzu aber auch Erläuterungen unter Kennzahl 52b. 14; Ziffer 8.1 zum ProstSchG).* § 33a GewO gilt nicht für Darbietungen mit überwiegend künstlerischem, sportlichem, akrobatischem oder ähnlichem Charakter.

Scheinselbstständigkeit	Erlaubnispflicht	Zulassungspflichtiges Handwerk	Anzeigepflicht gemäß § 14 GewO	Zuständige Zulassungs- oder Erlaubnisbehörde in Bayern
	nein	nein	nein	./.
Bemerkungen/ Hinweise	Scheinselbstständig ist, wer als selbstständig Tätiger auftritt, tatsächlich jedoch abhängig Beschäftigter im Sinne des Sozialgesetzbuches ist. Diese Definition von Scheinselbstständigkeit der Deutschen Rentenversicherung (DRV) – ohne eindeutige Kriterien – hilft in der Praxis aber nicht weiter. Es ist ratsam die Clearingstelle der Rentenversicherung um eine Einschätzung der beabsichtigten Tätigkeit zu bitten. Kriterien der Scheinselbstständigkeit sind: Der Auftragnehmer ist weisungsgebunden, weil der Auftraggeber vorschreibt, wie und wann der Auftragsnehmer welche Arbeit zu erledigen hat. Damit einher gehen oft Reporting- und Nachweispflichten, er ist in die Organisationsstruktur eingebunden, muss sich an Dienstpläne oder feste Präsenzzeiten halten, hat einen festen Arbeitsplatz im Betrieb. Der Auftragnehmer trägt kein eigenes unternehmerisches Risiko. Er nutzt Betriebsmittel und Infrastruktur des Auftraggebers, tritt nicht unternehmerisch am Markt auf, agiert etwa ohne eigene Geschäftsräume oder Werbung oder erhält feste monatliche Bezüge bzw. war zuvor in der Firma angestellt. Scheinselbstständigkeit ist anzunehmen, wenn es sich um eine Arbeitnehmertätigkeit handelt. Zum Beispiel der Koch der in einer Gaststätte seine Dienstleistung auf Zeit anbietet, ein Kellner, ein Zimmermädchen, ein Regalauffüller, ein Heizkostenableser usw. Hinsichtlich einer selbstständigen Tätigkeit eines Busfahrers ist das Landessozialgericht (LSG) Baden-Württemberg mit Urteil vom 2.9.2011 Az. L 4 R 1063/10 zu dem Ergebnis gekommen, dass hier eine Scheinselbständigkeit vorliegt. Das LSG führte hierzu u.a. anderem aus: »Die Tätigkeit als Busfahrer kann wie die Tätigkeit als LKW- bzw. PKW-Fahrer zwar sowohl im Rahmen eines abhängigen Beschäftigungsverhältnisses als auch im Rahmen eines freien Dienstverhältnisses als selbständige Tätigkeit ausgeübt werden. Der Fahrer hatte zwar für den Auftrag – eine Busreise – das Fahrzeug des Auftraggebers genutzt, erhielt aber keine Weisungen. In die Betriebsorganisation des Unternehmens war er ebenfalls nicht eingebunden. Diese Kriterien sprachen eigentlich gegen Scheinselbständigkeit. Ein maßgebliches Indiz für eine abhängige Beschäftigung war für das Gericht aber der Umstand, dass sich der Aufgabenbereich des Busfahrers im Hinblick auf den einzelnen Auftrag nicht von dem der abhängig beschäftigten Busfahrer unterschied.«

139

Gewerbearten von A-Z

Schiefer- und Schindeldächer	Erlaubnispflicht	Zulassungspflichtiges Handwerk	Anzeigepflicht gemäß § 14 GewO	Zuständige Zulassungs- oder Erlaubnisbehörde in Bayern
	nein	nach HwO Anlage A, Nr. 4	ja	örtlich zuständige Handwerkskammer
Bemerkungen/ Hinweise	Wesentliche Tätigkeit des Dachdeckerhandwerks.			

Schilder- und Lichtreklameersteller	Erlaubnispflicht	Zulassungspflichtiges Handwerk	Anzeigepflicht gemäß § 14 GewO	Zuständige Zulassungs- oder Erlaubnisbehörde in Bayern
	nein	nach HwO Anlage A, Nr. 51	ja	örtlich zuständige Handwerkskammer
Bemerkungen/ Hinweise	./.			

Schirmmacher	Erlaubnispflicht	Zulassungspflichtiges Handwerk	Anzeigepflicht gemäß § 14 GewO	Zuständige Zulassungs- oder Erlaubnisbehörde in Bayern
	nein	nein	ja	./.
Bemerkungen/ Hinweise	Zusätzliche Anzeigepflicht nach Handwerksordnung (HwO) Anlage B2, Nr. 55 (handwerksähnlich), bei der örtlich zuständigen Handwerkskammer.			

Schlagzeugmacher	Erlaubnispflicht	Zulassungspflichtiges Handwerk	Anzeigepflicht gemäß § 14 GewO	Zuständige Zulassungs- oder Erlaubnisbehörde in Bayern
	nein	nein	ja	./.
Bemerkungen/ Hinweise	Zusätzliche Anzeigepflicht nach Handwerksordnung (HwO) Anlage B2, Nr. 57 (handwerksähnlich) bei der örtlich zuständigen Handwerkskammer.			

Schlosser	Erlaubnispflicht	Zulassungspflichtiges Handwerk	Anzeigepflicht gemäß § 14 GewO	Zuständige Zulassungs- oder Erlaubnisbehörde in Bayern
	./.	./.	./.	./.

Gewerbearten von A-Z

Bemerkungen/ Hinweise	Siehe Metallbauer			

Schlüsseldienst/ Schlüsselschnelldienst	Erlaubnispflicht	Zulassungspflichtiges Handwerk	Anzeigepflicht gemäß § 14 GewO	Zuständige Zulassungs- oder Erlaubnisbehörde in Bayern
	nein	nein	ja	./.
Bemerkungen/ Hinweise	Kein Handwerk nach § 1 Handwerksordnung (HwO) bei Kopierautomaten (Spezialschlüssel selbst herstellen) und Austausch industriell hergestellter Schlösser und Zylinder. Überwachungsbedürftig gem. § 38 Abs 1 Nr. 5 GewO Führungszeugnis (FZ) zur Vorlage bei einer Behörde und Auskunft aus dem Gewerbezentralregister (GZR) sind durch den Gewerbetreibenden anzufordern. Siehe auch unter Gebäudesicherungseinrichtungen			

Schneidwerkzeugmechaniker	Erlaubnispflicht	Zulassungspflichtiges Handwerk	Anzeigepflicht gemäß § 14 GewO	Zuständige Zulassungs- oder Erlaubnisbehörde in Bayern
	nein	nein	ja	./.
Bemerkungen/ Hinweise	Siehe Präzisionswerkzeugmechaniker			

Schnapsbrennerei	Erlaubnispflicht	Zulassungspflichtiges Handwerk	Anzeigepflicht gemäß § 14 GewO	Zuständige Zulassungs- oder Erlaubnisbehörde in Bayern
	Anzeige und überwachungspflichtig	nein	ja	Hauptzollamt
Bemerkungen/ Hinweise	Das Alkoholsteuergesetz (AlkStG) regelt die Besteuerung von Alkohol und alkoholhaltigen Waren. Die Herstellung von Branntwein (Brennen) und der Gewahrsam von Brenngeräten sind nach dem AlkStG anmelde- und überwachungspflichtig. Sie ist nur in mit Brennrechten ausgestatteten Verschlussbrennereien oder nach dem Verfahren der Abfindungsbrennerei erlaubt. Sofern nur die Erzeugung von Alkohol im Rahmen von sogenannten Abfindungsbrennereien § 9 Alkoholsteuergesetz (AlkStG) erfolgt, kann man dies noch als landwirtschaftliche Bearbeitungsstufe und somit gewerberechtlich als Urproduktion einstufen. Erst die Trinkbranntweinherstellung als 2. Bearbeitungsstufe ist ein nach § 14 GewO anzeigepflichtiges Gewerbe.			

Gewerbearten von A-Z

Schnellreiniger	Erlaubnispflicht	Zulassungspflichtiges Handwerk	Anzeigepflicht gemäß § 14 GewO	Zuständige Zulassungs- oder Erlaubnisbehörde in Bayern
	nein	nein	ja	./.
Bemerkungen/ Hinweise		Zusätzliche Anzeigepflicht nach Handwerksordnung (HwO) Anlage B2, Nr. 45 (handwerksähnlich) bei der örtlich zuständigen Handwerkskammer.		

Schönheitssalon	Erlaubnispflicht	Zulassungspflichtiges Handwerk	Anzeigepflicht gemäß § 14 GewO	Zuständige Zulassungs- oder Erlaubnisbehörde in Bayern
	nein	nein	ja	./.
Bemerkungen/ Hinweise	Die Tätigkeit eines Schönheitspfleger im Rahmen eines sog. Schönheitssalons ist ein zulassungsfreies handwerksähnliches Gewerbe. Zusätzliche Anzeigepflicht nach Handwerksordnung (HwO) Anlage B2, Nr. 48 (handwerksähnlich) (Kosmetiker) bei der örtlich zuständigen Handwerkskammer.			

Schornsteinbauer	Erlaubnispflicht	Zulassungspflichtiges Handwerk	Anzeigepflicht gemäß § 14 GewO	Zuständige Zulassungs- oder Erlaubnisbehörde in Bayern
	nein	nach HwO Anlage A, Nr. 1	ja	örtlich zuständige Handwerkskammer
Bemerkungen/ Hinweise	Wesentliche Tätigkeit des Maurer- und Betonbauerhandwerks			

Schornsteinfeger	Erlaubnispflicht	Zulassungspflichtiges Handwerk	Anzeigepflicht gemäß § 14 GewO	Zuständige Zulassungs- oder Erlaubnisbehörde in Bayern
	nein	nach HwO Anlage A, Nr. 12	ja	örtlich zuständige Handwerkskammer
Bemerkungen/ Hinweise	./.			

Schreiner	Erlaubnispflicht	Zulassungspflichtiges Handwerk	Anzeigepflicht gemäß § 14 GewO	Zuständige Zulassungs- oder Erlaubnisbehörde in Bayern

Gewerbearten von A-Z

	./.	./.	./.	./.
Bemerkungen/ Hinweise	Siehe Tischler			

Schriftsteller	Erlaubnispflicht	Zulassungspflichtiges Handwerk	Anzeigepflicht gemäß § 14 GewO	Zuständige Zulassungs- oder Erlaubnisbehörde in Bayern
	nein	nein	nein	./.
Bemerkungen/ Hinweise	Fällt unter künstlerische Tätigkeit und unterliegt nicht der GewO.			

Schülerfirmen	Erlaubnispflicht	Zulassungspflichtiges Handwerk	Anzeigepflicht gemäß § 14 GewO	Zuständige Zulassungs- oder Erlaubnisbehörde in Bayern
	nein	nein	nein	nein
Bemerkungen/ Hinweise	Schülerfirmen sind von Schülern eigenverantwortlich gegründete Übungsunternehmen, die im realen Geschäftsbetrieb zumeist unter dem Schirm einer Schule geführt werden. Solche Unternehmen dienen vor allem pädagogischen und Bildungszwecken. Somit dient eine »Schülerfirma« nicht erwerbswirtschaftlichen Zwecken, sondern dient in erster Linie dafür zu erkennen, wie die Realität von Unternehmern/innen aussieht und welche Chancen und Risiken hiermit verbunden sind. Meist werden die Schülerfirmen für einen begrenzten Zeitraum (z.B. ein Schuljahr) gegründet und werden in der Regel von der Schulleitung betreut. (133. BLA-Sitzung v. 18.19.04.2023 TOP 6a)			

Schuhmacher	Erlaubnispflicht	Zulassungspflichtiges Handwerk	Anzeigepflicht gemäß § 14 GewO	Zuständige Zulassungs- oder Erlaubnisbehörde in Bayern
	nein	nein	ja	./.
Bemerkungen/ Hinweise	Zusätzliche Anzeigepflicht nach Handwerksordnung (HwO) Anlage B1, Nr. 25 bei der örtlich zuständigen Handwerkskammer.			

Schuhreparaturen (einfache Ausführungen)	Erlaubnispflicht	Zulassungspflichtiges Handwerk	Anzeigepflicht gemäß § 14 GewO	Zuständige Zulassungs- oder Erlaubnisbehörde in Bayern
	nein	nein	ja	./.
Bemerkungen/ Hinweise	Zusätzliche Anzeigepflicht nach Handwerksordnung (HwO) Anlage B2, Nr. 39 (handwerksähnlich) bei der örtlich zuständigen Handwerkskammer.			

Gewerbearten von A-Z

Schwimmunterricht	Erlaubnispflicht	Zulassungspflichtiges Handwerk	Anzeigepflicht gemäß § 14 GewO	Zuständige Zulassungs- oder Erlaubnisbehörde in Bayern
	nein	nein	ja	./.
Bemerkungen/ Hinweise	Anzeigepflichtig da nicht unter § 6 Abs. 1 GewO (Unterrichtswesen) fallend.			

Sektherstellung	Erlaubnispflicht	Zulassungspflichtiges Handwerk	Anzeigepflicht gemäß § 14 GewO	Zuständige Zulassungs- oder Erlaubnisbehörde in Bayern
	nein	nein.	ja	./.
Bemerkungen/ Hinweise	Zusätzliche Anzeigepflicht nach Handwerksordnung (HwO), Anlage B1, Nr. 30 (Weinküfer) bei der örtlich zuständigen Handwerkskammer.			

Segelmacher	Erlaubnispflicht	Zulassungspflichtiges Handwerk	Anzeigepflicht gemäß § 14 GewO	Zuständige Zulassungs- oder Erlaubnisbehörde in Bayern
	nein	nein	ja	./.
Bemerkungen/ Hinweise	Zusätzliche Anzeigepflicht nach Handwerksordnung (HwO) Anlage B1, Nr. 23 bei der örtlichen Handwerkskammer.			

Seelotse	Erlaubnispflicht	Zulassungspflichtiges Handwerk	Anzeigepflicht gemäß § 14 GewO	Zuständige Zulassungs- oder Erlaubnisbehörde in Bayern
	nein	nein	nein	Bestellung durch die zuständige Aufsichtsbehörde
Bemerkungen/ Hinweise	Der Seelotse unterliegt nach § 6 Abs. 1 GewO nicht der Gewerbeordnung. Gemäß § 1 Seelotsengesetz (SeeLG) ist Seelotse, wer nach behördlicher Zulassung berufsmäßig auf Seeschifffahrtsstraßen außerhalb der Häfen oder über See, Schiffe als orts- und schifffahrtskundiger Berater geleitet. Der für ein Seelotsenrevier behördlich bestellte Seelotse übt seine Tätigkeit als freien, nicht gewerblichen Beruf aus (§ 21 Abs. 1 SeeLG).			

Seiler	Erlaubnispflicht	Zulassungspflichtiges Handwerk	Anzeigepflicht gemäß § 14 GewO	Zuständige Zulassungs- oder Erlaubnisbehörde in Bayern
	nein	nach HwO Anlage A, Nr. 29	ja	örtlich zuständige Handwerkskammer

Gewerbearten von A-Z

Bemerkungen/ Hinweise	./.

Seminarveranstalter	Erlaubnispflicht	Zulassungspflichtiges Handwerk	Anzeigepflicht gemäß § 14 GewO	Zuständige Zulassungs- oder Erlaubnisbehörde in Bayern
	nein	nein	ja	./.
Bemerkungen/ Hinweise				

Bemerkungen/ Hinweise	Urteil des Finanzgerichts Baden-Württemberg vom 12.12.2007 Az.: II 7 K 283/04: wird eine unterrichtende Tätigkeit durch die Einschaltung einer Vielzahl von qualifizierten Mitarbeitern nicht mehr eigenverantwortlich ausgeführt, sind die Einkünfte aus der »Unterrichtstätigkeit« als gewerbliche Einkünfte zu qualifizieren.

Siebdrucker	Erlaubnispflicht	Zulassungspflichtiges Handwerk	Anzeigepflicht gemäß § 14 GewO	Zuständige Zulassungs- oder Erlaubnisbehörde in Bayern
	./.	./.	./.	./.
Bemerkungen/ Hinweise	Siehe Print- und Medientechnologen (Drucker, Siebdrucker, Flexografen)			

Skilehrer/ Skischule	Erlaubnispflicht	Zulassungspflichtiges Handwerk	Anzeigepflicht gemäß § 14 GewO	Zuständige Zulassungs- oder Erlaubnisbehörde in Bayern
	nein	nein	nein	./.
Bemerkungen/ Hinweise	Da nach Landesrecht durch die Verordnung über die Ausübung des Unterrichts als Berg- und Skiführer geregelt, unterliegt die Tätigkeit § 6 Satz 1 GewO (Unterrichtswesen), somit finden die Vorschriften der GewO keine Anwendung. *(Siehe auch Erläuterungen unter der Kennzahl 12.014).*			

Solarpark	Erlaubnispflicht	Zulassungspflichtiges Handwerk	Anzeigepflicht gemäß § 14 GewO	Zuständige Zulassungs- oder Erlaubnisbehörde in Bayern
	nein	nein	ja	./.
Bemerkungen/ Hinweise	Siehe Photovoltaikanlage			

Gewerbearten von A-Z

Sonnenschutz-techniker	Erlaubnispflicht	Zulassungs-pflichtiges Handwerk	Anzeigepflicht gemäß § 14 GewO	Zuständige Zulassungs- oder Erlaubnisbehörde in Bayern
	./.	./.	./.	./.
Bemerkungen/ Hinweise	Siehe Rolladen- und Sonnenschutztechniker			

Sonnenstudio	Erlaubnispflicht	Zulassungs-pflichtiges Handwerk	Anzeigepflicht gemäß § 14 GewO	Zuständige Zulassungs- oder Erlaubnisbehörde in Bayern
	nein	nein	ja	./.
Bemerkungen/ Hinweise	Dürfen auch an Sonn- und Feiertagen betrieben werden (BVerwG Urteil v. 25.08.1992; Az. 1 C 38.90) (siehe auch Erläuterungen unter der Kennzahl 43.12, Ziffer 2.12).			

Sparkasse/ Genossenschafts-bank	Erlaubnispflicht	Zulassungs-pflichtiges Handwerk	Anzeigepflicht gemäß § 14 GewO	Zuständige Zulassungs- oder Erlaubnisbehörde in Bayern
	nein	nein	ja	./.
Bemerkungen/ Hinweise	Bei Sparkassen handelt es sich um gemeinnützige, öffentlich-rechtliche Universalbanken mit kommunaler Trägerschaft. Staatliches Handeln wird dann zum Gewerbe, wenn sich der Staat erwerbswirtschaftlich in Konkurrenz zu wirtschaftlichen Unternehmen betätigt (Landmann-Rohmer, § 14, Rn. 20). Dies ist bei Sparkassen der Fall, da sie in Konkurrenz zu ganz normalen Geschäftsbanken stehen. Sparkassen sind deshalb zur Abgabe einer Gewerbeanzeige verpflichtet.			

Speiseeisher-steller	Erlaubnispflicht	Zulassungs-pflichtiges Handwerk	Anzeigepflicht gemäß § 14 GewO	Zuständige Zulassungs- oder Erlaubnisbehörde in Bayern
	nein	nein	ja	./.
Bemerkungen/ Hinweise	Zusätzliche Anzeigepflicht nach Handwerksordnung (HwO) Anlage B2, Nr. 42 (handwerksähnlich), bei der örtlich zuständigen Handwerkskammer.			

Gewerbearten von A-Z

Spengler	Erlaubnispflicht	Zulassungspflichtiges Handwerk	Anzeigepflicht gemäß § 14 GewO	Zuständige Zulassungs- oder Erlaubnisbehörde in Bayern
	nein	nach HwO Anlage A, Nr. 23	ja	örtlich zuständige Handwerkskammer
Bemerkungen/ Hinweise	Gebäude mit den Bauteilen auszustatten, die ein Haus wetterfest machen wie Dachrinne, Ablaufrohr, Fassaden- und Lukarnen-Verkleidung, Kamineinfassung, Fenstersims und Blitzschutzanlage sind typische Tätigkeiten, die ein Spengler ausübt. In der Werkstatt stellen Spengler/innen selbst die Bauteile her, die sie später am Gebäude montieren. Insoweit ist der Beruf identisch mit dem Beruf Klempner. Siehe deshalb Erläuterung unter Klempner.			

Spiele mit Gewinnmöglichkeit (Veranstaltung)	Erlaubnispflicht	Zulassungspflichtiges Handwerk	Anzeigepflicht gemäß § 14 GewO	Zuständige Zulassungs- oder Erlaubnisbehörde in Bayern
	nach § 33d GewO	nein	ja	Gemeinde
Bemerkungen/ Hinweise	Gewerbsmäßige Veranstaltung von Geschicklichkeitsspielen bzw. Spielen mit Gewinnmöglichkeit sofern eine Unbedenklichkeitsbescheinigung (Erlaubnis) des Bundeskriminalamtes vorliegt. Erlaubnisfrei sind alle Spiele im Sinne der Anlage zu § 5a Spielverordnung (SpielV). Siehe Kennzahl 22.10 und Kennzahl 12.033d.			

Spieler; selbständig	Erlaubnispflicht	Zulassungspflichtiges Handwerk	Anzeigepflicht gemäß § 14 GewO	Zuständige Zulassungs- oder Erlaubnisbehörde in Bayern
	nein	nein	ja	./.
Bemerkungen/ Hinweise	Hier handelt es sich um Teilnehmer an Videospielen, die Millionen Zuschauer erreichen. Der Streamer (Spieler) erwirtschaftet sich dabei ein erhebliches Einkommen. Zusätzlich verdient er durch Werbeverträge und Produktplatzierungen. Grundsätzlich ist damit der Gewerbebegriff erfüllt. Für einen Pokerspieler gilt, dass eine gewerbliche Tätigkeit vorliegt, wenn es sich um eine selbständige nachhaltige Betätigung handelt, die mit der Absicht ausgeübt wird, Gewinn zu erzielen und sich dabei als Beteiligung am allgemeinen wirtschaftlichen Verkehr darstellt. Bei allen Pokerspielern liegt in der Regel eine selbständige nachhaltige Tätigkeit mit Gewinnerzielungsabsicht vor, wenn sie das Pokerspiel nicht nur als Hobby betreiben. Gewinne aus dem Online-Pokerspiel (hier: in der Variante »Texas Hold'em«) können als Einkünfte aus Gewerbebetrieb der Einkommensteuer unterliegen. Die erforderliche Abgrenzung zu privaten Tätigkeiten richtet sich bei Spielern – ebenso wie bei Sportlern – danach, ob der Steuerpflichtige mit seiner Betätigung private Spielbedürfnisse gleich einem Freizeit- oder Hobbyspieler befriedigt oder ob in der Gesamtschau strukturell-gewerbliche Aspekte entscheidend in den Vordergrund rücken. **Siehe auch unter Affilitate.**			

Gewerbearten von A-Z

Spielhallen	Erlaubnispflicht	Zulassungspflichtiges Handwerk	Anzeigepflicht gemäß § 14 GewO	Zuständige zulassungs- oder Erlaubnisbehörde in Bayern
	nach § 33i GewO u. § 24 Abs. 1 Glücksspielstaatsvertrag (GlüStV)	nein	ja	zuständige Kreisverwaltungsbehörde (KVB)
Bemerkungen/ Hinweise	Spielhalle liegt vor, wenn Spielgeräte mit Gewinnmöglichkeit und/oder andere Spiele mit Geldgewinn veranstaltet bzw. aufgestellt werden. Maßgeblich ist das Gesamtgepräge des Betriebs. Grundsätzlich keine Spielhallen sind Internetcafés und Billardcafés. Neue zusätzliche Erlaubnispflicht seit dem 01.07.2017 nach dem Glücksspielstaatsvertrag. Beide Erlaubnisse werden von der Kreisverwaltungsbehörden (KVB) erteilt. *(Siehe Erläuterungen unter Kennzahl 12.033i).*			

Spielhallenbetreuer	Erlaubnispflicht	Zulassungspflichtiges Handwerk	Anzeigepflicht gemäß § 14 GewO	Zuständige Zulassungs- oder Erlaubnisbehörde in Bayern
	nein	nein	nein	./.
Bemerkungen/ Hinweise	Der Bund-Länder-Ausschuss des Bundeswirtschaftsministeriums vertritt die Auffassung, dass hier ein Verstoß gegen § 33i GewO unter dem Gesichtspunkt »faktischer Spielhallenbetreiber« gegeben ist sowie eine Ordnungswidrigkeit gegen § 47 GewO vorliegt. Die Spielhallenbetreuung ist vertraglich so ausgestaltet, dass die Verantwortlichkeit für den Betrieb der Spielhalle weitgehend beim Betreuer liegt. Er muss für die Reinigung der Spielhalle sorgen (Reinigungsmittel muss er auf eigene Kosten kaufen), die Verabreichung von Getränken und Speisen sowie die Betreuung der Spieler inklusive Wechselgeldservice erfolgen ebenfalls auf eigenen Namen und eigene Rechnung. Schließlich obliegt ihm die Überwachung der Funktionsfähigkeit der Automaten. Er darf zwar die Öffnungszeiten festlegen, die wiederum bereits durch den Vertrag bestimmt sind. Dem Betreuer steht eine Provision zu. In dem geschilderten Vertrag waren es 30 %. Hier wird eindeutig ein reguläres Beschäftigungsverhältnis als angestellte Spielhallenaufsicht in Scheinselbstständigkeit umgewandelt. Der Spielhallenbetreiber (Konzessionsinhaber) ist nie vor Ort und der Spielhallenbetreuer, der sog. Pächter, hat keine Konzession.			

Sportbootvermietung	Erlaubnispflicht	Zulassungspflichtiges Handwerk	Anzeigepflicht gemäß § 14 GewO	Zuständige Zulassungs- oder Erlaubnisbehörde in Bayern
	nein	nein	ja	./.

Bemerkungen/ Hinweise	Das gewerbsmäßige Vermieten von Sportbooten und deren Benutzung auf dem Binnenschifffahrtsstraßen unterliegt den Vorschriften der Binnenschifffahrts-Sportbootvermietungsverordnung vom 18.4.2000 (BGBl. I S. 572). Zuständige Behörde ist ggf. das Wasserstraßen- und Schifffahrtsamt.

Sportpromoter	Erlaubnispflicht	Zulassungspflichtiges Handwerk	Anzeigepflicht gemäß § 14 GewO	Zuständige Zulassungs- oder Erlaubnisbehörde in Bayern
	nein	nein	ja	./.
Bemerkungen/ Hinweise	Es liegt ein Gewerbe vor, da hier keine persönlichen Dienstleistungen höherer Art, sondern eine effiziente und wirtschaftliche Vermarktung von Sportveranstaltungen vorliegt.			

Sportwettenvermittlung	Erlaubnispflicht	Zulassungspflichtiges Handwerk	Anzeigepflicht gemäß § 14 GewO	Zuständige Zulassungs- oder Erlaubnisbehörde in Bayern
	nach §§ 4 Abs. 1, 4a und 10a Abs. 2 Glücksspielstaatsvertrag (GluStV)	nein	ja	siehe Bemerkungen/Hinweise
Bemerkungen/ Hinweise	Nach dem Staatsvertrag zur Neuregulierung des Glücksspielwesens in Deutschland (Glücksspielstaatsvertrag 2021, der am 1. Juli 2021 in Kraft getreten ist, dürfen Sportwetten auch von privaten Anbietern veranstaltet werden. Für die Erteilung einer Erlaubnis zur Veranstaltung von Sportwetten ist seit dem 1. Januar 2023 ländereinheitlich die Gemeinsame Glücksspielbehörde der Länder (GGL) https://www.gluecksspiel-behoerde.de/de/erlaubnisfaehigesgluecksspiel/sport-und-pferdewetten mit Sitz in Halle (Saale) zuständig. Daneben ist für alle Stellen, in denen Sportwetten vermittelt werden, eine eigene behördliche Erlaubnis notwendig. Zuständig hierfür ist die Regierung, in deren Bezirk die Wettvermittlung erfolgen soll. Die Kreisverwaltungsbehörden sind dann für Überwachung und Untersagung zuständig. Für die Veranstaltung von virtuellen Automatenspielen und Online-Poker wird ebenfalls eine Erlaubnis benötigt. Erlaubnisanträge für die Veranstaltung von virtuellen Automatenspielen und Online-Poker können seit dem 1. Januar 2023 bei der Gemeinsamen Glücksspiel-behörde der Länder https://www.gluecksspielbehoerde.de/de/erlaubnisfaehigesgluecksspiel/online-poker-und-virtuelle-automatenspiele (GGL) gestellt werden.			

Gewerbearten von A-Z

Sprengstoffe (Arbeiten und Umgang mit Sprengstoffen)	Erlaubnispflicht	Zulassungspflichtiges Handwerk	Anzeigepflicht gemäß § 14 GewO	Zuständige Zulassungs- oder Erlaubnisbehörde in Bayern
	nach § 7 Sprengstoffgesetz (SprengG)	nein	ja	örtlich zuständiges Gewerbeaufsichtsamt (Dienststelle der jeweiligen Regierungen)
Bemerkungen/ Hinweise	Zuverlässigkeit und Sachkunde muss hier nachgewiesen werden.			

Steindrucker	Erlaubnispflicht	Zulassungspflichtiges Handwerk	Anzeigepflicht gemäß § 14 GewO	Zuständige Zulassungs- oder Erlaubnisbehörde in Bayern
	nein	nein	ja	./.
Bemerkungen/ Hinweise	Zusätzliche Anzeigepflicht nach Handwerksordnung (HwO) Anlage B2, Nr. 56, (handwerksähnlich) bei der örtlich zuständigen Handwerkskammer.			

Steinmetzen und Steinbildhauer	Erlaubnispflicht	Zulassungspflichtiges Handwerk	Anzeigepflicht gemäß § 14 GewO	Zuständige Zulassungs- oder Erlaubnisbehörde in Bayern
	nein	nach HwO Anlage A, Nr. 8	ja	örtlich zuständige Handwerkskammer
Bemerkungen/ Hinweise	./.			

Stempelätzer und Stempelgraveure	Erlaubnispflicht	Zulassungspflichtiges Handwerk	Anzeigepflicht gemäß § 14 GewO	Zuständige Zulassungs- oder Erlaubnisbehörde in Bayern
	./.	./.	./.	./.
Bemerkungen/ Hinweise	Siehe Graveure			

Gewerbearten von A-Z

Stereotypeur	Erlaubnispflicht	Zulassungspflichtiges Handwerk	Anzeigepflicht gemäß § 14 GewO	Zuständige Zulassungs- oder Erlaubnisbehörde in Bayern
	nein	nein	ja	./.
Bemerkungen/ Hinweise	Zusätzliche Anzeigepflicht nach Handwerksordnung (HwO) Anlage B1, Nr. 40 (Print- und Medientechnologie) bei der örtlich zuständigen Handwerkskammer,			

Steuerberater	Erlaubnispflicht	Zulassungspflichtiges Handwerk	Anzeigepflicht gemäß § 14 GewO	Zuständige Zulassungs- oder Erlaubnisbehörde in Bayern
	nein	nein	nein	zuständige Steuerberaterkammer für den Kanzleisitz
Bemerkungen/ Hinweise	Steuerberater üben nach § 32 Abs. 2 Steuerberatergesetz (StBerG) einen freien Beruf und gemäß § 6 Abs. 1 Satz 1 GewO kein Gewerbe aus.			

Steuerberatungsgesellschaft	Erlaubnispflicht	Zulassungspflichtiges Handwerk	Anzeigepflicht gemäß § 14 GewO	Zuständige Zulassungs- oder Erlaubnisbehörde in Bayern
	./.	./.	./.	./.
Bemerkungen/ Hinweise	Steuerberatungsgesellschaften sind gemäß § 6 GewO von der Gewerbeordnung ausgenommen.			

Sticker	Erlaubnispflicht	Zulassungspflichtiges Handwerk	Anzeigepflicht gemäß § 14 GewO	Zuständige Zulassungs- oder Erlaubnisbehörde in Bayern
	nein	nein	ja	./.
Bemerkungen/ Hinweise	Zusätzliche Anzeigepflicht nach Handwerksordnung (HwO) Anlage B1, Nr. 20 (Textilgestalter) bei der örtlich zuständigen Handwerkskammer.			

Stoffmaler	Erlaubnispflicht	Zulassungspflichtiges Handwerk	Anzeigepflicht gemäß § 14 GewO	Zuständige Zulassungs- oder Erlaubnisbehörde in Bayern
	nein	nein	ja	./.
Bemerkungen/ Hinweise	Zusätzliche Anzeigepflicht nach Handwerksordnung (HwO) Anlage B2, Nr. 33 (handwerksähnlich) bei der örtlich zuständigen Handwerkskammer.			

Gewerbearten von A-Z

Straßenbauer	Erlaubnispflicht	Zulassungspflichtiges Handwerk	Anzeigepflicht gemäß § 14 GewO	Zuständige Zulassungs- oder Erlaubnisbehörde in Bayern
	nein	nach HwO Anlage A, Nr. 5	ja	örtlich zuständige Handwerkskammer
Bemerkungen/ Hinweise	./.			

Straßenkünstler	Erlaubnispflicht	Zulassungspflichtiges Handwerk	Anzeigepflicht gemäß § 14 GewO	Zuständige Zulassungs- oder Erlaubnisbehörde in Bayern
	nein	nein	nein	./.
Bemerkungen/ Hinweise	Ein Straßenkünstler wird in der Regel vom zuständigen Finanzamt des Wohnortes nicht als Künstler im Sinne des Einkommensteuergesetzes gesehen. Sollte dies der Fall sein oder wird er in die Künstlersozialkasse aufgenommen, benötigt er als »Straßenkünstler« für das Anbieten seiner Dienstleistung keine gewerbliche Erlaubnis bzw. Anzeige. Falls der Straßenkünstler auf öffentlichem Verkehrsgrund auftritt, benötigt er von den Gemeinden eine Straßen- und wegerechtliche Sondernutzungserlaubnis. Dies wäre dann ausreichend *(siehe auch Erläuterungen unter der Kennzahl 12.014)*.			

Streamer	Erlaubnispflicht	Zulassungspflichtiges Handwerk	Anzeigepflicht gemäß § 14 GewO	Zuständige Zulassungs- oder Erlaubnisbehörde in Bayern
	./.	./.	./.	./.
Bemerkungen/ Hinweise	Siehe Spieler, selbständig			

Stricker	Erlaubnispflicht	Zulassungspflichtiges Handwerk	Anzeigepflicht gemäß § 14 GewO	Zuständige Zulassungs- oder Erlaubnisbehörde in Bayern
	nein	nein	ja	./.
Bemerkungen/ Hinweise	Zusätzliche Anzeigepflicht nach Handwerksordnung (HwO) Anlage B1, Nr. 20 (Textilgestalter) bei der örtlich zuständigen Handwerkskammer.			

Gewerbearten von A-Z

Strohdächer	Erlaubnispflicht	Zulassungspflichtiges Handwerk	Anzeigepflicht gemäß § 14 GewO	Zuständige Zulassungs- oder Erlaubnisbehörde in Bayern
	nein	nach HwO Anlage A, Nr. 4	ja	örtlich zuständige Handwerkskammer
Bemerkungen/ Hinweise	Wesentliche Tätigkeit des Dachdeckerhandwerks.			

Stuckateure	Erlaubnispflicht	Zulassungspflichtiges Handwerk	Anzeigepflicht gemäß § 14 GewO	Zuständige Zulassungs- oder Erlaubnisbehörde in Bayern
	nein	nach HwO Anlage A, Nr. 9	ja	örtlich zuständige Handwerkskammer
Bemerkungen/ Hinweise	./.			

Stuntman	Erlaubnispflicht	Zulassungspflichtiges Handwerk	Anzeigepflicht gemäß § 14 GewO	Zuständige Zulassungs- oder Erlaubnisbehörde in Bayern
	nein	nein	ja	./.
Bemerkungen/ Hinweise	Urteil des Finanzgerichts München vom 16.05.2002 5 K 5281/97: Ein Stuntteam in der Rechtsform einer GbR, welches im Rahmen von Filmproduktionen oder Theaterstücken die in den jeweiligen Regiebüchern vorgesehenen einzelnen Actionszenen wie z.B. Autocarambolagen, Schlägereien oder pyrotechnische Effekte darstellt und Showeffekte erzeugt sowie Schauspieler doubelt, ist nicht künstlerisch tätig, so dass gewerbliche Einkünfte erzielt werden.			

Süßwarenhersteller	Erlaubnispflicht	Zulassungspflichtiges Handwerk	Anzeigepflicht gemäß § 14 GewO	Zuständige Zulassungs- oder Erlaubnisbehörde in Bayern
	nein	nach HwO Anlage A, Nr. 31	ja	örtlich zuständige Handwerkskammer
Bemerkungen/ Hinweise	Kein Handwerk, wenn industrielle Fertigung.			

Gewerbearten von A-Z

Supermärkte (Hightech)	Erlaubnispflicht	Zulassungspflichtiges Handwerk	Anzeigepflicht gemäß § 14 GewO	Zuständige Zulassungs- oder Erlaubnisbehörde in Bayern
	nein	nein	ja	./.
Bemerkungen/ Hinweise	Die sog. Hightech Supermärkte, die auch als »Vollsortimenter« bezeichnet werden, enthalten das Warensortiment eines Supermarkts und verzichten vollständig auf Personal im Verkauf und an den Kassen. Die Kunden werden videoüberwacht, müssen die ausgewählten Waren selbst Einscannen und den Bezahlvorgang abwickeln. Automaten die alkoholische Getränke zum Verzehr an Ort und Stelle abgeben, sind dann Gaststättenbetriebe, wenn besondere Vorrichtungen z.B. zum Öffnen der Flaschenverschlüsse, das Bereitstellen von Gläsern bzw. anderen Trinkgefäßen oder das Bereitstellen von Bänken und Sitzgelegenheiten zu erkennen geben, dass der Aufsteller des Automaten zumindest mit der Möglichkeit des Verzehrs an Ort und Stelle rechnet und mit einem solchen Verhalten seiner Käufer einverstanden ist. (133. BLA-Sitzung vom 18/19.02.2023 TOP 6c).			

Swingerclub	Erlaubnispflicht	Zulassungspflichtiges Handwerk	Anzeigepflicht gemäß § 14 GewO	Zuständige Zulassungs- oder Erlaubnisbehörde in Bayern
	nein	nein	ja	./.
Bemerkungen/ Hinweise	Kein Bordellbetrieb. Der Betreiber stellt Einrichtungen zur Verfügung, damit »Gleichgesinnte« ihrem Privatvergnügen nachgehen können und verlangt hierfür Entgelt. Verhinderung lediglich über Baurecht (Nutzungsänderungsgenehmigung) möglich. Bei Alkoholausschank Erlaubnispflicht gem. § 1 u. 2 Gaststättengesetz (GastG) durch die zuständige Kreisverwaltungsbehörde (KVB)			

T

a) Tagesmutter (vom Jugendamt anerkannt); b) Tagesmutter (Auftraggeber selbst suchend)	Erlaubnispflicht	Zulassungspflichtiges Handwerk	Anzeigepflicht gemäß § 14 GewO	Zuständige Zulassungs- oder Erlaubnisbehörde in Bayern
	ja/nein § 43 Abs. 1 Sozialgesetzbuch VIII	nein	a) nein b) ja	./.

Bemerkungen/ Hinweise	a) Werden Tagesmütter durch das Jugendamt vorgeschlagen und ausgesucht, so müssen bestimmte Voraussetzungen vorliegen. Hier wird unterstellt, dass es sich in diesen Fällen um eine »Erziehung von Kindern gegen Entgelt« handelt und die ist gem. § 6 Abs. 1 Satz 1 GewO aus dem Anwendungsbereich der GewO ausgenommen. b) Findet lediglich eine »Tagesunterbringung« in einem anderen Haushalt statt, steht nicht die persönliche Sorge und Einwirkung auf die Persönlichkeit (Erziehung) im Vordergrund und werden die Auftraggeber selbst ausgewählt, liegt eine gewerbliche Tätigkeit sowie Anzeigepflicht gem. § 14 GewO vor.

Tätowieren	Erlaubnispflicht	Zulassungspflichtiges Handwerk	Anzeigepflicht gemäß § 14 GewO	Zuständige Zulassungs- oder Erlaubnisbehörde in Bayern
	nein	nein	a) ja b) nein	./.
Bemerkungen/ Hinweise	a) Die Tätigkeit des Tätowierers wird überwiegend als ein gewerbliches Kunsthandwerk bzw. eine gewerbliche Tätigkeit beurteilt. Ferner kein Gewerbe der Handwerksordnung. Das Bayerische Landesamt für Gesundheit und Lebensmittelsicherheiten (Sitz Erlangen) hat ein Merkblatt erstellt mit Hinweisen auf den Hygieneplan und die hygienische Ausstattung des Arbeitsplatzes usw. b) Mit Urteil vom 27.06.2024 Az. B3 KS I/23 R hat das Bundessozialgericht festgestellt, dass eine Tätowiererin in die Künstlersozialkasse aufzunehmen ist, wenn sie mit ihren Tätowierungen bildende Kunst schafft. Voraussetzung ist, dass Motiv und Tätowierung ein Gesamtkunstwerk bleiben und es dadurch ein Unikat ist, das nicht weiter produziert und vermarktet wird. Erforderlich ist auch die Zugehörigkeit zu jener Gruppe der Tätowierer, die künstlerisch ausgebildet (z. B. diplomierte Designerin) oder als Künstler anerkannt sind. Wird das Tätowieren mittels Lokalanästhetika (Betäubung mittels Injektion) durchgeführt, ist hierfür eine Erlaubnis nach § 1 Abs. 1 des Gesetzes über die berufsmäßige Ausübung der Heilkunde ohne Bestallung (Heilpraktikergesetz) erforderlich.			

Tankautomat	Erlaubnispflicht	Zulassungspflichtiges Handwerk	Anzeigepflicht gemäß § 14 GewO	Zuständige Zulassungs- oder Erlaubnisbehörde in Bayern
	nein	nein	nur für die Hauptniederlassung	./.
Bemerkungen/ Hinweise	./.			

Gewerbearten von A-Z

Tankreinigung	Erlaubnispflicht	Zulassungspflichtiges Handwerk	Anzeigepflicht gemäß § 14 GewO	Zuständige Zulassungs- oder Erlaubnisbehörde in Bayern
	nein	nein	ja	./.
Bemerkungen/ Hinweise	Kein Gewerbe der Handwerksordnung.			

Tankschutzbetriebe (Korrosionsschutz von Öltanks für Feuergasanlagen ohne chemische Verfahren)	Erlaubnispflicht	Zulassungspflichtiges Handwerk	Anzeigepflicht gemäß § 14 GewO	Zuständige Zulassungs- oder Erlaubnisbehörde in Bayern
	nein	nein	ja	./.
Bemerkungen/ Hinweise	Zusätzliche Anzeigepflicht nach Handwerksordnung (HwO) Anlage B2, Nr. 13 (handwerksähnlich), bei der örtlich zuständigen Handwerkskammer.			

Tankstelle	Erlaubnispflicht	Zulassungspflichtiges Handwerk	Anzeigepflicht gemäß § 14 GewO	Zuständige Zulassungs- oder Erlaubnisbehörde in Bayern
	nein	nein	ja	./.
Bemerkungen/ Hinweise	Als Tankstelle ist lediglich der Verkauf von Mineralölen und Treibstoffen gemeint. Ggf. sind deshalb auch die weiteren »Tätigkeiten« wie z.b. E-Ladestation, Autowaschanlage, Kraftfahrzeugzubehör, Abgabe von zubereiteten Speisen und alkoholfreien Getränke zum Verzehr an Ort und Stelle, Getränkeabholmarkt, Einzelhandel mit Lebensmittel usw. anzumelden. Wird eine erlaubnispflichtige Gaststätte-Ausschank von alkoholischen Getränkenbetrieben, ist eine Gaststättenerlaubnis gemäß § 2 Gaststättengesetz (GastG) erforderlich. Darüber hinaus sind Dienstleistungen und dazugehörige Unternehmensbereiche näher auszuführen. Falls Kfz.-Reparaturen durchgeführt werden, müsste mit der zuständigen Handwerkskammer geklärt werden ob der Betreiber in die Handwerksrolle eingetragen werden muss. Es kann aber auch sein, dass er lediglich Wagenpflege (ohne Reparaturen) betreibt. Dies wäre rechtlich ohne Eintragung in die Handwerksrolle möglich. Hierzu gibt es ein Merkblatt bei der Handwerkskammer.			

Tantra-Massagen	Erlaubnispflicht	Zulassungspflichtiges Handwerk	Anzeigepflicht gemäß § 14 GewO	Zuständige Zulassungs- oder Erlaubnisbehörde in Bayern
	nein	nein	nein	./.

Gewerbearten von A-Z

Bemerkungen/ Hinweise	Die Tantra-Massage widmet sich dem ganzen Körper einschließlich des männlichen und weiblichen Genitalbereichs. Aufgrund des körperlichen Kontakts mit den Beteiligten handelt es sich um Prostitution im weitesten Sinn. Folglich unterliegt die Person, die Tantra-Massage ausübt der Anmeldepflicht als Prostituierte gemäß § 3 Prostituiertenschutzgesetz (ProstSchG). Eine zusätzliche Gewerbeanmeldung als »Selbständige« ist nicht erforderlich und somit auch nicht möglich. Wer ausschließlich als »Prostituierte« tätig wird, hat lediglich die Vorschriften des ProstSchG, hier insbesondere §§ 3, 7 und 8 zu beachten *(siehe auch Erläuterungen unter der Kennzahl 52b. 14 Ziffer 8.1).* Die 4. Kammer des VG Berlin hat mit Beschluss vom 17. November 2022 Az. VG 4 L 460/22 festgestellt, dass der Betrieb eines Tantra-Studioses eine Erlaubnis nach dem ProstSchG erfordert.

Tanzunterricht	Erlaubnispflicht	Zulassungspflichtiges Handwerk	Anzeigepflicht gemäß § 14 GewO	Zuständige Zulassungs- oder Erlaubnisbehörde in Bayern
	nein	nein	ja	./.
Bemerkungen/ Hinweise	Anzeigepflichtig da nicht unter § 6 Abs. 1 GewO (Unterrichtswesen) fallend Laut Finanzgericht Düsseldorf, Urteil vom 8.11.2006, Az. 7 K 6425/04 G, kann der Betrieb eines Tanzateliers, in dem verschiedene Tanz- und Fitnesskurse angeboten werden, eine unterrichtende und damit eine freiberufliche (und keine gewerbliche) Tätigkeit darstellen, wenn bestimmte Voraussetzungen erfüllt werden. Das Bundessozialgericht hat mit Urteil vom 27.6.2024 Az. B 3 KS 1/22 R festgestellt, dass unter bestimmten Voraussetzungen die Tätigkeit als Flamencotanzlehrerin nicht im Sportbereich liegt. Der Flamencotanz ist eine Bühnentanz Tanzkunst und nicht Tanzsport. Folglich muss die Künstlersozialkasse eine Flamencolehrerin die eine Flamenco-Schule betreibt in die Künstlersozialkasse aufnehmen. Abzugrenzen ist aber ob es im Schwerpunkt der Tanzschule um ein auf sportliche Fitness zielendes Training oder um die Vermittlung von Fähigkeiten zur eigenen Präsentation von Bühnentanz geht.			

Taxiunternehmer	Erlaubnispflicht	Zulassungspflichtiges Handwerk	Anzeigepflicht gemäß § 14 GewO	Zuständige Zulassungs- oder Erlaubnisbehörde in Bayern
	nach §§ 2, 47 Personenbeförderungsgesetz (PBfeG)	nein	ja	zuständige Kreisverwaltungsbehörde (KVB)
Bemerkungen/ Hinweise	Zu beachten ist die Berufszugangsverordnung für den Straßenpersonenverkehr (PBZugV), Taxitarife, Taxiordnung.			

Gewerbearten von A-Z

Telefonsex	Erlaubnispflicht	Zulassungspflichtiges Handwerk	Anzeigepflicht gemäß § 14 GewO	Zuständige Zulassungs- oder Erlaubnisbehörde in Bayern
	nein	nein	a) ja b) nein	./.
Bemerkungen/ Hinweise	a) Wurde lange als sozial unwerte Tätigkeit gesehen. Der BGH argumentierte im Jahr 2007 (Urteil v. 8.11.2007, Az. III ZR 102/07), dass wenn nicht einmal ein »körperlicher Kontakt« zustande kommt, keine sittenwidrige Tätigkeit vorliegen kann (vgl. auch Camgirl). b) Mit Beschluss vom 25.08.2020 Az. Ta 98/20 hat das Landesarbeitsgericht Köln festgestellt, dass eine als Freiberuflerin geführte Telefonsexdienstleisterin als Arbeitnehmerin anzusehen ist, wenn sie in eine fremde betriebliche Arbeitsstruktur mit einseitiger Steuerung und Kontrolle der Betriebsabläufe eingebunden ist. Dies ist der Fall wenn die Hotline-Betreiberin die Telefonistin in ihre Arbeitsorganisation eingegliedert und in einer Art und Weise Einfluss auf ihr Verhalten und den geschuldeten Leistungen genommen hat, dass eine eigene unternehmerische Entfaltung der Telefonistin unmöglich ist.			

Tennisunterricht	Erlaubnispflicht	Zulassungspflichtiges Handwerk	Anzeigepflicht gemäß § 14 GewO	Zuständige Zulassungs- oder Erlaubnisbehörde in Bayern
	nein	nein	ja	./.
Bemerkungen/ Hinweise	Anzeigepflichtig da nicht unter § 6 Abs. 1 GewO (Unterrichtswesen) fallend.			

Teppichreiniger	Erlaubnispflicht	Zulassungspflichtiges Handwerk	Anzeigepflicht gemäß § 14 GewO	Zuständige Zulassungs- oder Erlaubnisbehörde in Bayern
	nein	nein	ja	./.
Bemerkungen/ Hinweise	Zusätzliche Anzeigepflicht nach Handwerksordnung (HwO) Anlage B2, Nr. 46 (handwerksähnlich) bei der örtlich zuständigen Handwerkskammer.			

Teststation	Erlaubnispflicht	Zulassungspflichtiges Handwerk	Anzeigepflicht gemäß § 14 GewO	Zuständige Zulassungs- oder Erlaubnisbehörde in Bayern
	nein	nein	ja/nein	./.

Bemerkungen/ Hinweise	Grundsätzlich gibt es gemäß § 6 Abs. 1 der Coronavirus-Testverordnung-TestV keine Beschränkungen, wer eine Teststation eröffnen darf. Betreiber einer Corona-Teststation benötigen eine Zulassung durch die örtliche zuständige Gesundheitsbehörde. Unabhängig davon handelt es sich bei Teststationen um Einrichtungen, die von Personen oder Firmen mit Gewinnerzielungsabsicht betrieben werden, also um ein Gewerbe. Ferner wird das bloße Durchführen des Abstrichs und Abwarten des Ergebnisses laut Bayerischen Wirtschaftsministerium nicht der typischen Ausübung des Heilberufs gemäß § 6 GewO zugeordnet. Eine geistig »höherwertige Tätigkeit«, die ein Hochschulstudium erforderlich machen würde, ist bei dieser Tätigkeit nicht erkennbar. Somit liegt grundsätzlich eine Anzeigepflicht gem. § 14 Abs. 1 GewO vor. In der 131. Tagung des Bund-Länder-Ausschusses »Gewerberecht« im April 2022 sind die Mitglieder des Ausschusses mehrheitlich der Auffassung, dass der Betrieb von Testzentren grundsätzlich als gewerbliche Tätigkeit einzustufen ist mit der Folge, dass die Pflicht zur Gewerbeanzeige besteht; soweit Testzentren durch gemeinnützige Träger betrieben werden, kann sich im Einzelfall eine andere Beurteilung ergeben. Nicht unter die Anzeigepflicht nach der Gewerbeordnung fallen gemeinnützige Organisationen des öffentlichen Gesundheitsdienstes wie das BRK usw. Werden im Rahmen einer Apotheke Coronatests durchgeführt wird hierfür keine Erweiterung der Gewerbetätigkeit gesehen. Nachdem alle Apotheken diese Möglichkeit haben, wird dies als »geschäftsüblich« betrachtet.

Textilgestalter	Erlaubnispflicht	Zulassungspflichtiges Handwerk	Anzeigepflicht gemäß § 14 GewO	Zuständige Zulassungs- oder Erlaubnisbehörde in Bayern
(Sticker, Weber, Klöppler, Posamentierer, Sricker)	nein	nein	ja	./.
Bemerkungen/ Hinweise	Zusätzliche Anzeigepflicht nach Handwerksordnung (HwO) Anlage B1, Nr. 20 bei der örtlich zuständigen Handwerkskammer			

Textilhanddrucker	Erlaubnispflicht	Zulassungspflichtiges Handwerk	Anzeigepflicht gemäß § 14 GewO	Zuständige Zulassungs- oder Erlaubnisbehörde in Bayern
	nein	nein	ja	./.
Bemerkungen/ Hinweise	Zusätzliche Anzeigepflicht nach Handwerksordnung (HwO) Anlage B2, Nr. 35 (handwerksähnlich) bei der örtlich zuständigen Handwerkskammer.			

Gewerbearten von A-Z

Textilreiniger	Erlaubnispflicht	Zulassungspflichtiges Handwerk	Anzeigepflicht gemäß § 14 GewO	Zuständige Zulassungs- oder Erlaubnisbehörde in Bayern
	nein	nein	ja	./.
Bemerkungen/ Hinweise	Zusätzliche Anzeigepflicht nach Handwerksordnung (HwO) Anlage B1, Nr. 31 bei der örtlich zuständigen Handwerkskammer.			

Theater- und Ausstattungsmaler	Erlaubnispflicht	Zulassungspflichtiges Handwerk	Anzeigepflicht gemäß § 14 GewO	Zuständige Zulassungs- oder Erlaubnisbehörde in Bayern
	nein	nein	ja	./.
Bemerkungen/ Hinweise	Zusätzliche Anzeigepflicht nach Handwerksordnung (HwO) Anlage B2, Nr. 9 (handwerksähnlich) bei der örtlich zuständigen Handwerkskammer.			

Theaterkostümnäher	Erlaubnispflicht	Zulassungspflichtiges Handwerk	Anzeigepflicht gemäß § 14 GewO	Zuständige Zulassungs- oder Erlaubnisbehörde in Bayern
	nein	nein	ja	./.
Bemerkungen/ Hinweise	Zusätzliche Anzeigepflicht nach Handwerksordnung (HwO) Anlage B2, Nr. 3 (handwerksähnlich) bei der örtlich zuständigen Handwerkskammer.			

Theaterplastiker	Erlaubnispflicht	Zulassungspflichtiges Handwerk	Anzeigepflicht gemäß § 14 GewO	Zuständige Zulassungs- oder Erlaubnisbehörde in Bayern
	nein	nein	ja	./.
Bemerkungen/ Hinweise	Zusätzliche Anzeigepflicht nach Handwerksordnung (HwO) Anlage B2, Nr. 53 (handwerksähnlich) bei der örtlich zuständigen Handwerkskammer.			

Tierarzt	Erlaubnispflicht	Zulassungspflichtiges Handwerk	Anzeigepflicht gemäß § 14 GewO	Zuständige Zulassungs- oder Erlaubnisbehörde in Bayern
	nein	nein	nein	./.
Bemerkungen/ Hinweise	Es handelt sich um die Ausübung eines ärztlichen Heilberufs, der gem. § 6 Abs. 1 GewO nicht der Gewerbeordnung unterliegt. Ärzte, die sich mit ihrer Approbation niederlassen und eine eigene Praxis eröffnen, gelten gem. § 18 Einkommensteuergesetz (EStG) als Freiberufler.			

Tierhandel	Erlaubnispflicht	Zulassungs-pflichtiges Handwerk	Anzeigepflicht gemäß § 14 GewO	Zuständige Zulassungs- oder Erlaubnisbehörde in Bayern
	./.	./.	./.	./.
Bemerkungen/ Hinweise	Siehe Zoohandlung			

Tierheim	Erlaubnispflicht	Zulassungs-pflichtiges Handwerk	Anzeigepflicht gemäß § 14 GewO	Zuständige Zulassungs- oder Erlaubnisbehörde in Bayern
	nach § 11 Abs. 1 Nr. 3 Tierschutzgesetz (TierSchG)	nein	ja	zuständige Kreisverwaltungs-behörde (KVB)
Bemerkungen/ Hinweise	Wer gewerbsmäßig ein Tierheim oder eine ähnliche Einrichtung betreiben will, bedarf der Erlaubnis gemäß § 11 Abs. 1 Nr. 3 TierSchG.			

Tierheilpraktiker	Erlaubnispflicht	Zulassungs-pflichtiges Handwerk	Anzeigepflicht gemäß § 14 GewO	Zuständige Zulassungs- oder Erlaubnisbehörde in Bayern
	nein	nein	ja	./.
Bemerkungen/ Hinweise	Nach einer Entscheidung des Finanzministerium des Landes Schleswig Holstein (11.8.2011, VI 302-S. 2246) handelt es sich bei einem Tierheilpraktiker nicht um einen freien Beruf. Die Tätigkeit ist ein Gewerbe und unterliegt somit der Anzeigepflicht nach § 14 GewO. Die Tätigkeit wäre nur dann freiberuflicher Natur, wenn sie dem Katalogberuf des Heilpraktikers ähneln würde. Der Bundesgerichtshof hat jedoch mit Urteil vom 22.4.1999 – I ZR 108/97 festgestellt, dass die Verwendung der (gesetzlich nicht geschützten) Berufsbezeichnung Tierheilpraktiker durch Personen, die – ohne Arzt zu sein – bei der Behandlung von Tieren Naturheilverfahren anwenden und eine entsprechende Ausbildung abgeleistet haben, nicht als irreführend i.S. von § 3 UWG zu beanstanden ist.			

Tiertrainer/Reit-lehrer	Erlaubnispflicht	Zulassungs-pflichtiges Handwerk	Anzeigepflicht gemäß § 14 GewO	Zuständige Zulassungs- oder Erlaubnisbehörde in Bayern
	nein	nein	ja/nein	./.

Bemerkungen/ Hinweise	Das Berufsbild des Pferdetrainers beinhaltet u.a., Stall- und Weidemanagement sowie das Bewegen von Pferden und Reiten oder Fahren sowie Arbeiten an der Longe. Das Bundesministerium für Wirtschaft und Klimaschutz vertritt in Bezug auf die Tätigkeit eines Pferdetrainer die Auffassung, dass die Tätigkeit unter Umständen als freiberuflich angesehen werden kann. Die Abgrenzung zwischen einem freien Beruf und einer gewerblichen Tätigkeit ist in dem Tätigkeitsbereich einzelfallabhängig. Eine gewisse Vorbildung (Ausbildung oder Studium) muss für eine freiberufliche Tätigkeit nachgewiesen werden. Ansonsten liegt eine gewerbliche Tätigkeit vor. Eine gewerbliche Tätigkeit dürfte somit insbesondere dann vorliegen, wenn keine Pferde-Trainerlizenz nachgewiesen werden kann. Die Tätigkeit eines »Offenstalls« (Pferdeboxen in Ställen vermieten) ist in jedem Fall eine gewerbliche Tätigkeit. Wird ein Reit- oder Fahrbetrieb unterhalten, ist nach § 11 Abs. 1 Satz 1 Ziffer 8c Tierschutzgesetz (TierSchG) eine Erlaubnis erforderlich. Siehe auch Hundeschulen/Hundetrainer bzw. auch die Ausführungen zu Scheinselbständigkeit. Ob eine freiberufliche Tätigkeit vorliegt ist grundsätzlich in § 18 Abs. 1 Nr. 1 Einkommensteuergesetz (EStG) geregelt. Ein Reitlehrer/in gibt Reitunterricht z.B. für Anfänger oder fortgeschrittene Reiter. Die Deutsche Reiterliche Vereinigung (FN) hält Lehrgänge zum Erwerb eines entsprechenden Trainerscheins ab. Nach § 6 Abs. 1 Satz 1 GewO findet die Gewerbeordnung keine Anwendung auf das Unterrichtswesen unter der Voraussetzung, dass der Landesgesetzgeber von seiner Gesetzgebungskompetenz (landesgesetzliche Unterrichtseinrichtungen) Gebrauch macht. Zusätzlich gilt in Bayern die Bayerische Ausbildungs- und Prüfungsordnung für Fachsportlehrer im freien Beruf. In ihr ist der Reitlehrer nicht erfasst. Folglich findet auf einen selbständig tätigen Reitlehrer die Gewerbeordnung Anwendung. **Siehe hierzu aber ausdrücklich die Ausführungen zur Scheinselbständigkeit.** So hat das LSG Hessen mit Urteil vom 5.5.2024 Az L 1 BA 22/23 festgestellt, dass ein Reitverein für einen von ihm durch eine Reitlehrerin angebotenen Reitunterricht Sozialversicherungsbeiträge zahlen muss, wenn der Unterricht im Rahmen einer abhängigen Beschäftigung erbracht wird. Hierfür spricht, wenn die Reitlehrerin die vereinseigenen Pferde sowie die Reithalle unentgeltlich nutzen kann und sie kein unternehmerisches Risiko trägt.

Tiffany-Lampen herstellen	Erlaubnispflicht	Zulassungspflichtiges Handwerk	Anzeigepflicht gemäß § 14 GewO	Zuständige Zulassungs- oder Erlaubnisbehörde in Bayern
	nein	nein	ja	./.
Bemerkungen/ Hinweise	Zusätzliche Anzeigepflicht nach Handwerksordnung (HwO) Anlage B2 Nr. 51(handwerksähnlich) bei der örtlich zuständigen Handwerkskammer.			

Gewerbearten von A-Z

Tischler	Erlaubnispflicht	Zulassungspflichtiges Handwerk	Anzeigepflicht gemäß § 14 GewO	Zuständige Zulassungs- oder Erlaubnisbehörde in Bayern
	nein	nach HwO Anlage A, Nr. 27	ja	örtlich zuständige Handwerkskammer
Bemerkungen/ Hinweise	./.			

Töpfer	Erlaubnispflicht	Zulassungspflichtiges Handwerk	Anzeigepflicht gemäß § 14 GewO	Zuständige Zulassungs- oder Erlaubnisbehörde in Bayern
	./.	./.	./.	./.
Bemerkungen/ Hinweise	Siehe Keramiker			

Trauerredner	Erlaubnispflicht	Zulassungspflichtiges Handwerk	Anzeigepflicht gemäß § 14 GewO	Zuständige Zulassungs- oder Erlaubnisbehörde in Bayern
	nein	nein	ja	./.
Bemerkungen/ Hinweise	Gewerbe liegt vor, wenn der Redner im Prinzip nur auf Daten, Werdegang usw. eingeht. Amtlicher Leitsatz: BFH 29.07.1981 I R 183/79; die Tätigkeit eines Trauerredners ist nicht freiberuflich (künstlerisch), sondern gewerblich, wenn der Redner in der Masse der Fälle nach Redeschablonen verfährt.			

Trapezblech-verlegung	Erlaubnispflicht	Zulassungspflichtiges Handwerk	Anzeigepflicht gemäß § 14 GewO	Zuständige Zulassungs- oder Erlaubnisbehörde in Bayern
	nein	nach HwO Anlage A, Nr. 4 und 13	ja	örtlich zuständige Handwerkskammer
Bemerkungen/ Hinweise	Wesentliche Tätigkeit des Metallbauers und des Dachdeckerhandwerks. Kein Handwerk bei einfacher Montage nach Verlegeplan.			

Gewerbearten von A-Z

Treppenbauer	Erlaubnispflicht	Zulassungs-pflichtiges Handwerk	Anzeigepflicht gemäß § 14 GewO	Zuständige Zulassungs- oder Erlaubnisbehörde in Bayern
	nein	nach HwO Anlage A, Nr. 1, 3, 13, 27 und 43	ja	örtlich zuständige Handwerkskammer
Bemerkungen/ Hinweise	Tätigkeit kann eine wesentliche Tätigkeit von mehreren Handwerken sein. Entscheidend ist aus welchem Material die Treppe erstellt wird. (Zimmerer, Tischler, Metallbauer, Maurer und Betonbauer, Betonstein- und Terrazzohersteller).			

Trockenbau	Erlaubnispflicht	Zulassungs-pflichtiges Handwerk	Anzeigepflicht gemäß § 14 GewO	Zuständige Zulassungs- oder Erlaubnisbehörde in Bayern
	nein	nein	ja	./.
Bemerkungen/ Hinweise	Kein Handwerk. Ist nicht aus einem zulassungspflichtigen Handwerk entstanden (s. § 1 Abs. 2 Ziffer 3 HwO).			

Tupperware	Erlaubnispflicht	Zulassungs-pflichtiges Handwerk	Anzeigepflicht gemäß § 14 GewO	Zuständige Zulassungs- oder Erlaubnisbehörde in Bayern
	nein	nein	ja	./.
Bemerkungen/ Hinweise	Wird dem stehenden Gewerbe und nicht dem Reisegewerbe zugeordnet. *(Siehe Erläuterungen unter der Kennzahl 12.014).*			

Turnunterricht	Erlaubnispflicht	Zulassungs-pflichtiges Handwerk	Anzeigepflicht gemäß § 14 GewO	Zuständige Zulassungs- oder Erlaubnisbehörde in Bayern
	nein	nein	ja	./.
Bemerkungen/ Hinweise	Anzeigepflichtig da nicht unter § 6 Abs. 1 GewO (Unterrichtswesen) fallend.			

U

Übersetzer	Erlaubnispflicht	Zulassungs-pflichtiges Handwerk	Anzeigepflicht gemäß § 14 GewO	Zuständige Zulassungs- oder Erlaubnisbehörde in Bayern
	nein	nein	nein	./.

Gewerbearten von A-Z

Bemerkungen/ Hinweise	Es handelt sich hier um eine persönliche Dienstleistung höherer Art. Es ist ein »freier Beruf« und kein Gewerbe, da ohne Hochschul- oder Fachhochschulstudium diese Tätigkeit, insbesondere auch im wissenschaftlichen Bereich, nicht möglich ist.

Uhrmacher	Erlaubnispflicht	Zulassungspflichtiges Handwerk	Anzeigepflicht gemäß § 14 GewO	Zuständige Zulassungs- oder Erlaubnisbehörde in Bayern
	nein	nein	ja	./.
Bemerkungen/ Hinweise	Zusätzliche Anzeigepflicht nach Handwerksordnung (HwO) Anlage B1, Nr. 5 bei der örtlich zuständigen Handwerkskammer.			

Umweltberater	Erlaubnispflicht	Zulassungspflichtiges Handwerk	Anzeigepflicht gemäß § 14 GewO	Zuständige Zulassungs- oder Erlaubnisbehörde in Bayern
	nein	nein	nein	./.
Bemerkungen/ Hinweise	Urteil des Finanzgerichts Rheinland-Pfalz vom 26.08.2004 Az. 6 K 266/02: Ein »Umweltberater« kann als Freiberufler anerkannt und damit von der Gewerbesteuerpflicht befreit werden. Das FG wertete die vom Kläger als »Umweltberater« bezeichnete Tätigkeit als einem dem beratenden Betriebswirt ähnlichen Beruf. Begründung: Die Beratungstätigkeit erstrecke sich auf einen Hauptbereich der Betriebswirtschaftslehre, da mittlerweile sogar ein auf Umweltbelange ausgerichteter betriebswirtschaftlicher Studiengang existiere. Zudem verfügte der »Umweltberater« nachweislich über eine dem »Staatlich geprüften Betriebswirt« vergleichbare Qualifikation.			

Unfallsachverständiger	Erlaubnispflicht	Zulassungspflichtiges Handwerk	Anzeigepflicht gemäß § 14 GewO	Zuständige Zulassungs- oder Erlaubnisbehörde in Bayern
	nein	nein	nein	./.
Bemerkungen/ Hinweise	Unfallsachverständige benötigen eine Hochschul- oder Ingenieurschulbildung mit umfassenden mathematisch-physikalischen Kenntnissen und zählen daher zu den freien Berufen. Höherwertige Tätigkeit im Sinne von § 6 Abs. 1 GewO und somit keine Anzeige.			

Gewerbearten von A-Z

Unternehmensberater	Erlaubnispflicht	Zulassungspflichtiges Handwerk	Anzeigepflicht gemäß § 14 GewO	Zuständige Zulassungs- oder Erlaubnisbehörde in Bayern
	nein	nein	nein	./.
Bemerkungen/ Hinweise	Kein Gewerbe im Sinne der GewO, wenn Gewerbetreibender z.B. Betriebswirtschaft studiert hat. In diesem Fall höherwertige Tätigkeit im Sinne von § 6 GewO. Auch eine Ausbildung zum Diplomingenieur (FH) kann im Einzelfall das Gepräge eines freien Berufs aufweisen (VG Freiburg, Urteil v. 11.02.2009. Az. 1 K 464/08).			

Unterricht	Erlaubnispflicht	Zulassungspflichtiges Handwerk	Anzeigepflicht gemäß § 14 GewO	Zuständige Zulassungs- oder Erlaubnisbehörde in Bayern
	./.	./.	./.	./.
Bemerkungen/ Hinweise	Siehe Lehrer			

Urproduktion	Erlaubnispflicht	Zulassungspflichtiges Handwerk	Anzeigepflicht gemäß § 14 GewO	Zuständige Zulassungs- oder Erlaubnisbehörde in Bayern
	nein	nein	nein	./.
Bemerkungen/ Hinweise	Urproduktion stellt kraft Gewohnheitsrechts kein Gewerbe im Sinne der GewO und sonstiger gewerberechtlicher Vorschriften dar. Als Urproduktion sind alle Tätigkeiten anzusehen, die der Gewinnung sog. Roher Naturprodukte dienen. Der Verkauf muss an der Urproduktionsstätte stattfinden *(siehe auch Erläuterungen unter Kennzahl 12.014)*			

V

Veranstaltungsdienst	Erlaubnispflicht	Zulassungspflichtiges Handwerk	Anzeigepflicht gemäß § 14 GewO	Zuständige Zulassungs- oder Erlaubnisbehörde in Bayern
	nein	nein	ja	./.
Bemerkungen/ Hinweise	Sofern keine Bewachungstätigkeiten ausgeübt werden, lediglich Anzeigepflicht. Bereits die Kontrolle von Personen auf Gegenstände etc. unterliegt § 34a GewO. Eine »Einlasskontrolle« (nur Eintrittskarte kontrollieren) ist nur anzeigepflichtig (siehe hierzu auch Erläuterungen unter Kennzahl 12.034a Ziffer 3.1 und 3.2).			

Gewerbearten von A-Z

Vergolder	Erlaubnispflicht	Zulassungspflichtiges Handwerk	Anzeigepflicht gemäß § 14 GewO	Zuständige Zulassungs- oder Erlaubnisbehörde in Bayern
	nein	nein	ja	./.
Bemerkungen/ Hinweise	Zusätzliche Anzeigepflicht nach Handwerksordnung (HwO) Anlage B1, Nr. 52 bei der örtlich zuständigen Handwerkskammer.			

Verkauf selbstgebackenen Brotes	Erlaubnispflicht	Zulassungspflichtiges Handwerk	Anzeigepflicht gemäß § 14 GewO	Zuständige Zulassungs- oder Erlaubnisbehörde in Bayern
	nein	nein	nein	./.
Bemerkungen/ Hinweise	Der Verkauf selbstgebackenen Brotes durch einen Landwirt ist dann kein Gewerbe, wenn die über den Eigenverbrauch hinausgehende Mehrproduktion gering ist und lediglich einer besseren Ausnutzung der Arbeitskraft und der Produktionsstätte dient.			

Verlegen von Erdkabeln	Erlaubnispflicht	Zulassungspflichtiges Handwerk	Anzeigepflicht gemäß § 14 GewO	Zuständige Zulassungs- oder Erlaubnisbehörde in Bayern
	nein	nein	ja	./.
Bemerkungen/ Hinweise	Kein Gewerbe der Handwerksordnung.			

Verlegen von Rohrleitungen/ Elektrokabeln außerhalb des Hauses sowie Durchbruch durch die Hauswand und Kabelverlegung bis zum Hauptanschluss	Erlaubnispflicht	Zulassungspflichtiges Handwerk	Anzeigepflicht gemäß § 14 GewO	Zuständige Zulassungs- oder Erlaubnisbehörde in Bayern
	nein	nein	ja	./.
Bemerkungen/ Hinweise	Kein Gewerbe der Handwerksordnung.			

Gewerbearten von A-Z

Vermarktung von Fotos und Videos Im Internet	Erlaubnispflicht	Zulassungs- pflichtiges Handwerk	Anzeigepflicht gemäß § 14 GewO	Zuständige Zulassungs- oder Erlaubnisbehörde in Bayern
	nein	nein	ja/nein	./.
Bemerkungen/ Hinweise	Ein Gewerbe liegt vor, wenn eine dauerhafte Gewinnerzielungsabsicht vorliegt, die nicht als Bagatelle von der herkömmlichen Vorstellung einer gewerblichen Tätigkeit abweicht. Ein Indiz dürfte dabei auch sein, welcher Aufwand für die Produktion der Fotos und Videos betrieben wird. Generell ist zu beachten, dass es sich erst bei einer sehr großen Menge an Abrufen substantiell lohnt, Videos und Fotos im Internet bereitzustellen. (44. GAT vom 23.10.2018)			

Vermessungs- ingenieur	Erlaubnispflicht	Zulassungs- pflichtiges Handwerk	Anzeigepflicht gemäß § 14 GewO	Zuständige Zulassungs- oder Erlaubnisbehörde in Bayern
	nein	nein	nein	./.
Bemerkungen/ Hinweise	Höherwertige Tätigkeit i.S. von § 6 GewO, wenn Hochschulabschluss vorliegt.			

Vermessungsin- genieur, öffent- lich bestellt	Erlaubnispflicht	Zulassungs- pflichtiges Handwerk	Anzeigepflicht gemäß § 14 GewO	Zuständige Zulassungs- oder Erlaubnisbehörde in Bayern
	nein	nein	nein	./.
Bemerkungen/ Hinweise	Öffentlich bestellte Vermessungsingenieure sind befugt, Aufgaben des amtlichen Vermessungswesens nach Maßgabe ihrer Berufsordnung wahrzunehmen. So sind sie insbesondere auch berechtigt Liegenschaftsvermessungen, wie z.B. Teilungsvermessungen, auszuführen. Tatbestände, die sie durch vermessungstechnische Ermittlungen am Grund und Boden festgestellt haben, dürfen von ihnen mit öffentlichem Glauben beurkundet werden. Sie üben einen freien Beruf gem. § 6 GewO aus; ihre Tätigkeit ist kein Gewerbe.			

Vermietung von Bienenvölkern	Erlaubnispflicht	Zulassungs- pflichtiges Handwerk	Anzeigepflicht gemäß § 14 GewO	Zuständige Zulassungs- oder Erlaubnisbehörde in Bayern
	nein	nein	nein	./.

Gewerbearten von A-Z

Bemerkungen/ Hinweise	Imkerei selbst fällt grundsätzlich unter Landwirtschaft und der Honigverkauf auf dem eigenen Grundstück wird der Urproduktion zugerechnet. Vermietung von eigenen Bienenvölkern durch den Imker ist dagegen keine Tätigkeit der Urproduktion sondern man kann von der Verwaltung eigenen Vermögens ausgehen. Eine gewerberechtliche Anzeigepflicht besteht hier nicht. Anders ist die Tätigkeit ggf. zu beurteilen, wenn der Imker als Franchise Vertragspartner für ein Unternehmens tätig wird, das bundesweit Bienenvölker vermietet.

Vermietung von Ferienwohnungen	Erlaubnispflicht	Zulassungspflichtiges Handwerk	Anzeigepflicht gemäß § 14 GewO	Zuständige Zulassungs- oder Erlaubnisbehörde in Bayern
	nein	nein	nein	./.
Bemerkungen/ Hinweise	Gewerberechtliche Abgrenzung zwischen gewerblicher Vermietung von Ferienwohnungen und Gästezimmer *(siehe auch Erläuterungen unter der Kennzahl 12.014).*			

Vermietung von Räumen zur Durchführung privater Veranstaltungen mit Gastronomie	Erlaubnispflicht	Zulassungspflichtiges Handwerk	Anzeigepflicht gemäß § 14 GewO	Zuständige Zulassungs- oder Erlaubnisbehörde in Bayern
	nach § 1 i.V.m. § 2 Gaststättengesetz (GastG) bei Alkoholausschank	nein	ja	zuständige Kreisverwaltungsbehörde (KVB)
Bemerkungen/ Hinweise	Gewerbetreibende die eigene Räume als Location für private Feste, Firmenfeste, Geburtstagsfeste, Privatparties, Hochzeitsfeiern, Weihnachtsfeiern, Präsentationen usw. anbieten, bewirten grundsätzlich individuelle Personenkreise. Die Räumlichkeiten können an bestimmten Tagen für eine Servicepauschale für Anlieferung von Getränken Endreinigung und Barkeeper gebucht werden. Über Einrichtung, Musik. Speisen und Getränke kann der Raummieter als »Chef« selbst entscheiden. Auf Wunsch wird auch »Catering« angeboten. Die Räumlichkeiten werden nach Veranstaltungsart mit Modulen (Licht-Musikanlage, Bestuhlung usw.) »modular« gestaltet. Bei diesem Betriebskonzept ist aber letztlich davon auszugehen, dass es sich hier um einen Gaststättenbetrieb handelt bei dem analog »jedermann« oder »bestimmte Personenkreise« auf Reservierung bewirtet werden. Insofern unterscheidet sich das Betriebskonzept nicht von einem erlaubnispflichtigen Gaststättenbetrieb der geschlossene Gesellschaften bewirtet. Selbst wenn man die Personenkreise als »individuell« und nicht als »jedermann« oder »bestimmte Personenkreis« beurteilen würde liegt hier in Anlehnung an den richtungsweisenden Beschluss vom 13.01.1993, Az. 3 ObO-Wi 111/92 des BayOBLG 3. Senat für Bußgeldsachen, ein erlaubnispflichtiges Gaststättengewerbe vor, da in eigenen Räumen Gastronomie betrieben wird (Erlaubnis nach § 2 GastG oder Gestattung nach § 12 GastG).			

169

Gewerbearten von A-Z

Vermittlung von Beteiligungen am Erwerb einzelner Container	Erlaubnispflicht	Zulassungspflichtiges Handwerk	Anzeigepflicht gemäß § 14 GewO	Zuständige Zulassungs- oder Erlaubnisbehörde in Bayern
	nach § 34f Abs. 1 Satz 1 Nr. 3 GewO	nein	ja	IHK für München und Oberbayern (mit Ausnahme des Kammerbezirks Aschaffenburg)
Bemerkungen/ Hinweise	Seit Juli 2016 ist das Erste Finanzmarktnovellierungsgesetz (1. FIMaNoG) in Kraft. Diese Änderung wirkt sich auf § 34f Abs. 1 Nr. 3 GewO aus. Ziel ist die Einbeziehung bestimmter Direktinvestments in Sachgüter. Die Vermittlung derartiger Investments unterliegt der Erlaubnispflicht nach § 34f Abs. 1 Nr. 3 GewO.			

Vermittlung von Dachflächen zum Betreiben einer Photovoltaikanlage	Erlaubnispflicht	Zulassungspflichtiges Handwerk	Anzeigepflicht gemäß § 14 GewO	Zuständige Zulassungs- oder Erlaubnisbehörde in Bayern
	nach 34c GewO	nein	ja	IHK für München und Oberbayern (mit Ausnahme des Kammerbezirks Aschaffenburg)
Bemerkungen/ Hinweise	Die Betreiber der Anlagen werden durch eine im Grundbuch eingetragene Dienstbarkeit abgesichert. Die Nutzung von Dachflächen wird zwar als solche nicht als »grundstücksgleiches« Recht im Sinne von § 34c GewO gesehen. Jedoch wird auch nach Auffassung des Bayerischen Wirtschaftsministeriums die Erlaubnispflicht aus der grundstücksgleichen Absicherung durch eine persönliche Dienstbarkeit gem. § 1090 Bürgerliches Gesetzbuch (BGB) gefolgert. Daher ist eine Erlaubnis nach § 34c GewO erforderlich.			

Vermittlung von Immobiliardarlehen	Erlaubnispflicht	Zulassungspflichtiges Handwerk	Anzeigepflicht gemäß § 14 GewO	Zuständige Zulassungs- oder Erlaubnisbehörde in Bayern
	nach § 34i Abs. 1 Satz 1 GewO	nein	ja	IHK für München und Oberbayern (mit Ausnahme des Kammerbezirks Aschaffenburg)

Gewerbearten von A-Z

Bemerkungen/ Hinweise	Die Erlaubnispflicht des Immobiliardarlehensvermittlers erfasst Vermittlung von Immobiliar-Verbraucherdarlehensverträge oder entsprechende entgeltliche Finanzierungshilfen und die Beratung solcher Verträge. *(siehe auch Erläuterungen unter der Kennzahl 12.0034i).*

Vermittlung von Krankenzusatzversicherungen	Erlaubnispflicht	Zulassungspflichtiges Handwerk	Anzeigepflicht gemäß § 14 GewO	Zuständige Zulassungs- oder Erlaubnisbehörde in Bayern
	nach § 34d GewO	nein	ja	IHK für München und Oberbayern (mit Ausnahme des Kammerbezirks Aschaffenburg)
Bemerkungen/ Hinweise	Laut Schreiben des Bayerischen Staatsministeriums für Wirtschaft und Medien, Energie und Technologie vom 24.10.2014 sind Krankenkassen, unbeschadet ihrer Rechtsform als Körperschaft des öffentlichen Rechts, bei der Vermittlung privater Krankenzusatzversicherungen gegen Aufwendungsersatz gewerblich tätig. Sie unterliegen insbesondere dem Erlaubnistatbestand für Versicherungsvermittler gem. § 34d GewO.			

Vermittlung von Leasingverträgen	Erlaubnispflicht	Zulassungspflichtiges Handwerk	Anzeigepflicht gemäß § 14 GewO	Zuständige Zulassungs- oder Erlaubnisbehörde in Bayern
	nein	nein	ja	./.
Bemerkungen/ Hinweise	Ein Finanzierungsleasingvertrag wird als kein Darlehensvertrag angesehen.			

Vermittlung von Partiarischen Darlehen und Nachrangdarlehen	Erlaubnispflicht	Zulassungspflichtiges Handwerk	Anzeigepflicht gemäß § 14 GewO	Zuständige Zulassungs- oder Erlaubnisbehörde in Bayern
	nach § 34f Abs. 1 Satz 1 Nr. 3 GewO	nein	ja	IHK für München und Oberbayern (mit Ausnahme des Kammerbezirks Aschaffenburg)

Gewerbearten von A-Z

Bemerkungen/ Hinweise	Ein partiarisches Darlehen (Beteiligungsdarlehen) ist eine Sonderform des Darlehens. Als Entgelt für die Überlassung des Darlehens wird ein Anteil am Gewinn oder Umsatz eines Unternehmens oder eines Geschäfts zu dessen Zweck (insbesondere zur Finanzierung) das Darlehen gewährt wurde. Nachrangige Darlehen gehören beim Unternehmen zum Kapital und sind Finanzinstrumente die im Fall der Insolvenz im Rang hinter andere Forderungen zurücktreten. Bis 30.06.2015 war eine Darlehenserlaubnis nach § 34c GewO ausreichend. Mit dem Kleinanlegerschutzgesetz ist eine Erlaubnis nach § 34f Abs. 1 Satz 1 Nummer 3 GewO notwendig *(siehe auch Erläuterungen unter der Kennzahl 12.034 f., Ziffer 11).*

Verputzer	Erlaubnispflicht	Zulassungspflichtiges Handwerk	Anzeigepflicht gemäß § 14 GewO	Zuständige Zulassungs- oder Erlaubnisbehörde in Bayern
	nein	nach HwO Anlage A, Nr. 1, 9 und 10	ja	örtlich zuständige Handwerkskammer
Bemerkungen/ Hinweise	Wesentliche Tätigkeit von drei zulassungspflichtigen Handwerken (Maurer und Betonbauer, Stuckateur und Maler und Lackierer).			

Versandhandel	Erlaubnispflicht	Zulassungspflichtiges Handwerk	Anzeigepflicht gemäß § 14 GewO	Zuständige Zulassungs- oder Erlaubnisbehörde in Bayern
	nein	nein	ja	./.
Bemerkungen/ Hinweise	Der klassische Versandhandel ist eine Vertriebsform im Handel, die nicht wie der Einzel- oder Großhandel über direkte Kundenkontakte (Präsenzhandel) verfügt. Vielmehr findet die Geschäftsbeziehung über Produktkataloge statt. Deshalb ist weder die direkte Übergabe der Ware an den Käufer noch die direkte Zahlung des Kaufpreises an den Verkäufer möglich. Die Ware muss versandt werden, die Zahlung erfolgt durch unbaren Zahlungsverkehr. Das hat Folgen für den Gefahrübergang, das Transport- und das Zahlungsrisiko. Siehe auch Internethandel			

Versicherungsunternehmen	Erlaubnispflicht	Zulassungspflichtiges Handwerk	Anzeigepflicht gemäß § 14 GewO	Zuständige Zulassungs- oder Erlaubnisbehörde in Bayern
	nach § 8 Versicherungsaufsichtsgesetz (VAG)	nein	nein	BaFin, Bundesanstalt für Finanzdienstleistungsaufsicht, Graurheindorferstr. 108, 53117 Bonn

Gewerbearten von A-Z

Bemerkungen/ Hinweise	Die Gewerbeordnung findet gemäß § 6 GewO keine Anwendung.			

Versicherungs- vermittler/mak- ler/berater	Erlaubnispflicht	Zulassungs- pflichtiges Handwerk	Anzeigepflicht gemäß § 14 GewO	Zuständige Zulassungs- oder Erlaubnisbehörde in Bayern
	nach § 34d GewO	nein	ja	IHK f. München und Obb.(mit Ausnahme des Kammerbezirks Aschaffenburg)
Bemerkungen/ Hinweise	Versicherungsvermittler, die gewerbsmäßig als Versicherungsmakler oder Versicherungsvertreter tätig sind, benötigen grundsätzlich gemäß § 34d Abs. 1 der Gewerbeordnung (GewO) eine gewerberechtliche Erlaubnis. Zudem besteht eine Pflicht zur Eintragung in das Vermittlerregister für Versicherungsvermittler und -berater nach § 11a GewO unverzüglich nach Tätigkeitsaufnahme.			

Versteigerer, öff. bestellt	Erlaubnispflicht	Zulassungs- pflichtiges Handwerk	Anzeigepflicht gemäß § 14 GewO	Zuständige Zulassungs- oder Erlaubnisbehörde in Bayern
	nach § 34b Abs. 5 GewO	nein	ja	zuständige Kreis- verwaltungsbe- hörde (KVB)
Bemerkungen/ Hinweise	Voraussetzung für die öffentliche Bestellung ist, dass der Antragsteller be- sonders sachkundig und berufserfahren ist. Berufserfahren bedeutet, dass der Antragsteller bereits mehrere Jahre als Versteigerer tätig war und pro Jahr mehrere Versteigerungen durchgeführt hat und keine Eintragung im Vollstreckungsportal sowie Führungszeugnis und im Auszug aus dem Ge- werbezentralregister vorliegt. Unter besonderer Sachkunde versteht man das Vorliegen überdurchschnittlicher Fachkenntnisse und Erfahrungen. Der An- tragsteller muss sämtliche einschlägige Bestimmungen der Gewerbeordnung, der Versteigererverordnung, des HGB und des BGB kennen, soweit darin die Zuständigkeiten, die Rechte und die Pflichten eines Versteigerers geregelt werden. Nur natürliche Personen können bestellt werden. Eine öffentliche Bestellung ist notwendig für Öffentliche Versteigerungen (Pfandverkäufe und Notverkäufe) erfordern eine besondere Sachkunde und Zuverlässigkeit, weil diese Versteigerungen zwangsweise angeordnet bzw. durchgeführt werden und der jeweilige Eigentümer des Versteigerungsgutes auf den Preis und das Mindestgebot keinen Einfluss nehmen kann. Er muss sich deshalb darauf verlassen können, dass bei der Versteigerung seine Eigentumsinteressen in besonders qualifizierter Weise wahrgenommen werden. Öffentliche Versteigerungen dürfen daher nur von öffentlich bestellten Ver- steigerern durchgeführt werden. Die Bestellung kann allgemein ausgespro- chen werden oder auf bestimmte Arten von Versteigerungen (z.B. Teppiche, Kunst, Maschinen, Grundstücke) beschränkt werden.			

Gewerbearten von A-Z

Verwaltung des eigenen Vermögens	Erlaubnispflicht	Zulassungspflichtiges Handwerk	Anzeigepflicht gemäß § 14 GewO	Zuständige Zulassungs- oder Erlaubnisbehörde in Bayern
	nein	nein.	nein	./.
Bemerkungen/ Hinweise	Im Allgemeinen wird bei bloßer Nutzung und Verwaltung des eigenen Vermögens, z.B. Vermietung und Verpachtung von Grundstücken, davon auszugehen sein, dass keine Tätigkeit im Sinne der Gewerbeordnung vorliegt. Die üblichen Arbeiten zur Instandhaltung vermieteter Wohnräume können nicht als Gewinnstreben angesehen werden. Auch die Gründung einer GmbH allein reicht nicht aus, damit der Rahmen der eigenen Vermögensverwaltung überschritten ist. Es kommt in jedem Fall darauf an, ob über das bei der Vermietung übliche Maß hinausgehende Tätigkeiten ausgeübt werden, wie dies z.B. bei Gesellschaften, deren Zweck das Errichten und Vermieten von Gebäuden der Fall ist (*siehe auch Erläuterungen unter Ziffer 12.014*)			

Visagist	Erlaubnispflicht	Zulassungspflichtiges Handwerk	Anzeigepflicht gemäß § 14 GewO	Zuständige Zulassungs- oder Erlaubnisbehörde in Bayern
	nein	nein	ja	./.
Bemerkungen/ Hinweise	Die Bezeichnung ist nicht geschützt. Private Kosmetikschulen bieten Visagisten-Kurse an und vermitteln in kurzer Zeit Kenntnisse in Make-up, Typenberatung und auch Haarstyling. Der Schwerpunkt der Tätigkeiten liegt im Gesicht der Personen. Die Tätigkeit von Make-Up-Artisten kann freiberuflich sein. Hierzu hat das Finanzgericht Hamburg entschieden (FG Hamburg, Urteil v. 19.08.1992 – III 374/88): Wer für Modejournale oder gewerbliche Auftraggeber Fotomodelle für Fotoaufnahmen schminkt und frisiert, dabei im Team bestehend aus Fotograf und Modestylisten zusammenwirkt, ohne bei der Arbeit konkreten Weisungen bezüglich schmink- und Frisierstylings zu unterliegen, kann eine künstlerische Tätigkeit i.S.v. § 18 Abs. 1 Nr. 1 EstG vorliegen. Erforderlich ist, dass die Arbeit nicht bloß handwerksmäßig erlernter bzw. erlernbarer Tätigkeiten darstellt, sondern dass Raum für eine eigenschöpferische Tätigkeit verbleibt und die Werke den Stempel der Persönlichkeit tragen. Die Einstufung ist also vom Einzelfall abhängig. Von den Handwerkskammern wird die Tätigkeit von Make-Up-Artisten/innen hingegen in der Regel als handwerksähnliches Gewerbe eingestuft.			

Vitrine	Erlaubnispflicht	Zulassungspflichtiges Handwerk	Anzeigepflicht gemäß § 14 GewO	Zuständige Zulassungs- oder Erlaubnisbehörde in Bayern
	./.	./.	./.	./.
Bemerkungen/ Hinweise	Siehe Benutzung von Schaufenstern, Vitrinen oder Regalen in anderen Geschäftsräumen			

Gewerbearten von A-Z

Vlogger	Erlaubnispflicht	Zulassungspflichtiges Handwerk	Anzeigepflicht gemäß § 14 GewO	Zuständige Zulassungs- oder Erlaubnisbehörde in Bayern
	./.	./.	./.	./.
Bemerkungen/ Hinweise	Siehe Affiliate-Marketing			

Vulkaniseure und Reifenmechaniker (Mechaniker für Reifen und Vulkanisationstechnik)	Erlaubnispflicht	Zulassungspflichtiges Handwerk	Anzeigepflicht gemäß § 14 GewO	Zuständige Zulassungs- oder Erlaubnisbehörde in Bayern
	nein	nach HwO Anlage A, Nr. 41	ja	örtlich zuständige Handwerkskammer
Bemerkungen/ Hinweise	./.			

W

Wachszieher	Erlaubnispflicht	Zulassungspflichtiges Handwerk	Anzeigepflicht gemäß § 14 GewO	Zuständige Zulassungs- oder Erlaubnisbehörde in Bayern
	nein	nein	ja	./.
Bemerkungen/ Hinweise	Zusätzliche Anzeigepflicht nach Handwerksordnung (HwO) Anlage B1, Nr. 32 bei der örtlich zuständigen Handwerkskammer.			

Wärme-, Kälte- und Schallschutzisolierer	Erlaubnispflicht	Zulassungspflichtiges Handwerk	Anzeigepflicht gemäß § 14 GewO	Zuständige Zulassungs- oder Erlaubnisbehörde in Bayern
	nein	nach HwO Anlage A, Nr. 6	ja	örtlich zuständige Handwerkskammer
Bemerkungen/ Hinweise	./.			

Gewerbearten von A-Z

Wäscher	Erlaubnispflicht	Zulassungspflichtiges Handwerk	Anzeigepflicht gemäß § 14 GewO	Zuständige Zulassungs- oder Erlaubnisbehörde in Bayern
	nein	nein	ja	./.
Bemerkungen/ Hinweise	Zusätzliche Anzeigepflicht nach Handwerksordnung (HwO) Anlage B1, Nr. 31 (Textilreiniger) bei der örtlich zuständigen Handwerkskammer			

Waffenhandel/ Waffenherstellung	Erlaubnispflicht	Zulassungspflichtiges Handwerk	Anzeigepflicht gemäß § 14 GewO	Zuständige Zulassungs- oder Erlaubnisbehörde in Bayern
	nach § 21 Waffengesetz (WaffG)	nein	ja	zuständige Kreisverwaltungsbehörde (KVB)
Bemerkungen/ Hinweise	Für den gewerbsmäßigen Handel mit Schusswaffen oder Munition ist eine Waffenhandelserlaubnis oder für die Instandsetzung von Schusswaffen eine Waffenherstellungserlaubnis notwendig.			

Wagenbauer	Erlaubnispflicht	Zulassungspflichtiges Handwerk	Anzeigepflicht gemäß § 14 GewO	Zuständige Zulassungs- oder Erlaubnisbehörde in Bayern
	nein	nach HwO Anlage A, Nr. 13	ja	örtlich zuständige Handwerkskammer
Bemerkungen/ Hinweise	Wesentliche Tätigkeit des Metallbauerhandwerks			

Wagner	Erlaubnispflicht	Zulassungspflichtiges Handwerk	Anzeigepflicht gemäß § 14 GewO	Zuständige Zulassungs- oder Erlaubnisbehörde in Bayern
	nein	nach HwO Anlage A, Nr. 15	ja	örtlich zuständige Handwerkskammer
Bemerkungen/ Hinweise	Wesentliche Tätigkeit des Karosserie- und Fahrzeugbauers.			

Gewerbearten von A-Z

Wahrsagerei	Erlaubnispflicht	Zulassungs-pflichtiges Handwerk	Anzeigepflicht gemäß § 14 GewO	Zuständige Zulassungs- oder Erlaubnisbehörde in Bayern
	nein	nein	ja	./.
Bemerkungen/ Hinweise	Wahrsagen (Hellsehen, Handlesen, Pendeln, Stern-, Traum- und Zeichendeutung) und Kartenlegen sind als Gewerbe anzusehen.			

Waren aller Art (ausgen. erlaubnispflichtige Waren)	Erlaubnispflicht	Zulassungs-pflichtiges Handwerk	Anzeigepflicht gemäß § 14 GewO	Zuständige Zulassungs- oder Erlaubnisbehörde in Bayern
	nein	nein	ja	./.
Bemerkungen/ Hinweise	Bei der Gewerbeanmeldung sind jedoch die Warenzweige anzugeben. Handel mit Waren aller Art ist zu unbestimmt. Nach der Gewerbeanzeigenverordnung (GewanzV) werden automatisch eine Vielzahl von Behörden verständigt, die unterschiedliche Aufgabenstellungen haben und deshalb natürlich wissen müssen, mit welchen Waren tatsächlich gehandelt wird. Das Bayerische Wirtschaftsministerium hat vor Jahren bereits darauf hingewiesen bei der Gewerbeanmeldung nicht die Bezeichnung »gewerbliche Tätigkeit Handel von Waren aller Art« zu verwenden.			

Wasserinstallateur	Erlaubnispflicht	Zulassungs-pflichtiges Handwerk	Anzeigepflicht gemäß § 14 GewO	Zuständige Zulassungs- oder Erlaubnisbehörde in Bayern
	./.	./.	./.	./.
Bemerkungen/ Hinweise	Siehe Installateur- und Heizungsbauerhandwerk			

Weber	Erlaubnispflicht	Zulassungs-pflichtiges Handwerk	Anzeigepflicht gemäß § 14 GewO	Zuständige Zulassungs- oder Erlaubnisbehörde in Bayern
	nein	nein	ja	./.
Bemerkungen/ Hinweise	Zusätzliche Anzeigepflicht nach Handwerksordnung (HwO) Anlage B1, Nr. 20 (Textilgestalter) bei der örtlich zuständigen Handwerkskammer. Der Weber stellt aus Garnen verschiedene Gewebe her.			

Gewerbearten von A-Z

WEG-Verwalter	Erlaubnispflicht	Zulassungspflichtiges Handwerk	Anzeigepflicht gemäß § 14 GewO	Zuständige Zulassungs- oder Erlaubnisbehörde in Bayern
	nach § 34c Abs. 1 Nr. 4 GewO	./.	ja	IHK für München und Oberbayern (mit Ausnahme des Kammerbezirks Aschaffenburg)
Bemerkungen/ Hinweise	Wer gewerbsmäßig das gemeinschaftliche Eigentum von Wohnungseigentümern im Sinne des § 1 Absatz 2, 3, 5 und 6 des Wohnungseigentumsgesetzes oder für Dritte Mietverhältnisse über Wohnräume im Sinne des § 549 des Bürgerlichen Gesetzbuchs verwalte (Wohnimmobilienverwalter), bedarf der Erlaubnis, § 34c Abs. 1 Nr. 4 GewO. Es besteht eine Weiterbildungspflicht von 20 Zeitstunden innerhalb von 3 Kalenderjahren, § 34c Abs. 2a GewO.			

Weinküfer	Erlaubnispflicht	Zulassungspflichtiges Handwerk	Anzeigepflicht gemäß § 14 GewO	Zuständige Zulassungs- oder Erlaubnisbehörde in Bayern
	nein	nein	ja	./.
Bemerkungen/ Hinweise	Zusätzliche Anzeigepflicht nach Handwerksordnung (HwO) Anlage B1, Nr. 30 bei der örtlich zuständigen Handwerkskammer.			

Werbetexter	Erlaubnispflicht	Zulassungspflichtiges Handwerk	Anzeigepflicht gemäß § 14 GewO	Zuständige Zulassungs- oder Erlaubnisbehörde in Bayern
	nein	nein	nein	./.
Bemerkungen/ Hinweise	Ist eine freiberufliche Tätigkeit im Sinne von § 18 Einkommensteuergesetz (EStG). Die Gewerbeordnung findet gemäß § 6 Abs. 1 GewO keine Anwendung.			

Werkschutz	Erlaubnispflicht	Zulassungspflichtiges Handwerk	Anzeigepflicht gemäß § 14 GewO	Zuständige Zulassungs- oder Erlaubnisbehörde in Bayern
	nein	nein	nein	./.

Gewerbearten von A-Z

Bemerkungen/ Hinweise	Wenn ein Unternehmen mit eigenen Sicherheitskräften das Eigentum der Firma, Objekte oder Personen bewacht, spricht man von Werkschutz. Ist es Werkschutz dann müssen alle im Werkschutz tätigen Personen in diesem Unternehmen angestellt sein, entweder Vollzeit, Teilzeit oder geringfügig Beschäftigte. Im weiteren Sinne fällt auch der Geschäftsführer, weil er ein Teil der Firma ist, unter Werkschutz. Diese Form des Werkschutzes ist kein anzeigepflichtiges oder erlaubnispflichtiges Gewerbe nach § 34a GewO (siehe auch Bewachungsgewerbe).

Werkstein- und Terrazzohersteller	Erlaubnispflicht	Zulassungspflichtiges Handwerk	Anzeigepflicht gemäß § 14 GewO	Zuständige Zulassungs- oder Erlaubnisbehörde in Bayern
	nein	nach HwO Anlage A, Nr. 43	ja	örtlich zuständige Handwerkskammer
Bemerkungen/ Hinweise	./.			

Werkzeugmacher	Erlaubnispflicht	Zulassungspflichtiges Handwerk	Anzeigepflicht gemäß § 14 GewO	Zuständige Zulassungs- oder Erlaubnisbehörde in Bayern
	./.	./.	./.	./.
Bemerkungen/ Hinweise	Siehe Feinwerkmechaniker			

Werkzeugschleifer	Erlaubnispflicht	Zulassungspflichtiges Handwerk	Anzeigepflicht gemäß § 14 GewO	Zuständige Zulassungs- oder Erlaubnisbehörde in Bayern
	./.	./.	./.	./.
Bemerkungen/ Hinweise	Siehe Präzisionswerkzeugmechaniker			

Wertpapierdienstleistungen	Erlaubnispflicht	Zulassungspflichtiges Handwerk	Anzeigepflicht gemäß § 14 GewO	Zuständige Zulassungs- oder Erlaubnisbehörde in Bayern
	./.	./.	./.	./.

Gewerbearten von A-Z

Bemerkungen/ Hinweise	Siehe Finanzdienstleistungen			
Wettbüro	Erlaubnispflicht	Zulassungspflichtiges Handwerk	Anzeigepflicht gemäß § 14 GewO	Zuständige Zulassungs- oder Erlaubnisbehörde in Bayern
	./.	./.	./.	./.
Bemerkungen/ Hinweise	Siehe Buchmacher und Sportwettvermittlung			
Wirtschaftsprüfer	Erlaubnispflicht	Zulassungspflichtiges Handwerk	Anzeigepflicht gemäß § 14 GewO	Zuständige Zulassungs- oder Erlaubnisbehörde in Bayern
	nein	nein	nein	./.
Bemerkungen/ Hinweise	Wirtschaftsprüfer sind Personen, die öffentlich bestellt sind nach § 1 Abs. 1 Wirtschaftsprüferverordnung (WPO). Gem. § 6 Abs. 1 GewO sind Wirtschaftsprüfer von der GewO ausgenommen.			
Wirtschaftsprüfungsgesellschaften	Erlaubnispflicht	Zulassungspflichtiges Handwerk	Anzeigepflicht gemäß § 14 GewO	Zuständige Zulassungs- oder Erlaubnisbehörde in Bayern
	./.	./.	./.	./.
Bemerkungen/ Hinweise	Wirtschaftsprüfungsgesellschaften sind gemäß § 6 Abs. 1 GewO von der Gewerbeordnung ausgenommen. Siehe auch Berufsausübungsgesellschaften.			
Wissenschaftler	Erlaubnispflicht	Zulassungspflichtiges Handwerk	Anzeigepflicht gemäß § 14 GewO	Zuständige Zulassungs- oder Erlaubnisbehörde in Bayern
	nein	nein	nein	./.
Bemerkungen/ Hinweise	Höherwertige Tätigkeit i.S. von § 6 GewO, wenn Hochschulabschluss vorliegt (z.B. Mathematiker, Physiker usw.).			

Y

Yogaschule (Yogalehrer)	Erlaubnispflicht	Zulassungspflichtiges Handwerk	Anzeigepflicht gemäß § 14 GewO	Zuständige Zulassungs- oder Erlaubnisbehörde in Bayern
	nein	nein	ja	./.
Bemerkungen/ Hinweise	Hier liegt ein Gewerbe vor und keine freiberufliche Tätigkeit. Persönliche Dienstleistungen höherer Art (freier Beruf) sind aus dem Gewerbebegriff ausgeklammert. Hierzu zählen jedoch grundsätzlich nur solche Dienstleistungen, die ein abgeschlossenes Hochschul- oder Fachhochschulstudium voraussetzen. Der Betrieb einer Yogaschule setzt kein entsprechendes Studium an einer (Fach-Hochschule) voraus. Nicht entscheidend ist, über welche Kenntnisse und Fähigkeiten der Gewerbetreibende aufgrund seines individuellen Bildungswegs verfügt (OVG Nordrhein-Westfalen v. 29.03.2001, Az. 4 A 4077/00; GewArch 2001, 293). Mit Urteil vom 28.03.2023 Az. L 2r 214/22 hat der LSG Hessen festgestellt, dass eine selbständige Yoga-Kursleiterin die den Unterrichtsteilnehmern spezielle Kenntnisse und Fähigkeiten vermittelt somit als Lehrerin im Sinne des Rentenversicherungsrechts tätig und deshalb auch gemäß § 2 Satz 1 Nr. 1 SGB VI rentenversicherungspflichtig sei.			

YouTuber	Erlaubnispflicht	Zulassungspflichtiges Handwerk	Anzeigepflicht gemäß § 14 GewO	Zuständige Zulassungs- oder Erlaubnisbehörde in Bayern
	./.	./.	./.	./.
Bemerkungen/ Hinweise	Siehe Affiliate-Marketing			

Z

Zahnarzt	Erlaubnispflicht	Zulassungspflichtiges Handwerk	Anzeigepflicht gemäß § 14 GewO	Zuständige Zulassungs- oder Erlaubnisbehörde in Bayern
	nein	nein	nein	./.
Bemerkungen/ Hinweise	Es handelt sich um die Ausübung eines ärztlichen Heilberufs und diese unterliegt gem. § 6 Abs. 1 GewO nicht der Gewerbeordnung. Ärzte, die sich mit ihrer Approbation niederlassen und eine eigene Praxis eröffnen, gelten gem. § 18 Einkommensteuergesetz (EStG) als Freiberufler.			

Gewerbearten von A-Z

Zahntechniker	Erlaubnispflicht	Zulassungspflichtiges Handwerk	Anzeigepflicht gemäß § 14 GewO	Zuständige Zulassungs- oder Erlaubnisbehörde in Bayern
	nein	nach HwO Anlage A, Nr. 37	ja	örtlich zuständige Handwerkskammer
Bemerkungen/ Hinweise	./.			

Zauberer	Erlaubnispflicht	Zulassungspflichtiges Handwerk	Anzeigepflicht gemäß § 14 GewO	Zuständige Zulassungs- oder Erlaubnisbehörde in Bayern
	nein	nein	ja/nein	./.
Bemerkungen/ Hinweise	Ein Zauberkünstler, auch Magier oder Illusionist genannt, ist ein Künstler der darstellenden Zauberkunst, der durch Illusionen seinem Publikum übernatürliche oder andere sensationelle Vorgänge vortäuscht. Ließen Zauberkünstler früher noch bisweilen offen, welcher Natur ihre »Wunder« waren, so wissen wir inzwischen, dass es sich immer nur um eine Illusion handeln kann. Ob ein »Zauberer« tatsächlich als Künstler anerkannt wird, entscheidet das zuständige Finanzamt. Das Zaubern kann freiberuflich im steuerlichen Sinn sein, wenn dabei in erheblichem Maß eigene Kreativität entwickelt wird (Finanzgericht Rheinland-Pfalz, 13.12.1984, 3-K-244/83 und Finanzgericht Kassel Urteil vom 8.7.2009 – 6 K 3559/08). Falls der »Zauberer« kein Künstler ist, wird die betreffende Person als Gewerbetreibender im Sinne des Gewerberechts eingestuft (Gewinnerzielungsabsicht, rechtlich erlaubt, Fortsetzungsabsicht).			

Zeitungsausträger	Erlaubnispflicht	Zulassungspflichtiges Handwerk	Anzeigepflicht gemäß § 14 GewO	Zuständige Zulassungs- oder Erlaubnisbehörde in Bayern
	nein	nein	nein	./.
Bemerkungen/ Hinweise	Zeitungsausträger sind immer unselbstständig, da ihnen Ort und Zeit der Verteilung vorgeschrieben werden.			

Zeltherstellung	Erlaubnispflicht	Zulassungspflichtiges Handwerk	Anzeigepflicht gemäß § 14 GewO	Zuständige Zulassungs- oder Erlaubnisbehörde in Bayern
	nein	nein	ja	./.

Gewerbearten von A-Z

Bemerkungen/ Hinweise	Zusätzliche Anzeigepflicht nach Handwerksordnung (HwO) Anlage B1, Nr. 26 (Sattler- und Feintäschner) bei der örtlich zuständigen Handwerkskammer.			
Zentralheizungsbauer	Erlaubnispflicht	Zulassungspflichtiges Handwerk	Anzeigepflicht gemäß § 14 GewO	Zuständige Zulassungs- oder Erlaubnisbehörde in Bayern
	./.	./,	./.	./.
Bemerkungen/ Hinweise	Siehe Installateur- und Heizungsbauer			
Ziegeldächer	Erlaubnispflicht	Zulassungspflichtiges Handwerk	Anzeigepflicht gemäß § 14 GewO	Zuständige Zulassungs- oder Erlaubnisbehörde in Bayern
	./.	nach HwO Anlage A, Nr. 4	./.	örtlich zuständige Handwerkskammer
Bemerkungen/ Hinweise	Wesentliche Tätigkeit des Dachdeckerhandwerks			
Zimmerer	Erlaubnispflicht	Zulassungspflichtiges Handwerk	Anzeigepflicht gemäß § 14 GewO	Zuständige Zulassungs- oder Erlaubnisbehörde in Bayern
	nein	nach HwO Anlage A, Nr. 3	ja	örtlich zuständige Handwerkskammer
Bemerkungen/ Hinweise	./.			
Zimmervermietung auf dem Bauernhof	Erlaubnispflicht	Zulassungspflichtiges Handwerk	Anzeigepflicht gemäß § 14 GewO	Zuständige Zulassungs- oder Erlaubnisbehörde in Bayern
	nein	nein	ja	./.
Bemerkungen/ Hinweise	In der Regel werden gastronomische Leistungen wie Frühstück mit angeboten. Somit liegt ein Gewerbe vor *(siehe auch Erläuterungen unter der Kennzahl 12.014)*.			

Gewerbearten von A-Z

Zinngießer	Erlaubnispflicht	Zulassungspflichtiges Handwerk	Anzeigepflicht gemäß § 14 GewO	Zuständige Zulassungs- oder Erlaubnisbehörde in Bayern
	./.	./.	./.	./.
Bemerkungen/ Hinweise	Siehe Metall- und Glockengießer			

Zoohandlung	Erlaubnispflicht	Zulassungspflichtiges Handwerk	Anzeigepflicht gemäß § 14 GewO	Zuständige Zulassungs- oder Erlaubnisbehörde in Bayern
	nach § 11 Tierschutzgesetz (TierSchG)	nein	ja	zuständige Kreisverwaltungsbehörde (KVB)
Bemerkungen/ Hinweise	Wer gewerbsmäßig den Handel mit Wirbeltieren betreibt benötigt eine Erlaubnis, Sachkunde ist erforderlich.			

Zubereitung von Speisen in den Räumen des Auftraggebers	Erlaubnispflicht	Zulassungspflichtiges Handwerk	Anzeigepflicht gemäß § 14 GewO	Zuständige Zulassungs- oder Erlaubnisbehörde in Bayern
	nein	nein	ja	./.
Bemerkungen/ Hinweise	Dieser Text sollte verwendet werden, wenn jemand einen Catering Betrieb betreibt. Bedeutet, der Kunde kommt auf den Gewerbetreibenden zu über Internet, Visitenkarten, Werbung etc. und der Gewerbetreibende stellt Speisen her und verabreicht die am Ort der Geburtstagsfeier, Jubiläum, Hochzeit etc. Ein erlaubnispflichtiges Gaststättengewerbe gemäß § 2 oder 12 GastG liegt nicht vor.			

Zupfinstrumentenmacher	Erlaubnispflicht	Zulassungspflichtiges Handwerk	Anzeigepflicht gemäß § 14 GewO	Zuständige Zulassungs- oder Erlaubnisbehörde in Bayern
	nein	nein	ja	./.
Bemerkungen/ Hinweise	Zusätzliche Anzeigepflicht nach Handwerksordnung (HwO) Anlage B1, Nr. 51 bei der örtlich zuständigen Handwerkskammer.			

Gewerbearten von A-Z

Zweiradmechaniker	Erlaubnispflicht	Zulassungspflichtiges Handwerk	Anzeigepflicht gemäß § 14 GewO	Zuständige Zulassungs- oder Erlaubnisbehörde in Bayern
	nein	nach HwO Anlage A, Nr. 17	ja	örtlich zuständige Handwerkskammer
Bemerkungen/ Hinweise	./.			

Zylinderschleifer	Erlaubnispflicht	Zulassungspflichtiges Handwerk	Anzeigepflicht gemäß § 14 GewO	Zuständige Zulassungs- oder Erlaubnisbehörde in Bayern
	nein	nach HwO Anlage A, Nr. 20	./.	örtlich zuständige Handwerkskammer
Bemerkungen/ Hinweise	Wesentliche Tätigkeit des Kraftfahrzeugtechnikerhandwerks.			